● 外教社认知语言学丛书·普及系列

构式语法理论研究

INTRODUCTION TO COGNITIVE GRAMMARS

⊙ 牛保义 编著

上海外语教育出版社
外教社 SHANGHAI FOREIGN LANGUAGE EDUCATION PRESS

图书在版编目（CIP）数据

构式语法理论研究 / 牛保义编著.
—上海：上海外语教育出版社，2011（2020重印）
（外教社认知语言学丛书.普及系列）
ISBN 978-7-5446-2052-9

Ⅰ.①构… Ⅱ.①牛… Ⅲ.①语法学－研究 Ⅳ.①H04

中国版本图书馆CIP数据核字（2010）第206452号

出版发行：**上海外语教育出版社**
（上海外国语大学内） 邮编：200083
电　　话：021-65425300（总机）
电子邮箱：bookinfo@sflep.com.cn
网　　址：http://www.sflep.com
责任编辑：蔡一鸣

印　　刷：苏州市古得堡数码印刷有限公司
开　　本：700×1000　1/16　印张15.25　字数261千字
版　　次：2011年1月第1版　2020年11月第4次印刷

书　　号：ISBN 978-7-5446-2052-9 / H・0896
定　　价：33.00元

本版图书如有印装质量问题，可向本社调换
质量服务热线: 4008-213-263　电子邮箱: editorial@sflep.com

外教社认知语言学丛书·普及系列
编 委 会

编委会主任：
沈家煊

执行主编（按姓氏拼音排列）：
束定芳　辛　斌　徐盛桓　张　辉

编委（按姓氏拼音排列）：
程琪龙　何自然　蒋　严　刘正光　石毓智
王　寅　王文斌　文　旭　熊学亮　许余龙
杨信彰　朱永生　庄智象

本系列由　上海外语教育出版社　联合策划
　　　　　中国认知语言学研究会

目 录

总序 ··· i
构式语法研究有什么用(代序) ······································· v
前言 ··· x

第一章　构式语法理论产生的理论背景 ························· 1
　1.1　描写语言学 ··· 1
　1.2　Chomsky 的生成语法 ······································ 4
　1.3　成分模型理论 ·· 7
　1.4　统一语法 ·· 9
　1.5　词语法 ·· 13
　1.6　框架语义学 ·· 15
　1.7　生成语义学 ·· 17

第二章　Fillmore & Kay 的构式语法理论 ······················ 19
　2.1　关于构式 ··· 21
　2.2　从习语到构式 ··· 24
　2.3　从构式到构式语法 ······································· 36
　2.4　对 Fillmore & Kay 构式语法理论的评述 ············· 50
　2.5　Fillmore & Kay 构式语法理论的方法论探讨 ········· 51

第三章　Lakoff 和 Goldberg 的构式语法理论 ················· 61
　3.1　Lakoff 的构式语法理论 ·································· 61
　3.2　Goldberg 的构式语法理论 ······························ 80
　3.3　对 Goldberg 构式语法理论的评述 ···················· 97

第四章　Langacker 和 Taylor 的认知语法对构式的研究 ···· 104
　4.1　Langacker 的认知语法对构式的研究 ················· 104

4.2　对 Langacker 的认知语法构式思想的认识 ………… 121
　　4.3　Taylor 的构式研究 ……………………………………… 123
　　4.4　对 Taylor 的构式语法研究的认识 …………………… 131

第五章　Croft 的激进构式语法 ……………………………… 133
　　5.1　构式是句法表征的基本单位 ………………………… 134
　　5.2　激进构式语法的分析模型 …………………………… 137
　　5.3　激进构式语法对构式的类型学研究 ………………… 143
　　5.4　激进构式语法对句法范畴和语义相对论的研究 …… 147
　　5.5　对 Croft 的激进构式语法理论的认识 ……………… 149

第六章　体验构式语法 ………………………………………… 153
　　6.1　体验构式语法产生的理论背景 ……………………… 154
　　6.2　体验构式语法的形式化模型 ………………………… 156
　　6.3　体验构式语法的主要思想和观点 …………………… 163
　　6.4　对体验构式语法的认识 ……………………………… 168

第七章　流变构式语法 ………………………………………… 170
　　7.1　流变构式语法概览 …………………………………… 170
　　7.2　流变构式语法发展的动因 …………………………… 173
　　7.3　流变构式语法的主要思想 …………………………… 174
　　7.4　对 Steels 等人的流变构式语法的认识 ……………… 189

第八章　自主/依存联结——一种新的构式语法分析模型 … 191
　　8.1　核心概念的理论考量 ………………………………… 193
　　8.2　新自主/依存联结分析模型 ………………………… 205
　　8.3　新自主/依存联结分析模型研究的理论意义 ……… 210

后记 ……………………………………………………………… 212

参考文献 ………………………………………………………… 214

总　　序

"认知语言学"这个名称,有广义和狭义两种理解。凡是将人的语言能力当作一种认知能力来加以研究的,或专门研究语言和认知之间关系的,都叫"认知语言学",这是广义的认知语言学。在这个广义的认知语言学内,粗略地说,有两种对立的立场或基本假设。一种认为语言能力是一种特殊的认知能力,本质上完全不同于人的其他认知能力,这就是当今国际上仍然占主导地位的生成语言学的立场和观点。还有一种则认为语言能力不是一种特殊的认知能力,它同人的一般认知能力没有什么本质上的差别,这就是狭义的认知语言学。这样两分是比较简单的做法,事实上有一些探究语言与认知关系的语言学家其立场或观点是介于两者之间的。上海外语教育出版社组织出版的这套丛书,从内容和作者的学术背景来看,主要是狭义的认知语言学(加着重号的),同时也兼顾一般意义上的认知语言学。

和一般意义上的认知语言学不同,狭义的认知语言学不是语言学的一个分支,而是代表语言学界近年兴起的一个新的学派或思潮。它也不是一种单一的理论,而是代表一种研究范式,其特点是着重阐释语言和一般认知能力之间密不可分的联系。这个学派有一些代表人物,如 C. Fillmore、G. Lakoff、R. W. Langacker、L. Talmy、J. Tylor、J. Haiman、G. Fauconnier、A. Goldberg等,他们各自的观点不尽相同,但对语言所持的基本假设大同小异。此外,从历时角度研究"语法化"(grammaticalization)或词义引申的人,如 E. Traugott、B. Heine、E. Sweetser、J. Bybee 等人也基本上认同认知语言学的基本假设。还有从事功能语法研究的 T. Givón,从事语言类型学研究的 B. Comrie 和 W. Croft,从事语义元素(semantic primitives)研究的 A. Wierzbicka,他们也或多或少接受认知语言学的基本假设。

过去的两三年里,国内的外语院校邀请了 G. Lakoff、R. Langacker、G. Fauconnier 还有 A. Goldberg 这样一些著名的代表人物来访问演讲,听众很多,影响不小。打开最近的一些外语期刊,介绍和评述认知语言学的文章几乎每期都能见到一两篇。认知语言学在国内产生这么大的影响,这其中的原因是多方面的,首先我想是因为这种理论本身具有吸引力。记得我十几年前在国外某大学当访问学者,去图书馆还书,其中一本就是 Lakoff 的那本经典之作《生活离不开隐喻》,借这本书时还是预定的,因为有别人在看。还书时遇到一位"老外",不像是搞语言学的,问我觉得这本书怎么样,我还没有来得及回答,他先伸出大拇指晃晃,显然是表明他自己读后的感受。他的感受也正是我的感受。常说语言学跟文学相比枯燥乏味,但是跟形式语言学相比,认知语言学关注的语言现象丰富多彩,使语言学研究变得饶有趣味。兴趣是从事研究的原动力,有没有研究的兴趣可不是一件小事情。

从分析和综合这两方面讲,认知语言学更注重综合,是不是这种综合的思维方式比较接近中国人的思维特点,这不大好说,好像有一点关系但又不尽然。前年逢《心理空间》的作者 G. Fauconnier 来苏州大学访问演讲,他正在撰写新著《我们的思维方式》,现在这本书已经出版。我真想跟他说,你讲的那种"概念整合"的思维方式正是典型的中国人的思维方式。后来忍住了没有说,综合的方式究竟是不是中国人的思维特点,这是有争论的。有不少人就认为,分析和综合相辅相成,光分析不综合,或者光综合不分析,都是不可能的。我曾经在一篇文章里说过一段话,不妨引述如下:"有人说,汉语的语法研究从《马氏文通》起基本上是借鉴西方分析的方法,对注重意合的汉语不见得适合。遗憾的是,汉语究竟怎么个意合法,我们自己并没有说出什么道道来。现在西方语言学界的有识之士也注重综合,对语言结构'意合'的研究据我所知已取得不少成果,这一点值得引起我们的反思。"认知语言学讲综合,讲"整体大于部分之和",很有洞察力,也讲出了不少道道来,值得我们学习借鉴。但是讲综合不是不要分析,现在有一些从事认知语言学研究的人,综合有余而分析不够,对一些最基本的语言分析手段掌握不好。分析能力不够,讲综合也就好不到哪里去。

还有一个原因是认知语言学比较关注不同语言之间的差异,注重形式上相似语句的意义差别,因此跟语言教学,包括外语教学和对外汉语教学,比较贴近。有好几位语言教师跟我说,他们觉得认知语言学对语言现象的一套解释对教学还真管点用。这两方面的原因都是正面的,可能还有一个反面的原因,那就是形式语言学比较抽象,采用许多符号公式,如果没有一点数理逻辑的基础,连什么是"全称量词"、"部分量词"、"辖域"都不太清楚,人家的论文都没有办法读懂,更谈不上去研究。而我国语言学界这方面的基础普遍比较薄弱,形式语言学虽然在国外占主导地位,但是国内不少人对它望而生畏,避而远之。我不反对许多人对认知语言学感兴趣,将某种理论运用到语言教学中去,如果运用得法而有成效,更是值得提倡。

不过，对于那些想主要从事语言理论研究的人来说，在你选择认知语言学作为方向时要有理性的思考，要通过和其他理论在学理上的认真比较之后再作出决定。跟其他理论一样，认知语言学有它的长处，也有它的弱点。不要跟风、赶潮流、追热点，通过学理上的比较后作出的选择才是理智的选择。

跟生成语言学注重形式、从形式出发相反，认知语言学注重意义、从意义出发。这两种研究方式也是对立而又互补的。我国的语法学界，早期是从意义出发的传统语法理论占主导地位，后来是从形式出发的结构主义语法占主导地位。现在来了认知语言学，又开始从意义出发。当然这不是循环往复，而是螺旋形上升，现在讲意义要比传统语法讲意义高明得多。不过，一种倾向掩盖另一种倾向，国内从事认知语言学研究的人有不少在讲意义的时候完全不讲形式，至少是忽视形式。这样的研究在我看来不是语言学的研究，而是语义哲学的探讨。我不止一次说过，脱离语言的形式而谈论语言的意义（在语言学里）是没有意义的。

最后，语言学家主要任务是什么？是研究语言，而不是研究语言理论。语言学家是干什么的？是研究语言的，研究语言的现状和历史，研究语言的结构和用法，研究语言的习得和丧失。语言理论是在研究之前或研究之后提出的有关语言本质的假说。有各种各样的理论和假说，它们也可以是研究的对象，但是这项工作主要是语言学史专家的任务，语言学家的任务是研究语言。语言学家在研究语言的时候当然也要对已有的各种理论和假说加以比较和评价，但是这样做的目的还是为了研究语言。国外出来一种新的理论和假说，就如认知语言学，我国的外语学界最为敏感，首先将它引进介绍进来，加以阐释和评价，功不可没。公正地讲，引进和介绍是必要的，他山之石，可以攻玉，今后也还要继续做好引进和介绍的工作。要做好这项工作也不是一件容易的事，我自己也尝试做一些。但是介绍和阐释人家的理论不能代替我们自己对语言的研究，不然我们就永远跟在人家屁股后头，给人家的理论做注解。至于已经有人介绍和阐释过的东西，不闻不问，还重复地去介绍和阐释，这种浪费就更要不得了。还有一种不好的倾向是拿少许的语言实例，蜻蜓点水，隔靴搔痒，不作深入、系统的分析，就对人家的理论说三道四，补充修正。这两种倾向都应该避免。

在新的世纪里，我们语言学家应该跟哲学家、心理学家、神经科学家、人工智能专家等一起为认知科学的发展作出自己应有的一份贡献。这套丛书主要反映了我国外语学界介绍、阐释、研究认知语言学（主要是狭义的认知语言学）的现状和水平。研究不能靠一时之"热"，希望今后的研究工作能在此基础上更加深入、更加扎实，也更加与我国的语言和语言生活相结合。

沈家煊
于社科院语言所

构式语法研究有什么用(代序)

> 任何人涉足一条新的河流,就会想知道这条河来自何方,又为何会这样流淌。
>
> E. M. 罗杰斯 《传播学史·导言》

牛保义教授写的一本关于构式语法的书要出版了,要我写个序,我却之不恭。书写得很不错,介绍得很好、很全面,读者看过之后必定会有同感,这方面我就不说了。我就利用这个机会说一说研究构式语法有什么用。

当今的几个重要的语言学理论,如生成语言学、功能语言学、认知语言学,实质上都有句法理论部分,尽管文字表达上不一定如此称呼。就认知语言学而论,这部分的内容就是"语法形式的认知研究"(cognitive approach to grammatical form),基本内容就是构式语法,或者说,是几家设想的构式语法的集合,例如 Croft & Cruse 的 *Cognitive Linguistics* 第三部分的第九、第十章(pp. 225-290)就是这方面的内容。他们的观点,牛老师的书有很好的说明,此处不赘述。应该说明的是,在构式语法里,所有语法知识有统一的表征(uniform representation),不严格区分句法和词汇,形成了句法—词汇连续统,构式的成分贯穿这一连续统。但实际上构式语法主要还是谈构式或句子形式的构成。

研究构式语法有什么用?这里说的"研究",当然不是只有简单的译说、复述或介评。《辞海》、《现代汉语大辞典》中"研究"一词的释义综合起来是:用科学的方法探究事物的真相、性质、规律等。

作为一种解释性取向的语言学理论,应该说明自然语言的句子是怎么来的、形成这样的语法形式有什么动因、人们的语言能力是怎样来的,等等。构式语法的提出,首先是为这个目的;生成句法和功能句法的分析,以及其他一些理论,也都是要在这方面作出贡献。汉语的语法需要研究,特别是当今的解释性的研究。现在不少语言学家在做这方面的研究,有的做出了很好的成绩。这当中也包括研究认知语言学特别是构式语法理论的,解决了一些汉语语法研究长期没有很好解决的问题。这就体现了研究构式语法的用处。

应该说，这是很不容易的。自然语言的句子演变成现在这样的形式，是人类长期运用、积累、演变、进化下来的，原来的动因常常已经磨灭或变形而难于认定，现在反溯进行追寻，扑朔迷离，很大程度只是推测，所推测的结果只能是或然性的，也可能挂一漏万，说的只是一些芝麻，没有谁能说自己的推测一定正确。造成推测得比较合理、不那么合理、很不合理等的不同的结果，这固然同研究者自己的功力有关，研究者应该加强学习、修养、思考；但这一局限性从根本上说也反映出有关语言学句法理论的缺陷与不足。生成、功能、认知等的理论皆然，没有谁能说自己的理论绝对正确、全面。因此就会有争鸣、扬弃、改进：生成语言学有所谓经典理论、管约论、最简方案；功能语言学有诸如韩礼德的"语法"和卡迪夫的"方言"等；认知语言学的构式语法也有几大家。这些理论都在研究、讨论、争辩和发展中得到改进。在跨语言的应用中，构式语法理论会得到更为多维度的磨炼，会遇到更为实际的考验。因此，运用构式语法来分析汉语，是实际检验构式语法的一个有效的方法，可能会暴露出用以研究其他语言时所不能暴露的问题或需要解决的一些专门的难题。构式语法赖以诞生的例证语言是英语；目前在研究中经常被人们提到的英语构式大概是七八个。不言而喻，要用这些学术资源研究汉语，所面临的问题、所要进行的创新，应该是不少的。这是促成构式语法理论自我审视的一个突破口，是研究构式语法的又一个重要的用处。

以上的用处已经很大了，但对于当代真正的语言学家，特别是以认知为取向的语言学家，这些也许只是其中的一部分；可能还有更为重要的部分等着他们以创新的精神去涉猎。这就是在"所见即所得"之外，谋"从未见中获得"。

20世纪70年代诞生了认知科学。认知的秘密，人类心智的本质、起源和运作的策略，大脑和神经系统的信息加工，都是作为20世纪前沿学科的认知科学所要研究的；这些方面，在21世纪还要继续努力探索。认知科学其实是一个学科群，认知语言学作为认知科学的六七个支撑学科之一，主要是从语言方面支撑认知科学。Croft & Cruse 曾经自信地说过这样一段话作为他们的著作 *Cognitive Linguistics* 的结束语："总之，认知语言学具有如下的潜能：既能为认知以外的语言理论作出贡献，又能为语言以外的认知理论作出贡献。"[1]认知语言学的特点是"认知"。什么是认知？从大脑和神经系统产生心智的过程称为认知过程，认知语言学的明快定义是"从心智过程来说明

---

[1] W. Croft & Cruse D. A., *Cognitive Linguistics*, Cambridge: Cambridge University Press, 2004.

语言知识的本质",或用 Croft & Cruse 的话来说,就是"所核心关注的是心理表征和认知过程"。① 因此,"为语言以外的认知理论作出贡献",很可能是指认知语言学对认知科学作出的贡献。

随着认知科学研究的深入,认知科学家进一步从哲学层面对认知科学进行更为抽象的概括,建立起了心智哲学（philosophy of mind）。塞尔（John R. Seale）认为,20 世纪的第一哲学是语言哲学,21 世纪的第一哲学是心智哲学。② 心智哲学同语言哲学不同的是,它不再将语言活动看做哲学直接面对的研究对象,而是把语言活动看做心智活动的反映,心智活动才是心智哲学研究的对象。心智哲学十分关注心智同语言相关的认知现象。心智哲学把认知科学作为一门支撑科学,认知科学则把语言的认知研究作为其中一种研究手段;在心智哲学和认知科学里,语言都是作为观察心智的"窗口"。

心智哲学同语言有关的一个问题被抽象为心智同知识的关系,而语言的知识当然包括在人类的知识海洋里。既然心智哲学把语言活动看做心智活动的反映,而心智活动才是心智哲学研究的对象,那么心智哲学对语言活动的认知追求就必然不光停留在语言的表层活动上,而要进一步深入到语言表层后面同语言知识有关的心智活动。

我们所运用的构式,例如双及物构式、动结构式、汉语的"把"字构式等等,是语言的表层活动,是语言思维作出的一种外部表达,或者说,是外部思维的表征（representation）。思维的外部表达的载体语言,要能满足进行公共交流的需要,服务于社团,所以需要有较为严格的语法规范。这就必然受到语法规程的约束,体现为语法上的构式,这是构成构式的基本要求,是构式外部特征的本质。我们现在进行的构式语法的研究,主要是就思维的这一阶段进行的研究,即研究思维的外部表达的语言载体的定式。在构式语法的大家庭里,我们现在看到了先后出现的四种主要的理论,形成了一个开放的既互有关联、又各有特点的理论体系。构式语法作为认知语言学集中讨论大于词汇语义学的语法形式的知识部分,就是假设了一个能够承载某些实体或某类信息的"论元结构"（argument structure）的形式化系统。从研究的角度来说,研究某个构式就是观察该形式化系统是如何运作的,例如双及物构式 SVN_1N_2 为什么能表达出 S 通过 V 的动作将 N_2 的所有权转移到

---

① W. Croft & Cruse D. A., *Cognitive Linguistics*, Cambridge: Cambridge University Press, 2004.
② 转引自于爽,当前国内分析哲学研究中的几个主要问题,《哲学研究》,2009(6)。

N_1,是如何表达的,用的是"所见即所得"的方法。

但是,在一个构式的整个运用过程中,还应有其"未见"的过程。我们可以推测,构式在寻求完成这样的语言表达式即已达至语言思维之前,在实际思维中还应有一个内部语言的过程。这是一个心智的过程,也就是一个思维的过程。这也许就是其中一种心智同语言相关的认知现象。如果说心智哲学不再将语言活动看做其直接面对的研究对象,而是把语言活动看做心智活动的反映,心智活动才是心智哲学研究的对象,那么这样的心智过程,这样的"内部语言"过程,就应该是这样的一种认知活动。可惜我们谁也没有见过这样的心智活动、这样的"内部语言",至少在目前。要研究这样的心智活动,就是在"所见即所得"之外谋求"从未见中获得"。

在心智哲学的研究中,有人为这种内部语言提出一种假设,称为"心理语言"(mentalese),指"心智中一种假设的'语言',其概念和命题不用词语来表征"。①

内部语言的研究非始自心智哲学,一直以来有不少人提出过假设,早期的如维果茨基,近期的如乔姆斯基,当今的如"心理语言"的假设,但谁也没有见过"心理语言"(就借用这一说法)。唯有一点可以推测:它不是自然语言,例如不会是汉语或英语、法语等,因为"其概念和命题不用词语来表征"。那是什么呢?不久前看到这样一则消息:一位电台主持人对一位向他提意见的听众说:"这位听众,请你以一种'团成一个团'的姿势,然后,慢慢地、以比较圆润的方式,离开这座让你讨厌的城市。"(《成都商报》 2009年12月26日)这位主持人实际上是说"滚",他把人们形成"滚"的外部语言的一些思考过程无形中袒露出来了。这里很生动、直观地表明,"滚"的语言表达可能先来自对一种动作("团成一个团……")的感受而发生的动作思维;然后这样的动作呈现为意象,成为意象思维;最后才转换为语言思维,通过汉语"滚"表达出来。这启发我们,心理语言很可能是外部语言生成前的以意义为中心的思维过程,或者说可能是一种由感受而发生的思维,从"所行即所思"到"所感即所思"再到"所言即所思"。它在很大程度上是用纯粹的意义来加工,意义是思维生成、记忆和理解的基本单位。从内部语言到口头语言再到比较正式的书面语言,是保留了语义而语言的构式性逐渐形成和加强的过程。事实上,这就是研究语言的表征是如何通过语义在心智世界中组

---

① Jerry A. Fodor, Fodor's Guide to Mental Representations. *Mind*, 1985, Vol. 94: 76-100.

织和建构起来的、有什么样的过程。因此,我们可以推测,人类的思维活动主要以语义方式在大脑的心智世界进行加工并向外表达;构式在语言思维水平,作为一种表达内部心理活动的概念符号、象征符号,它使人类突破了身体活动和意象表达的局限,使思维极大地独立于行为和意象,使思维的想象力和抽象性得到极大的发展。这就是构式研究对于人的心智研究可能有的意义。对于它的进一步认识,将导致人类对心灵的内部结构、奥秘的认识的重大突破。由于对"心智"的研究有这样的重要性,因而便成为当今心智哲学、认知科学中的重大研究课题。这样来研究构式有助于探究"思想的语言"的形式、结构、本质是什么,遵循什么样的规则,是怎样起源的(是天赋的还是习得的)等等,亦即一个构式在心智世界里的来龙去脉。表面上看来,这离构式语法研究的"所见即所得"的方法远了,却离研究构式的动因和理据近了,离"为语言以外的认知理论作出贡献"近了。这很可能也是构式语法研究的又一用处。

以上简单写了这些,是为序。

徐盛桓谨识
2010.1.1 于开封

前　　言

　　与外国的语言学研究相比,我国的语言学研究不但阵容庞大,而且成果产出量在国际上也算名列前茅,但能够引起国际语言学界广泛关注的原创性成果却是凤毛麟角。学者们发现,我们的研究成果,一些是"将别人的理论来一番概览、综合、比较、介绍、评述、纵横谈、立体透视等,是从理论到理论的研究"(徐盛桓 2007);"还有一种不好的倾向是拿少许的语言实例,蜻蜓点水,隔靴挠痒,不作深入、系统的分析,就对人家的理论说三道四,补充修正"(沈家煊 2008);还有一种现象是理论上的"改良主义",削人家的理论之"足"来适自己的语言现象研究之"履",对人家的理论进行不够合理的发挥和再造。造成这种不良现象的原因很多,主要的可能是对语言学研究的目的和任务理解不到位,将其误解为研究语言学理论,或是用一些语言实例为人家的理论提供支撑或注解。那么,究竟什么是语言学研究呢？David Crystal 的 *A Dictionary of Linguistics and Phonetics* 将"语言学"定义为:对语言的科学研究;研究各种各样复杂的语言现象,包括研究语言的历时演变、语言的共时状态、语言的结构和功能以及不同语言或语系的共同点或差异,等等(沈家煊 2000)。沈家煊(2008)认为,语言学家的主要任务不是研究语言理论,而是研究语言。另一原因是,我们一些学者对现行的语言学理论缺乏深入系统的理解和把握,所以只能"蜻蜓点水"、"隔靴挠痒",或"鹦鹉学舌"、就事论事。比如,我们看到一篇讨论汉语中动句 NP + VP + AP 语义表达特点的文章。作者明确指出,文中所说的汉语中动句就是像英语 The car drives easily. 和 The book sells quickly. 之类的句子,如"这辆车开起来很轻松。"和"这把刀子切起来挺顺手的。"作者在对中动句语义解释时,认为中动句在意义上具有通指性的情状类型特点,把中动句的句式意义概括为:NP 有这样一种属性,在 V - NP 的时候,它通常表现出 AP 这样一种状态。例如,"白巡长已有四十多岁,脸上剃得光光的,看起来还精神。"解释为,"'白巡长'有这样一种属性,在'看'他的时候,他表现出'很精神'这样一种状态"。我们认为,文章把中动句扩大化了,可能是对英语中动句的界定不太清楚的缘故。石定栩(2007)也发现,国内"对生成语法文献的了解还不够充分,也不够全面。拥护者也好,反对派也好,有时候不得不将自己的分析建筑在二手、三手、甚至是四手资料的基础上,这就可能产生一些不必要的误解或偏解,对语言学的健康发展极为不利。"

要克服目前我国语言学研究存在的这些不良现象,我们不但要搞清楚语言学研究的目的和任务,还要对语言学理论进行深入系统的、耐心细致的研究,为分析和解释纷繁复杂的语言现象服务。这里拟就后者谈一点个人看法,以与众方家共勉。

首先,要深入系统、耐心细致地研究语言学理论。毛泽东有句名言,没有革命的理论,就没有革命的运动。我们是否可以说,没有语言学理论,我们就无法进行语言学研究[①]。语言学理论之于语言学研究和其他社会科学以及自然科学研究一样,没有语言学理论就不会有真正意义上的语言学研究,更谈不上语言学创新研究。正如杨成凯(1996:10)在总结个人的研究体会时所说的,理论在科学研究中具有不可估量的重要性,我们不妨说理论是眼镜,戴上什么眼镜就能看见什么东西。澳大利亚昆士兰大学的陈平先生(2006)也谈到:"创新是学术研究的生命,而前提是要知道别人已经做了什么,怎么做的,做得怎么样,还有什么没有做,目的是在继承的基础上进行创新,否则很可能是在'重新发明轮子'而不自知。"

那么,我们怎样进行深入系统、耐心细致的语言学理论研究呢?所谓"深入系统"是指全面理解、深刻领会经典性的语言学理论。我们虽然一时很难做到对林林总总的语言学理论了如指掌,但是,研究语言功能的,至少应当对 Halliday 的系统功能语法、Dik 的功能语法、Givón 的功能句法学思想进行研究;研究形式主义的,至少应当对 Chomsky 的句法理论、管约论和最简方案等有比较全面的了解;研究语言与认知的,至少应当熟悉 Langacker、Lakoff、Fauconnier、Croft 和 Goldberg 等人的认知语言学思想。所谓"耐心细致"是指,对待一些经典性的语言学理论,我们应当老老实实坐下来,啃上一本两本。一本经典性的语言学理论,没有三遍五遍的"细嚼慢咽",很难说我们就看懂了,融会贯通了。至于浏览一番,一本书看上一章、两节,或者看人家的综述、评论、引介,就去运用这些理论说三道四,那只能是"隔靴挠痒"或"断章取义"。

接下来,研究语言学理论究竟要研究什么呢?汉语研究提出"字本位"理论的徐通锵先生在谈到西方语言学理论的学习时指出,"我的主要着眼点,不完全在于他的结论,关键是看他的分析思路,分析他得出结论的过程。所以我学的不是他们现成的结论,而是他们分析问题的思路。"(2005:258)

[①] 徐盛桓先生(2007)说得好,"语言学研究"的本意似应为将语言的研究作为一个学科,称为"语言学",就是研究语言的学科;这个学科的研究是将语言现象作为研究的本体。

简单来讲,研究一种语言学理论,不但要正确理解和把握这种理论的基本思想和观点,还要对其研究方法进行分析和探讨。我们认为,二者同等重要;甚至可以说,后者比前者更为重要,因为我们研究语言学理论的目的是为分析和解释语言现象服务的。对一种语言学理论研究方法的分析和探讨,应当包括这种理论的视角和切入点,比如,Langacker 的认知语法理论的切入点是语言表达式的意义的生成机制、概念化的过程;Goldberg 的构式语法理论的切入点是构式,或者说是一个语言表达式的形式和意义/功能之间的对应关系。此外,还应当包括这种理论的分析框架,像 Langacker 的带有圆圈和方框的分析图、Goldberg 的箱式图和 Chomsky 的树形图,等等。

其次,语言学理论研究为分析和解释语言现象服务。对于大部分语言学研究者来讲,理论研究的目的是为研究具体的语言现象服务的。这一方面,陈平先生(2006)提出了两点可以"作为从事语言研究的座右铭"(潘文国 2008)的看法:一、具体语言现象既是理论研究的出发点,往往也是它的归宿;二、抽象的理论架构,可能具有极高的理论价值,但迟早要向自然语言现象寻求实证支持。语言学理论为我们分析和解释具体语言现象提供了理论指导和方法,是我们从事具体语言现象研究的工具。这里需要说明的是,语言学理论为具体语言现象研究服务,不是给具体语言现象研究贴上某一理论的"标签",或是在人家的理论里"兜圈子",而是将语言学理论"化入"语言现象的分析和解释中。比如,胡壮麟教授(1994)的"英汉疑问语气系统的多层次和多元功能解释"就是将 Halliday 的"三个元功能"化入英汉疑问语气的对比分析之中,创造性地发现了两种语言中疑问语气的多元功能;沈家煊(2006)将认知语言学的概念整合理论化入"王冕七岁死了父亲"的生成方式研究中,提出了汉语糅合造句的分析模型。

另一方面,正确把握语言学理论研究与具体语言现象的分析和解释之间的关系。具体语言现象的研究是"本",语言学理论研究是"道"。为学务本;本立而道生。前者是说,语言学研究应当以具体的语言现象的研究为基础,植根于对我们熟悉的语言现象的分析和解释之中。后者是说,对具体语言现象的研究越深入,就会有越多的发现和有价值的理论创新。徐通锵先生(2005:257)谈到自己"开始接触变异的时候,Labov 的文章看不太懂,他的一些论点的价值在什么地方,我把握不住。后来自己进行了变异的研究,再去看他的文章,就知道他为什么这么讲、价值在什么地方、毛病在什么地方。我就能说出一些道道来了。没有自己汉语的研究作基础,那是吸收不好的,只能跟着人家转。"徐通锵还告诫我们,一定要从具体材料出发,从材料的梳理中提炼相应的理论,绝不要套用国外语言学的概念,凑点材料,敷衍成篇。

我们把以上所谈有关"深入系统、耐心细致地研究语言学理论"与"语言学理论研究为分析和解释语言现象服务"两方面的认识归结为：从实践到理论，再从理论到实践，……循环往复，直至逼近对语言现象的科学认识和解释。具体地说，语言学研究始于对具体语言现象的分析和解释，发现其规律，揭示其本质，得到具有一定理论色彩的认识；再将这种认识运用到对其他具体语言现象的分析和解释中，对其做出修正和补充，进而提炼出具有普遍意义的认识和理论；这种新的认识和理论还可以再运用到更多的具体语言现象的分析和解释中，对其丰富和发展，概括和抽象出比较科学的原则和理论。这样反复循环下去，达至对纷繁复杂的语言现象的充分描写、充分分析和充分解释。

基于以上思考，我们在深入研究不同学者的构式语法理论和思想的基础上，结合自己粗浅的语言研究实践，编撰了这本小书，以期能够对广大读者运用构式语法理论研究具体的语言现象有所裨益。

除前言、后记和参考文献部分外，本书内容共有八章，涵盖构式语法理论产生的理论背景、Fillmore & Kay 的构式语法理论、Lakoff 和 Goldberg 的构式语法理论、Langacker 和 Taylor 的认知语法对构式的研究、Croft 的激进构式语法、体验构式语法、流变构式语法和自主/依存联结模型。

本项目研究过程中，得到了多方面的帮助和支持。感谢导师徐盛桓教授对本项目研究的殷切指导，并为本书作序；感谢中国认知语言学研究会会长束定芳教授的大力支持；感谢美国加州大学圣地亚哥分校的 Langacker 教授给予的帮助；感谢上海外语教育出版社的梁晓莉女士和蔡一鸣女士为本书出版所付出的艰辛劳动；感谢我的博士生李香玲女士帮助校对本书初稿。

本项目研究是作者承担的国家社科项目"语词构块式音义象征关系理论研究"（07BYY001）、教育部人文社科项目"英汉语词构块式音义象征关系对比研究"（教社科司[2006]170号）、河南省教育厅人文社科研究项目"构式语法理论研究及应用"（2009-JD-007）的部分成果。感谢国家社科规划办、教育部社科司、河南省教育厅为本研究所提供的资助！

最后，感谢爱妻谢翠英女士在项目研究过程中给予我生活上的无微不至的关心和照顾；女儿牛儒潜心求学为我全力以赴做好该项目增添了力量。

编　者

于河南大学静心斋

2009 年 3 月

第一章
构式语法理论产生的理论背景

20世纪80年代以来,认知语言学研究可谓异军突起,逐渐成为国际语言学研究领域的热门话题。作为认知语言学的一个重要分支,构式语法(construction grammar)研究更是如火如荼。内容主要包括 Fillmore & Kay 的构式语法理论、Lakoff 和 Goldberg 的构式语法理论、Langacker 认知语法的构式思想、Croft 的激进构式语法模型,以及新近涌现出的体验构式语法和流变构式语法。这些构式语法理论普遍受到了语言学界的广泛重视。

Croft & Cruse(2004:225)指出,构式语法理论是在对20世纪60年代以来生成语法和其他语法理论建立的语法知识模型的回应(response)中发展起来的,这些语法知识模型涉及传统的描写语言学、生成语言学、成分模型理论、统一语法和框架语义学等。

1.1 描写语言学(descriptive linguistics)

描写语言学是构式语法产生的主要理论背景之一。从传统意义上讲,描写语言学是结构主义语言学的一个分支,是20世纪美国的一些学者在对美洲印第安语调查和研究的基础上逐步形成和发展起来的,以面向语言材料、注重语言结构的形式描写而著称。20世纪20-30年代,哲学中的逻辑实证主义(logical positivism)和心理学中的行为主义(behaviourism)盛行美国。这种哲学背景和印第安语的研究相结合,使美国的结构主义语言学(structural linguistics)呈现出鲜明的特点。

描写语言学的先驱是鲍厄斯(Franz Boas)和萨丕尔(Edward Sapir)。鲍厄斯1911年为《美洲印第安语手册》所写的序言可以说是美国从事人类学的语言学家对印第安语调查和研究的初步的理论总结,其中特别强调了语言描写的一条原则,即对语言事实要做客观的描写,不要用其他语言或者传统语法的框框去套,为了描写不同结构的语言应当创立新的概念和方法。萨丕尔1921年的名著《语言论》主张把语言研究同人类心理、社会和文化联系在一起。鲍厄斯和萨丕尔都强调尊重语言事实,主张记录言语作为研究素材,然后对它们的结构做客观的、共时的描写。他们的思想为描写语言学的诞生提供了重要的理论素养。

1924年,在鲍厄斯、萨丕尔、布龙菲尔德(Leonard Bloomfield)等人的倡议下,"美国语言学会"成立。该学会可以看成是美国描写语言学兴起和发展的摇篮。1925年该协会出版了会报 Language(《语言》)杂志,标志着美国描写语言学已具雏形。1933年,布龙菲尔德的《语言论》面世,美国描写语言学形成了自己独特的理论和方法。他们把语言看成是一系列代替实际刺激和反应的行为,在语言分析中着眼于可以观察到的言语素材,主张依靠形式特征来描写语言结构,反对用非语言学的标准(特别是心理因素)来分析语言,在共时描写中完全排除了历时因素。这些论点在以后二三十年语言学的发展中一直被尊为理论指南。可以说从20世纪的30年代起描写语言学进入了"布龙菲尔德"时期,也有人称为"布龙菲尔德学派"。

1934年,派克(Pike)、奈达(Nida)、弗里斯(Fries)等人开始举办"语言学暑期学院"。他们主要继承萨丕尔的学术传统,派克在结构分析中区分"位"和"素",并且试图把它们运用到人类一切行为的分析中去。这一学派的后期重要成员有:哈里斯(Harris)、威尔斯(Wells)、布洛克(Bloch)、特雷格(Trager)、霍盖特(Hockett)、格里森(Gleason)等,其中最有影响的当属哈里斯。1951年,哈里斯出版了《结构语言学的方法》一书,标志着该学派的理论和方法进入了一个新时期。他把数理逻辑的方法运用于语言学,主张排除意义标准,把分布和替换看做结构分析的主要原则和方法。Charles F. Hockett(1945)将美国描写语言学派各家语法分析所采用的方法归结为两类:Item and Process(项目与变化)和Item and Arrangement(项目与配列)。"项目与变化"是指,一种语言中有某些形式是基本形式,而另一些形式则是基本形式经过一定的构型变化而产生的派生形式。例如,英语 baked 可以分析为是基本形式 bake 经过附加后缀这样的变化而产生的派生形式。"项目与配列"是指,一种语言里的话语是由一定数量的语素经过一定的配列而构成的;描写话语的结构就是描写这些语素及其相互之间的配列关系。例如,上面提到的 baked 就是由 bake 和-ed 这两个语素按照这样的配列构成的。他们的这些学说被誉为"后布龙菲尔德学派"。

到了20世纪50年代,盛行于世的描写语言学被新生的Chomsky转换生成语言学取而代之。从此,语言学研究进入了 Chomsky 时代。

概括来讲,描写语言学具有以下显著的特点:

(一)以口语描写和共时研究为取向。注重口语描写和共时研究是美国描写语言学的优良传统;它跟欧洲传统的语言学研究主要着眼于书面语,以及 19 世纪的历史比较语言学以历时研究为主的取向有着明显的不同。

(二)注重形式分析,回避意义问题。从经验主义立场出发,描写语言学学派在结构分析中主要依据可以观察到的语言形式,不考虑语言以外的事实。由于忽视意义,这就使他们面对一些同形异构的歧义现象时显得捉襟见肘。

(三)强调验证。描写语言学认为,语言研究必须以话语素材为根据,采用严格规定的步骤对这些素材做形式的分类,而且分析的结果必须经受得起验证。因此,描写语言学被视为"操作主义"和"分类主义"。

(四)分布和替换。描写语言学在结构分析中主要运用分布和替换的研究方法,以便从庞杂纷繁的言语素材中切分出独立的语言单位,并加以区分、归类。

(五)层次分析。描写语言学对句法结构进行层次分析,这是分布和替换的方法在句法研究中的具体运用,并由此发展出直接成分分析法(immediate constituent analysis),即把句子或词按层次区分出它的组成部分。

(六)形态音位(morphology)。形态音位是描写语言学在语法和语音结合的基础上建立的一种语素学(morphemics)(《现代语言学词典》)。语素是由出现于某个语素变体的一组音位所组成的语音单位。例如,英语名词复数的词尾/-s/、/-z/、/iz/是由不同的音位组成的同一个语素音位。

根据我们对构式语法理论的研讨,描写语言学的这些观点和研究方法对构式语法理论的产生和发展有着非常重要的影响。萨丕尔尊重语言现实,主张以记录话语为研究素材;布龙菲尔德注重可以观察到的语言形式,不考虑语言以外的事实;构式语法是一种以使用为基础(usage-based)的理论模型,主张"眼见为实(what you see is what you get)"(Goldberg 1995),研究的对象大都是活生生的语言运用现实。描写语言学注重语言的共时研究;构式语法基本上也是对语言的共时分析,较少考虑语言的历时演变。最重要的是,构式语法继承了描写语言学尊重语言形式的思想,摈弃了描写语言学忽略意义的做法,将构式看做是形式和意义的对子(form-meaning pairing)。

1.2　Chomsky 的生成语法

　　自 20 世纪 50 年代起,Chomsky 的生成语言学在国际语言学研究领域一直处于主流(main stream)地位。生成语言学理论认为,语法是人脑认知体系的一部分,是人类与生俱有的语言能力的一种模式。这样的模式是在人脑进化中形成的、专门掌管语言的机制(language faculty)。这种机制是人类进化的产物,是一种带有普遍性的(universal)先天机制,受普遍语法原则的支配和调节。这种模式以模块(modular)形式运作,每个模块掌管一定的语法功能,模块与模块之间既相对独立又相互作用(Chomsky 1995)。

　　生成语法把语法看做是储存在言者大脑里的语言知识。这种知识由若干主要部分(component)组成。Chomsky(1957)的句法理论把语法分成三个部分:短语结构部分(生成一个底层语符列的集合)、转换部分(以各种强制的和非强制的方式作用于语符列,从而引入语义变化)和形态音系部分(将每个句法语符列转变为音系单位组成的语符列)。后来,Chomsky(1965)的句法理论把短语结构部分改为基础部分,生成句子深层结构的底层标记。基础部分又分为语法的语类部分和词汇部分。除此之外,还有音系部分,为句子表层结构提供语音解释。Chomsky(1982)的"管约论"(government-binding theory)把语法分成句法、语音和语义三个子系统。这些子系统是语法中规则系统的各种次级组成部分。规则系统的次级组成部分如下:

　　(i)　词库
　　(ii)　句法
　　　　(a)　范畴部分
　　　　(b)　转换部分
　　(iii)　语音部分
　　(iv)　逻辑部分

词库规定每个词项抽象的形态——音系结构及其句法特征。范畴部分的规则符合某种 X 阶理论。词库和范畴构成基础。基础规则生成 D 结构——这是通过以一种与词项的特征结构一致的方式把词项插入由范畴生成的结构之中而实现的。这些 D 结构通过移位 α 规则映现 S 结构,而留下与它们的先行成分同标的种种虚际。这条规则构成转换部分,同时可能在语音部分和逻辑部分中出现。因此,句法生成 S 结构,S 结构通过语音和逻辑两部分被赋予语音和语义表现形式。其构成如下：

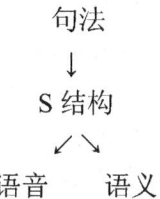

如图所示，句法规则生成 S 结构。语音部分把 S 结构跟语音形式（phonological form）的表现连接起来。语义部分把 S 结构跟逻辑形式（logical form）连接起来。用来生成 S 结构的句法规则、用来连接语音和 S 结构的语音形式、用来连接语义和 S 结构的逻辑形式就是由词库所规定的一个词项的句法特征、语音特征和语义特征。比如，英语 Sincerity may frighten the boy 就是由词库所规定的每一个词的语音特征、句法特征和语义特征，按照一组规定的规则和选择限制所得到的最终语符列结构。如下图所示：

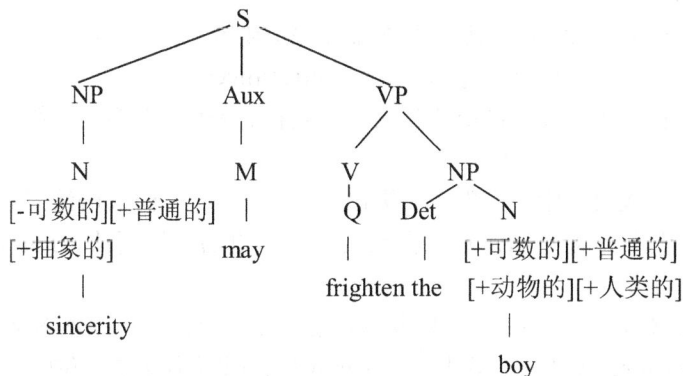

这里除了语音、语义和句法部分外，还有一个词库。词库开列出每一个词的语音结构、句法范畴和语义特征清单，通过普遍的连接规则（linking rules）把一个部分的信息投射到另一部分，如把一个句子的句法结构信息投射到语义结构。

生成语法的特点是把语法的任意性和特质性（idiosyncracy）限定在词库（lexicon）里，具有语法结构特征的最大单位是单个的词；词组和句子都是由句法部分及其相应的语义和语音部分的普通规则管辖的。这样，所有句法结构特征都可以由语法部分的普通规则和它们之间的界面（interface）来解释，语法分析根本不需要构式（construction）。正如 Chomsky（1993：4）所指出的，普遍语法提供了一套固定的原则系统和一组有限的参数，语言的具体规则简化为对这些参数值的选择。语法结构的概念被剔除，取而代之的是结构的具体规则。Chomsky（1991：417；1995：129）把构式看做"分类学研究的附带现象（taxonomic epiphenomena）"，是一些基本原则的产物。按照这一观点，语言运用者无需掌握语言中的构式，只需知道决定构式合语法性的普通原则，即普遍语法（universal grammar）。

虽然构式语法理论是在回应生成语法的一些思想和观点的过程中兴起的（Croft & Cruse 2004：225），但Goldberg（2006：4）认为，Chomsky的生成语法理论对构式语法也是有影响的，二者之间存在着一些相通的地方：

（一）构式语法和生成语言学都坚持将语言看做是一个认知系统[①]，都是从认知角度研究人类语言。生成语言学将语法看做是言者头脑里的语言习得机制（language acquisition device，LAD）；一些构式语法理论将语法定义为贮存在人们大脑里的"有组织的、规约性的语言单位清单"；一种语言的语法就是语言系统的心理表征（psychological representation）。（Langacker 1987：57）

（二）构式语法和生成语言学都承认，必定有一种方法将一些结构（structures）连结起来，组织成新的话语（utterances）。

（三）构式语法和生成语法都认为，语言习得研究需要一种简单明了的理论（non-trivial theory）。

（四）生成语言学旨在发现人类语言的普遍语法；构式语法秉承认知语言学的思想，其最终目标是对贮存在人们大脑里的心智语法（mental grammar）做出描写。

除此之外，Croft（2001）发现，构式语法与生成语法都是用整体结构（meronomic structure）或部分—整体关系（part-whole）来表征语法单位的。比如，英语Heather sings可以表征为由主语Heather与谓语sings组成的整体结构。

尽管如此，我们必须承认构式语法与生成语法存在着一些针锋相对的地方：

（一）生成语法认为，对语言本质的研究主要是考虑结构形式，不必考虑语义和话语功能；而构式语法对语言的研究采用的是形式、语义或语用/话语功能相结合（integration）的方法。

---

① 认知语言学将语言看做是人们一般认知能力的一部分。这里的"认知"和认知科学与认知心理学所说的"认知"是相通的，比如图形（figure）和背景（ground），等等。生成语言学将语言看做是一个认知系统。这里的"认知"主要是指人们与生俱有的语言习得机制（LAD），具体如S is rewritten as NP + VP，等等。

（二）生成语言学将半规则的（semi-regular）和不太常见的句式（patterns）看做是边缘现象；认为语言的核心现象只是一小部分。从构式角度研究语言不分核心和边缘，而且证明像习语（idiom）这样的边缘现象同样存在着一些普遍的语言运用规律和特征，具有重要的理论研究价值，不应将其视为不值得予以关注的例外。

（三）生成语言学认为，这些核心现象纷繁复杂，根据普通的认知机制采用归纳的方法是无法学会的，习得者必须掌握语言的具体原则，即普遍语法。相反，构式语法认为，构式是在输入和普通认知机制的基础上习得的（Goldberg 2006）。

1.3 成分模型理论（componential model theory）

秉承生成语言学的思想，成分模型理论认为，语法可以分为音位、句法、语义和词库（lexicon）几个自足的模块，可以用不同的成分来表征。词库由词项（lexical item）组成，每个词项都包括语音（phonology）、句法（syntax）和语义（semantics）特征，即一个词怎么读，是哪一类词，名词还是动词，表达什么意思。音位、句法和语义模块分别是由音位、句法、语义基本成分的操作规则组成的。音位结构、句法结构和语义结构是分开的；音位结构组织和句法结构组织与相应的语义结构组织无关。

成分模型理论研究的新进展提出，复杂的句法结构和它们的语义结构之间的连接是通过连接规则（linking rules）实现的；句法结构和相应的音位结构之间的连接也是通过连接规则实现的。如下图所示：

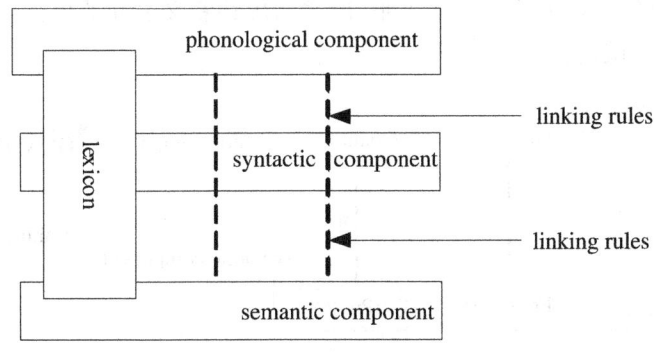

语法组织的成分模型（参见 Croft 2001：15）

许多现行的语法理论将语法特征(grammatical properties)分为词素成分、信息结构成分以及各种各样的句法结构成分。不过,这些理论始终都坚持,除词库外,不同类型的语法特征应放在不同的构成成分中(grammatical properties of different types are placed in separate components)。

但是,Fillmore et al. (1988)发现,习语(idioms)比词汇要复杂,而且在句法和语义上有一些独特之处(idiosyncrasy),如果没有具体的机制很难将其轻而易举地归入词库。比如,英语 kith and kin,这两个词都只用在这个习语里,其他地方都不用;习语 all of a sudden,由熟悉的词组成,但不合句法规则,是超语法的(extragrammatical);习语 tickle the ivories(弹钢琴),由熟悉的词组成,且符合句法规则,但所表达的语义非常独特。该习语所表达的意义不是由 tickle(逗乐、使高兴)和 the ivories(象牙)这些词汇通过连接规则实现的。显然,用成分模型理论似乎很难对这些习语的独特的、不规则的句法行为和新奇的语义结构做出合理的分析。因此,Fillmore et al. (1988)主张,一种语法理论应当对这些习语的独特之处做出分析,对这些习语与语言中的规则词项以及一般的句法和语义规则之间的关系做出解释。为了弥补成分模型的不足,Fillmore et al. (1988)主张将习语看做是语法构式(grammatical construction)。构式是句法表征的内容,还包含有语义甚至音位信息,如 I wanna go too 等。构式和成分模型理论里的词项(lexical items)一样,可以把独特的或任意的(arbitrary)音位信息、句法信息和语义信息连接在一起。构式与词项的不同就在于,后者都是具有实际意义的、原子的或最小的句法单位;而前者(至少)是部分图示性(schematic)的,由一个以上句法成分组成的复杂形式。

Croft (2001: 19)认为成分模型的句法理论和构式语法的主要区别为:成分模型将形式和规约意义之间的象征连接看做是规则连接,是在句法和语义成分的外部;而构式语法主张,形式和规约意义之间的象征连接是在构式的内部。试比较:

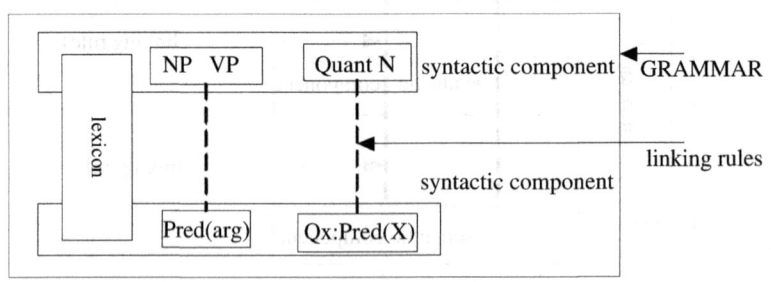

成分模型的形式功能关系(参见 Croft 2001: 19)

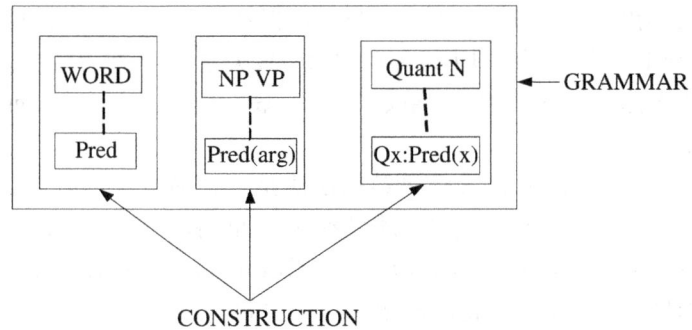

构式语法的形式功能关系(参见 Croft 2001：19)

1.4 统一语法(unification grammar)

"统一语法"也是一种生成语法理论模型,包括"广义短语结构语法(generalized phrase structure grammar)"、"词汇功能语法(lexical functional grammar)"、"中心语驱动短语结构语法(head-driven phrase structure grammar)"和"范畴统一语法(categorial unification grammar)"等。由于这些语法模型都是在斯坦福大学和旧金山海湾地区附近的研究机构发展起来的,所以又称之为"海湾地区语法"。

统一语法始于语言特征(linguistic features)研究。每一个语言单位都有特征结构(feature structure)。这样的特征结构是一些"属性—值"(attribute-value)对子。这些值可以表示为原子符号或特征结构。特征结构通常叫做"复杂范畴",表示为特征矩阵或特征图。下图是一个动词的特征结构：

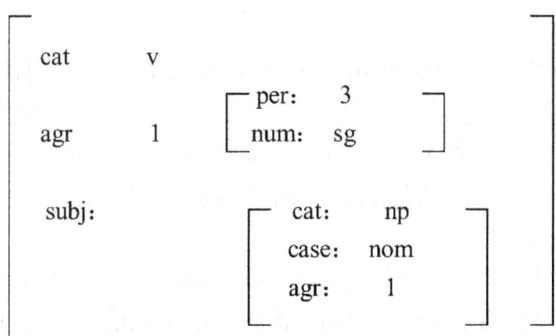

上图意为"动词要与第三人称单数主语保持数的一致"。其中 cat 代表"范畴";agr 1 代表"一致"即主语和动词的一致关系;subj 代表"主语";per:3 代表"第三人称";num:sg 代表"单数";np 代表"名词短语";case:nom 代表"名词主格"。

在统一语法模型里,广义短语结构语法是一种描写自然语言的形式语法理论框架。这一理论起始于 20 世纪 80 年代早期,1985 年 Gerald Gazdar 等人出版了 *Generalized Phrase-structure Grammar*(《一般短语结构语法》)一书,全面确立了该语法理论的框架和具体内容。该理论主张,句法只有一个句法结构平面,不设立成分结构的转换机制。句法结构是一种把句法范畴标记到其节点上的树形结构(tree)。一个树形结构的子结构的合格性是由直接支配规则(immediate dominance rule)、线性前置(linear precedence)等规则决定的。该理论坚持用句法特征来定义句法范畴。句法特征由特征(feature)和特征值(feature value)构成。句法特征之间的相互依存关系由特征共现限制(feature coocurrence restriction)来规定和表述。该理论基本上接受了蒙塔古语法中的句法语义同态说(homomorphism),认为每一个句法结构都跟一个语义解释相匹配。句法规则和语义解释直接合为一体,既互相作用,又互相制约。

除广义短语结构语法外,统一语法模型还包括 J. Bresnan 和 R. Kaplan 所创建的词汇功能语法(LFG)理论。该理论建基于一套描写自然语言特征的标示原则(design principle)。标示原则认为,自然语言有两个组织方案(organizational schemes):一个适合于外部结构(external structure);一个常用于内部结构(internal structure),即内容或意义的组织方案。一般来讲,语言的外部结构应当能够为语言的意义或内部结构提供物理支撑;反过来,语言内部的意义都是从其外部结构得来的。从语言的内部结构到外部结构的映射(mapping)应当有一个非常清晰的程序。标示原则的基本内容包括:

(一)变异性原则(the principle of variability)。不同语言的外部结构具有明显的差异,包括词汇结构和词序。词汇功能语法认为,语言的外部结构是根据成分结构(the constituent structure)的组织或布局建构的。成分结构包括短语结构和词汇结构,具体指发音、词序、音位和短语组构(constituency)。

(二)普遍性原则(the principle of universality)。不同语言的内部结构具有普遍性,在许多方面是没有差异的。按照词汇功能语法,语言单位的意义编码是由功能结构(functional structure)建构的。功能结构包括上指(anaphora)、一致、词汇论元结构等。语言单位的意义编码具有跨语言的普适性。

（三）透明原则(the principle of transparency)。透明原则是指语言的功能结构与成分结构之间的关系是透明的。按照透明原则，一个句子的透明关系是指：句子的内部结构或功能结构既可以看做是从其外部结构或成分结构中提取出来的，又可以说是保存在(preserved in)外部结构或成分结构里面的。句子的内部结构和外部结构的关系不是派生性的（比较生成语法的管约论思想），而是一种结构上的对应关系(correspondence)。

Bresnan 等人的词汇功能语法注重词汇在整个语法理论中的作用，词汇规则(lexical rules)取代了转换生成语法的短语结构规则。词项表征的谓词论元结构与短语结构无关。词汇规则成了唯一能够影响题元角色结构和表层结构映射过程中功能—论元联系的因素。词汇规则可以赋予一个谓词论元结构几个不同的语法功能，所以结构构型(structural configuration)和语法功能之间是"多对多"关系(many-to-many relation)。词汇功能语法认为，语法功能是指一个语法成分可以被赋予的题元角色，如主语可以被赋予施事、受事或目标这样的题元角色，所以施事、受事或目标可以分析为主语这一语法成分的语法功能。语法功能属于句法层面；谓词的题元角色属于语义层面。因此，一个语法成分的语法功能是由其语义决定的。比如，一个动词的语法功能，根据其语义特征——需要携带论元，动词可以赋予谓词论元题元角色。常见的有，表示变化意义的动词（如 go/run/turn/melt）需要携带施事、受事(theme)、来源和目标论元，可以赋予谓词论元施事等题元角色。表示经验意义的动词（如 like/admire）需要携带经验者和激励者(stimulus)论元。可见，每个动词可以赋予的谓词题元角色是由动词的语义特征决定的，构成这个动词的谓词论元结构。每一个动词的谓词论元结构包括词汇形式和被赋予的语法功能。赋予谓词题元角色表现了动词的语法关系。比如，动词 break 和 give 的语法关系可以表示为：

(PRED) = break＜agent, theme＞
　　　　　　　SUBJ　OBJ
(PRED) = give＜agent, theme, goal＞
　　　　　　　SUBJ　OBJ　OBL

反过来，一个简单的谓词论元结构可以被赋予几个不同的语法功能。比如，一个施事论元在被动语态句子里可以被赋予介词宾语的语法功能；这个施事论元在主动句里可以被赋予主语的语法功能。这样的语法功能被叫作非固定性的句法功能(underspecified syntactic function)。基于以上认识，词汇功能语法的词汇映射理论(the lexical mapping theory)提出题元角色层级(hierarchy of thematic roles)假设：

ag ＞ ben ＞ go ＞ exp ＞ inst ＞ th ＞ pt ＞ loc

这个层级表示，谓语动词与论元在语义组合上存在着一种先后次序。处于这个层级最高层的题元易于跟动词发生一致关系(agreement)；处于这个层级较低层的论元易于被词汇化(to be lexicalized)。比如，习语大都由"动词＋方位词"构成，to put X to shame(羞辱(某人))、take X to task(申斥(某人))、go to the dogs(堕落)。

在统一语法里占有重要地位的另一语法理论是中心语驱动短语结构语法。该理论认为，所有的语言单位都是用特征结构(feature structures)来表征的。这样的特征结构就是 Saussure 所说的符号(signs)，包含有音位、句法和语义特征信息的符号。音位、句法和语义特征值之间的联系决定着音位和语义之间的语法对应关系。语法是以特征结构的形式来表征的，因为特征结构对符号的语言适切性给出了明确的限制。每一个适切的符号必须和语法保持一致。与语法相关的是语法原则(principles)，而规则(rules)和词项均与语法无关(Bussmann 2000)。

以上所述诸种统一语法理论对一些构式语法思想有着不同程度的影响：

(一) Kay and Fillmore (1999)按照广义短语结构语法的形式化标准，对英语 What's X dong Y 这一构式的句法特征和语义特征进行了具有重要理论意义的形式化描写。这一研究的箱式图概念保留了词汇功能语法功能等式(functional equations)中的代数概念(algebraic notation)。他们认为，构式语法是单层级的(monostratal)、以限制为基础的系统。在这个系统里，句法和语义信息是通过单一属性值矩阵(attribute value matrix)组成的特征结构(feature structure)来表征的。

(二) Fillmore and Kay 的构式语法的模型域内容接近词汇功能语法，没有独立的(separate)语义和音位模块，也没有像词汇功能语法这样的标签功能。词汇功能语法强调的是成分结构和特征结构的独立性(separateness)以及它们之间的对应规则；Fillmore and Kay 的构式语法强调的是构式的统一性(unity)，将成分结构和非成分结构融合在一个单位(a single unit)里。像中心语驱动短语结构语法一样，Fillmore and Kay 的构式语法对构式的特征结构描写包括音位、语义和范畴等信息。

(三) Bresnan 等人的词汇功能语法提出，根据动词的语义特征建立谓词论元结构。这一思想对 Goldberg（1995）从论元结构视角研究英语双及物构式提供了重要的理论参照。另外，Kay（1983）提出的配价原则，即出现在局域（location）位置的所有成分都是补足成分，这一原则和词汇功能语法提出的对功能结构的统一限制基本相同。Fillmore & Kay 的构式语法理论认为，能够给谓词（lexical predicator）的语义需求赋予语法功能和句法结构形式的连接构式（linking construction）和词汇功能语法的连接理论（linking theory）所起的作用是相同的。

（四）Goldberg（1995）对论元结构的构式语法研究提出，论元结构的有些论元不是动词提供的，而是构式赋予的。这一认识可以说是对中心语驱动短语结构语法的 head-centered 思想的继承和发展。

1.5 词语法（word grammar/WG）

词语法是自 20 世纪 80 年代以来发展起来的一种语法理论。Richard Hudson（1984）的 *Word Grammar* 专著的问世奠定了词语法理论的基础。之后，Hudson（1990，2001）对词语法做出了大量的修正和发展。Hudson 本人认为，该语法理论脱胎于他的"姊妹依存语法（Daughter Dependency Grammar）"，是 Halliday（1985）的系统功能语法、Anderson（1971）的"依存语法（Dependency Grammar）"和 Chomsky（1965）的"生成语法（Generative Grammar）"的混合物（mixture）。

词语法的核心思想是，语言是一个认知网络———一个由语言分析中所有的成分概念组成的网络，包括词、音位（phonemes）、关系和意义等。词语法理论提出：

（一）语言理论嵌套在知识理论（theory of knowledge）里，强调语言和其他知识的通约性。

（二）在某种意义上，语言是一个次网络，但似乎又不是一个独特的模块（not a distinct module）。

（三）在词语法里，句法、词素和意义研究都有相当全面的发展，但音位（phonology）却少有涉猎。

（四）一般来说，词语法运作的基本逻辑是"多维默认继承（multiple default inheritance）"。

词语法认为，词汇语义和百科知识是不能分开的，因为像 DOG 这个词的意义和我们日常生活中使用的 DOG 概念是相同的。词的语义紧密地嵌套在普通百科知识的概念里。一个概念的特征是根据该概念与其他概念之间的关系来定义的；离开这些关系就无法定义一个概念。概念的运用按照"多维默认继承"逻辑行事。每一个概念都代表着一些典型的特征，如 DOG（典型的 DOG）有四条腿、一二尺左右高，而三条腿、四尺高的 DOG 应看做是例外。词汇语义中的大部分概念都是词的意义。所以词汇语义就是一个由词义关系编织的语义网络。词义关系远远超出了传统的同义、同形异义等，如 DOG 的词义关系网络里还有"会叫的"、"哺乳动物"等。

Hudson (2006)认为，词语法理论和 Chomsky 的生成语法、中心语驱动短语结构语法、Langacker 的认知语法以及 Goldberg 的构式语法相比，在一些方面存在着一些"同(yes)"和"异(no)"，具体如下图所示：

词语法	生成语法	中心语驱动短语结构语法	认知语法	构式语法
语言是一个认知网络	no	no	yes	yes
使用多维默认继承	no	yes	yes（图式性的）	disputed
词汇和普通事实在同一层级	no	yes?	yes	yes
句法结构和语义是分离的	unclear (Is LF semantics?)	no	no	yes
句法是单层级的	no	yes	(yes)	yes
句法最基本的是依存成分(dependencies)	no	maybe	maybe	no
句法允许结构共享(structure sharing)	yes (traces)	yes	no	no?
句法依存成分是有标签的	no	yes	no	yes
所有关系都按层级(hierarchy)分类	no	no	no	no

(cf. Hudson 2006)

另外，Holmes and Hudson 比较了词语法和 Kay and Fillmore (1999) 的构式语法，认为词语法和构式语法对构式的认识存在着许多相同的地方（见 Östman and Fried 2005：243-272）。词语法与构式语法的主要差异在于：句子结构的本质是以短语(phrases)为基础，还是以词汇(words)为基础构式语法继承美国语言学研究的传统,是以短语为基础;词语法继承欧洲语言学研究的传统,是以依存结构(dependency structure)为基础。Hudson(2006)认为,构式语法与词语法在不同的语言学理论中架起了一座桥梁。如图所示:

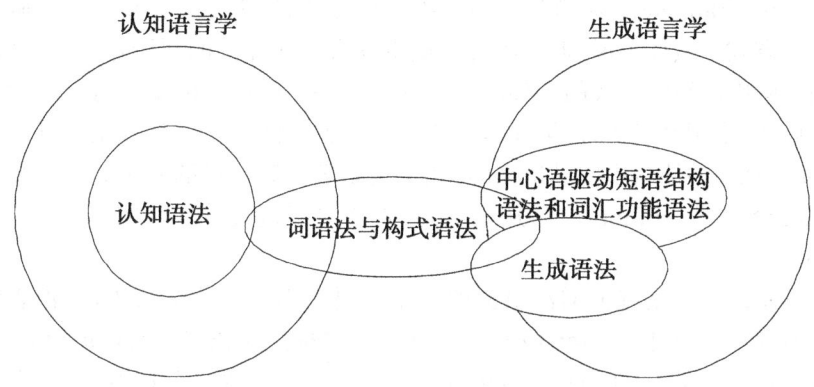

1.6 框架语义学(frame semantics)

框架语义学是美国语言学家 Fillmore(1977)在早期格语法(case grammar)理论的基础上提出的,是从人们理解语言的角度阐释词汇意义的理论。这一理论的核心思想是:人们是在词语所激活的语义框架中理解词语意义的。人们通过对真实场景的反复体验,在大脑中形成了规约性的意象图式,或者说形成了认知完型(gestalt),这就是抽象的语义框架。"框架"就是我们大脑中的概念结构。理解一个概念结构中的任何一个概念,必须以理解它所适应的整个框架为前提。当这样一个概念框架中的某一个(些)概念被置入到一个文本或一次谈话中时,该概念框架中其他所有的概念都自动被激活。来看例句:

甲:我昨天下午去百货商店了。
乙:买了什么?

当乙听到甲的谈话中有"百货商店"这一概念时,在乙大脑里激活了百货商店是"一个商品交易的场所"这样一个概念框架或者说一个语义框架。这个语义框架包括顾客选购商品、付款、售货员收款等概念,所以乙根据这一被激活的语义框架内容,将"百货商店"理解为"选购商品",便询问甲的购物情况。

框架语义学虽然是在格语法基础上发展起来的,但与后者存在着明显的不同。格语法属于生成语法,研究说话人如何生成句子,是演绎性的。框架语义学属于认知语言学,研究听话人如何根据概念结构来理解句子当中词汇项的语义内容,为语义结构知识的描写提供指导。基于框架语义学的框架网络(framenet),结合演绎与归纳两种方法,构拟了人类经验在大脑中的表征方式。具体来说,框架语义学理论本身是演绎性的,是对词语意义在人的大脑中的组织方式的一种假设。框架网络中的语义框架是对这种假设的具体化,是用来说明,框架元素的句法实现方式的理据不是理论推导的结果,而是从原始语料中归纳出来的,使用的是数据库建设的基本方法。所以就方法论而言,Fillmore 已从心智主义转向经验主义(陶明忠、马玉蕾 2008)。

框架语义学是有关词汇语义的理论。语义学研究普遍认为,词汇表达的是概念和意义单位(units of meaning)。结构主义语义学(structural semantics)采用词汇对比的方法,按词汇之间的语义关系,区分为同义词和反义词、上义词和下义词等。一些词汇语义研究表明,词汇表达的概念不是原子型的,可以分解为一些语义特征。比如,man 这个词的语义可以分解为[[+ human],[+ male]]。逻辑语义学将概念定义为真值条件,概念运用于现实情景的条件。只有当一个词汇表达的概念与客观世界情景相对应,这个词才算有意义。Fillmore 的框架语义学研究发现,一些意义相反的词,如 tall 和 short,它们的意义不对称性不能用结构主义语义学的语义特征来解释。另外,一些词汇的意义与这些词汇表达的概念之外的意义有关。例如,英语 widow 可以指未婚的女子,或者是其丈夫去世的女子。框架语义学(Fillmore 1975,1977,1982,1985)认为,词汇或一些结构形式所引发的是一个框架,言者用词汇或结构形式作工具来从事一项具体活动,即引发一个理解;听者听到这些词汇或结构形式后,引发的也是一个框架,去理解所听到的词汇或结构形式。在框架语义学里,一些词汇引发的概念是一个言语行为场景,例如,英语动词过去时形式表达的是与言语行为场景有关的某一点或时间段的事件。

除此之外,Fillmore 框架语义学所说的语义还包括参加者的意向、社会文化背景以及动作或状态的行为等。例如,My dad wasted most of the morning on the bus. Fillmore 发现,这里言者要用 father 或 dad(不加所有格代词),就会暗含不同的父子关系。morning 的理解是在"工作日"这一框架内,指工作日的早上,通常是 8 点到中午,不是历法上说的一天的上午,通常是午夜到中午。waste(荒废)表示的框架与 spend(花费)大不相同。on the bus(在公共汽车上)表达的框架是言者在公共汽车上,公共汽车是为大家提供服务的地方,而不是一般的实际容身之地(in the bus)。

Fillmore 的框架语义学放弃了格语法理论提出的有关句法成分生成的"凸显等级"思想,通过语料统计来描写语义角色的句法实现。但是,这样的句法实现的机制是什么,框架语义学似乎没有给出清楚的答案。可能是为了解决这一问题,Fillmore 和他的同事(Fillmore 1985;Fillmore et al. 1988)从句法、语义和语用方面研究了英语的习语,提出了"语法构式(construction grammar)"这一概念,把框架语义学发展到了构式语法阶段。在 Fillmore 等人研究的基础上,Goldberg(1995)探讨了英语一些句式的论元结构,建立了构式语法的理论模型;Fauconnier(1997)等提出了概念整合理论,深化了词汇与句法关系的研究;Langacker(1987,1991a)的认知语法认为,框架在语义概念化过程中是参照点的辖域(scope or domain)。比如,

Paris is a beautiful city. (location)
Paris closed the Boulevard St. Michel. (government)
Paris elected the Green candidate as mayor. (population)

Paris(巴黎)作为一个参照点,其辖域包括巴黎占据的空间位置、驻扎在巴黎的机关、居住在巴黎的人。

1.7 生成语义学

Lakoff(1987:582-585)将他从认知角度对语法的研究看做是生成语义学(generative semantics)和格语法(case grammar)的衍生(evolution)品,将他的认知语言学理论称作是最新版本的生成语义学。

Lakoff 的认知语法研究与生成语义学的共同点为:
(i) 语言是普通认知的一部分;
(ii) 语言的基本功能是表义,因此语法应当直接表明形式和意义之间的关系;
(iii) 如果承认表义是语言的基本功能,那么语法就应当尽可能地在意义的基础上对形式做出解释;
(iv) 语用就是交际语义(the semantics of communication)。语用和语义使用同一个理论框架。

Lakoff 的认知语法研究与生成语义学的不同之处为:生成语义学主张

运用逻辑模型理论(model-theoretic approach to logic)研究语义和语用；Lakoff 的认知语法则认为大部分语义和语用现象都不能用模型理论来解释。

　　以上是对构式语法产生的理论背景的简略回顾。根据我们对构式语法理论的研讨，我们认为，构式语法理论继承描写语言学的思想，将活生生的语言现实作为研究的客体和对象；秉承生成语言学的观点，将语言看做是认知的一部分；借鉴统一语法和框架语义学的研究成果，将语言看做是一个形式和意义/功能的结合体。先前的语言学理论研究为构式语法的兴起和发展奠定了重要的理论基础。

第二章

Fillmore & Kay 的构式语法理论

  Fillmore & Kay[①]的构式语法理论是一个单层级(monostratal)的、以限制为基础的、非派生的语法理论模型(Kay and Fillmore 1999)。该理论的发展经历了从习语到构式(20世纪80年代末)和从构式到构式语法(20世纪90年代末)两个阶段。内容主要包括两部分：Fillmore et al. (1988)对 let alone 构式的研究和 Kay and Fillmore (1999)对 WXDY 构式的研究。前者将语法构式看做是句法、语义和语用的结合；后者将语言中特殊的、不太常见的构式和抽象的、普通的构式看做是同等重要的，二者之间为允准和继承关系。

  Fillmore & Kay 的构式语法理论的主要思想可以梳理为：

  (一)语言中无可争议地存在着一部分像传统语法里所说的习语之类的、复杂的、特殊的语法构式。这些语法构式既是规则的又是不规则的，即既是普通相关构式家族的成员，又有其独特的句法、语义和语用特征。这些独特的句法、语义和语用特征是不能从普通的句法、语义和语用规则完全推知的。习语是图式性的，用形式语言学的短语规则不可能对习语做出恰当的描写；在语言的普通短语词库(general phrase lexicon of the language)中也无法一一列举。表征言者头脑里习语知识的最好办法是构式。

  (二)研究一种语言的习语和研究这种语言的普遍(general)现象是一个问题的两个方面(two sides of the coin)，研究习语需要根据语言的规约性了解这个习语所表达的内容。要做到这一点，我们必须有一种有关这种语言的规则和普遍性的理论。对一些不太常见的构式进行研究进而澄清一些非常普遍的问题，有助于对语言做出全面的解释和说明。

  (三)在一个构式里，句法、语义和语用信息是互动的；而且这种互动是

[①] 本章所谈的构式语法理论是 Charles Fillmore 和 Paul Kay(还有其他学者)合作的成果，故行文中表示为"Fillmore & Kay 的构式语法"。下同。

规约性的(conventional),语言运用者的能力大部分可以看做是信息束储存库,包括形态句法形式、语义解释原则和具体的话语功能。一个解释性的语法模型应当坚持这样的原则——语言能够把语义信息、语用解释原则和单一的短语结构规则所界定的非常复杂的句法构型(syntactic configurations)联系起来。

（四）一部涵盖大大小小所有构式的语法应当对所有的构式做出表征,不管其普遍性和习语性程度的高低。语法应当对语言中每一个句子获得构式继承层级子集(a subset of leaves of inheritance hierarchy of constructions)允准的机制做出明晰的解释。构式之间的继承(inheritance)关系反映了语言内部的普遍性。表征系统的结构组织和不同语言共享的抽象构式反映了跨语言的普遍性。

（五）从构式角度研究语法的优势之一就是能够证明:在允准语言里一些句子的过程中,像 WXDY 这样的习语性的、不太常见的构式与一些比较抽象的、普通构式之间是相互作用的。它们之间的相互作用表现为:抽象的、普通的构式与特殊的、不太常见的构式之间存在着允准和继承关系。

（六）构式语法是非模块性的,强调形式和意义都是语法中每个具体构式或规则的组成部分,不是语言中的不同模块。在所有非模块语法理论中,构式语法尤其强调:任何一种可能被其他语言学家称之为"语用"的信息都有可能约定俗成地和某一具体的语言形式联系在一起,语用信息和语言形式因此共同构成语法规则或构式(Kay 1995)。

（七）构式语法是单层的、非转换性的。Kay(1995)认为,一个具体的句子被语法所认可,当且仅当这个语言中存在着这样的一套构式或规则,它们能够产生那个句子表面形式和语义的确切表征。由于构式是形式和语义的对子,每一个形式都有其对应的意义或功能,不存在一个形式是从另一个形式转换而来的,也不存在形式和意义之间的转换(Goldberg 2006)。

（八）构式语法是一种"自下而上"的研究方法,即从研究语言中的一些具体运用实例做起,进而对一些普遍的语言现象做出合理的分析和解释。

本章主要是对 Fillmore & Kay 的构式语法理论的介绍和评述。内容有五部分:关于构式;从习语到构式;从构式到构式语法;对 Fillmore & Kay 的构式语法理论的评述;Fillmore & Kay 构式语法理论的方法论探讨。

2.1 关于构式

构式(construction)一词由来已久,几乎语言学研究的任何内容都可以称作"构式"。构式有时相当于传统语言学中的结构(structure),有时又等同于习语这样的具体的语言现象。Fried & Östman (2004:3)认为,构式通常用来指称具体的表达形式、通过内省(introspection)建构的句子或短语以及相互作用中建立的模式(patterns)。

在传统语言学里,Bloomfield (1931:169)把构式定义为:当两个或两个以上形式连着说(spoken together),就像是一个复杂形式的组成部分,它们结合(combine)而成的语法结构形式。他举了这样的例子:duke 和-ess 结合成 duchess 这样的语法结构形式,poor John 和 ran away 结合成 poor John ran away 这样的语法结构形式,都构成一个构式。在这里,Bloomfield 将语言的语法结构形式分作三类:一种是可以单独说出的,譬如使用一个次级音位单位[!]表明是一个感叹句;一种是需要两个或两个以上连着说的,如 duchess,这样的语法结构形式叫构式(construction);另一种是作为一类形式的规约性的替代(conventional substitute)说出的,如 he 常常用来替代 John/poor John/a policeman/the man I saw yesterday/whoever did this 这一类形式,叫作替代(substitutions)。显然,在他看来,"构式"就是一种语法结构形式,主要指一个语言表达式的语法结构特征(grammatical features)。

生成语法认为,传统的语法构式是分类学的产物,可能有益于非形式的描述,却没有任何理论价值。"原则和参数"的研究方法完全排除规则和语法构式的概念,语法中不存在构成印第安语中的关系从句、斯瓦希里语中的动词短语以及日语中的被动式的规则(Chomsky 2000:8)。

2.1.1 什么是构式?

Fillmore (1988:36)将构式定义为:

By grammatical construction we mean any syntactic pattern which is assigned one or more conventional functions in a language, together with whatever is linguistically conventionalized about its contribution to the meaning or the use of structures containing it.

这段话的大致意思是,我们所说的语法构式是指任何在语言中被赋予一种以上规约性功能的句法结构形式,包括这种句法结构形式的规约性意义和用法。根据这一定义,Fillmore et al.(1988)将构式进一步描写为:

  (i) 构式是规约性的句法表征,包括任何句式(syntactic patterns);
  (ii) 构式是习语性的(idiomatic);
  (iii) 词项(lexical items)本身就是构式;
  (iv) 构式就像一个由母亲和女儿组成的核心家庭树(nuclear family tree)。

  构式是规约性的句法表征,不但表明规约性的句法信息,还包括词汇信息、规约性的语义和语用信息。比如,英语"The X-er, the Y-er"是一个构式,这样的句法表征包含有词汇信息和规约性的句法信息,如定冠词 the 和形容词或副词的比较级形式以及前后两分句的顺序都是固定的;表示"越……越……"规约性的意义;信息焦点常常落在后半部分,即 the Y-er 上。另外,英语"I wanna go too"是一个构式,除了表示"我也想去"语义信息外,还含有规约性的音系信息,wanna 在这里读音为[wɔnə]。除此之外,构式还包括像"Harry is the second cousin four times removed of Susan."这样用熟悉的词汇成分以不熟悉的组织形式构成的构式,以及像"pull someone's leg"这样的用熟悉的词汇以熟悉的组织形式构成的构式。

  构式是习语性的。意思是说,构式是一种习语性的表达形式(idiomatic expression)。构式的组成有符合语法的,如 make face(做鬼脸),名词 face 作动词 make 的宾语;也有超语法(extragrammatical)的,如 by and large(总的来说),by 是介词、and 是连词、large 是形容词,按语法规则它们之间的联结是不合语法的。构式表达的意义有的是可以根据字面意义推知的,如 answer the phone(接电话);有的是根据字面意义无法推知的,如 so far, so good(到目前为止,一切顺利)。因此,构式的习语性是指,一个大构式所表达的语义功能和/或语用功能不是从一组小构式(可以看做是大构式组成部分的句法结构形式)的语义中推算(calculate)出来的。一个构式的理解或解释(interpretation)是一个语言社团所赋予的,仅凭语法或词汇知识无法完全知道这个构式为什么这样说、这个构式表达什么意思,也无法得知这样的构式是否属于一种规约性的表达形式。换句话说,构式的习语性是一种专门知识,能够对语言运用者建构和理解那些语法、词库和语义合成规则无法包容的短语和表达式的能力做出解释。

  词项本身就是构式。按照 Fillmore et al.(1988)对语法构式的定义,词项可以看做是构式,因为 1)一个词项通常有其独特的句法表征,比如,let alone 作为一个连接词,它可以用来连接两个或两个以上分句,如 You'd never get a poor man to wash a car for ＄2 in bad times, let alone a rich man to wax a truck for ＄1 in prosperous times;2)一个词项有其规约性的语义和语用功能,比如,let alone 是一个否定触发语,用来连接两个或两个以上表示否定意义的命题,使用 let alone 的句子说出一个信息强的命题是对一个信息弱的命题的强调或否定。

构式与句子树(sentential tree)。构式与短语结构规则允准的、由母亲结和子结组成的核心家庭树(nuclear family trees)非常相似;但构式并不仅仅局限于母亲结和子结,可以延伸到句子树更广的范围。Fillmore et al.（1988）对 let alone 的个案研究表明:一个构式是由若干组成部分按照一定的句法规则构成的句式(syntactic patterns)。比如,一个 let alone 构式就有 F＜XAY let alone B＞和 F＜XA let alone BY＞两种句式,或者叫句法图式(syntactic schema)。这样的句式表示"not（XAY）"和"not（XBY）",而且"not（XAY）"蕴含"not（XBY）"。在这样的句式里,言者说出信息量强的"not（XAY）"提供了足够量的信息;言者接着说出一个信息量弱的"not（XBY）"与言者的交际目的和意图相关。这些语义蕴含和语用原则仅凭 let alone 的句法规则是无法解释的,所以应当延伸至对 let alone 构式所特有的语义功能和语用原则的研讨(关于 Fillmore 等人对 let alone 的研究,详见本章 2.2.2)。

2.1.2 构式的种类

构式通常分为核心构式(core constructions)和边缘构式(peripheral constructions)两种。核心构式又可分为两种:最高层核心构式和非最高层核心构式。边缘构式也可分为两种:简单边缘构式和复杂边缘构式。

最高层核心构式(highest level core constructions)是指一些非常简单的构式,它们的特征结构被许多其他构式继承(inherit),而它们自己处于最高层,不继承任何其他的构式。英语中最普通的最高层构式是"中心语(head) + 补足成分(complement)"构成的 HC 构式。具体如英语中的动词在前补足成分在后的 VP 构式(如 show the picture to oneself)、介词在前补足成分在后的 PP 构式(如 among the stars)、形容词在前补足成分在后的 AP 构式(如 afraid of cats)和名词在前补足成分在后的 NP 构式(如 top of the hill)。

非最高层核心构式是指为中心语提供标示语(specifiers)、修饰成分或补足成分的构式。这样的构式是把两个相同层次的构件(constructs)连结起来成为较大的构件,建立互示关系(coinstantiation),允准(license)语义论元实现一定的语法功能。具体如,英语主谓构式"It is easy to please John."里标示语 It 和补足成分 to please John 为非最高层核心构式,二者之间为互示关系;左孤立构式"Which game did you say you saw?"里 game 的修饰成分 Which 为非最高层核心构式,允准 saw 的受事论元 Which game 实现为句子的主语。

简单边缘构式是指由一个词项构成的边缘构式,包括它的语义特征和连结需求(combinatorial requirements)。比如 cat 是一个简单边缘构式,表示一种动物;可以被冠词(如 a)、数量词(如 three)或形容词(如 white)修饰,一般不能单独出现。

复杂边缘构式是指由两个以上成分组成的边缘构式。具体如英语习语 kick the bucket (死掉)、pull one's leg (哄骗、愚弄某人)、(X)blow X's nose (擤鼻子)等。

需要说明的是,以上属粗线条的大致划分,实际上,每类构式之间很难有非常清楚的界限,会有一些交叉的地方。

2.2 从习语到构式

Fillmore et al. (1988)首先提出,从词库到句法构式是一个连续统。除了复杂的句法结构(syntactic pattern)和部分图式性外,构式可以看做是和词项相同的语法结构形式。随着研究的深入,他们把普通的(regular)句法规则和普通的语义解释规则本身也看做是构式。后来,又把从词汇到普通的句法和语义规则都看做是构式。最后,又发现词汇的内部结构也是构式(Croft 2001:17)。

2.2.1 习语

2.2.1.1 习语的定义

《COBUILD 英汉双解词典》将 idiom 解释为这样的一组词:当它们以某一形式结合在一起使用时所表达的意义与它们单个的意义加在一起是不同的,汉译为"习惯用语"或"习语"。比如,英语 pull one's leg,pull 意为"拉",one's 意为"某人的",leg 意为"腿",三者结合在一起意为"哄骗某人",而不是表示"拉某人的腿",因此 pull one's leg 可视为习语。

Fillmore et al. (1988)在对英语 let alone 的个案研究中,将习语(idiomatic expressions)定义为"有着整体意义的复杂表达形式(complex expressions with holistic meanings)"。对一个习语来说,只知道语法规则、语义原

则和语用原则以及词汇意义,还无法完全推知它的形式、意义以及用法(use)。英语 let alone 就是一个典型的习语。

与 Fillmore et al. (1988) 大致相同,Nunberg, Sag and Wasow (1994:492-493)将习语定义为:必须是规约性的(conventional);仅凭其各个组成成分单独使用的常规用法是不能预知的,至少不能全部预知其意义和用法。比如,英语习语 by and large,按照普通的语法规则我们无法理解连接词 and 前面是一个介词、后面是一个形容词的用法;仅凭这三个词的意义我们无法推知该习语意为 in general(一般来讲)。

2.2.1.2 习语性(idiomaticity)

Fillmore et al. (1988)指出,我们把一种言语表达形式(a locution or manner of speaking)看做是习语性的,意指这样的言语表达式在一个语言社团(speech community)里是可以理解(interpret)的,但是对一个只知道其语法规则和词汇意义者来说,仅凭这些知识还不知道怎样使用这样的表达式,还不清楚其所表达的意义,或者说还搞不清楚这样的表达式是否是一种规约性的表达方法。这样的习语性的表达形式常见的有:编码习语和解码习语、合语法习语和超语法习语、实体习语和形式习语、语用习语和中性习语。

(i) 编码习语和解码习语

根据一个习语形式的合语法性与意义的规约性,习语可以分为编码习语和解码习语。编码习语(encoding idioms)是指句法结构符合语法规则、意义是规约性的习语。例如,answer the door(应声开门)、wide awake(完全清醒的)等。这些习语形式上符合语法规则,名词 the door 为动词 answer 的宾语,副词 wide 修饰形容词 awake。从意义上讲,虽然这些习语的意义一目了然,但说话人可能知道,也可能不知道这是一种规约性的表达形式;听话人可以成功猜出其意义。

解码习语(decoding idioms)是指这样一种习语,仅凭其组成部分的意义无法得知整个习语的意义。例如,kick the bucket, pull a fast one 等。Kick the bucket 里,kick 的意思是"踢",bucket 的意思是"水桶",但 kick the bucket 的意思不是"踢水桶",而是"死掉"。同样,pull a fast one 里,pull 的意思是"推、拉",fast 的意思是"快",one 的意思是"一个",而 pull a fast one 的意思不是"拉一个快的",而是"设计骗局"。

按照以上对编码习语的界定,解码习语同时又是编码习语。比如,解码习语 kick the bucket,动词 kick 修饰名词 the bucket,符合语法规则;意为"死掉",是规约性的。所以,解码习语 kick the bucket 也是编码习语。

(ii) 合语法习语和超语法习语

根据一个习语组成成分的结合是否符合普通语法规则的要求，习语可以分为合语法与不合或超语法习语。合语法习语（grammatical idioms）是形式规则、意义不规则的习语。例如，spill the beans 里，名词 the beans 放在动词 spill 后充当其宾语，符合语法规则。但是，the beans 通常意思是"豆子"，spill 通常的意思是"喷、泼"，spill the beans 的意思却不是"泼/喷豆子"，而是"泄密"。合语法习语可以是编码习语，也可以是解码习语。

超语法习语（extragrammatical idioms）是不能用普通的语法规则解释的习语。例如，first off，all of a sudden，sight unseen 等。数词 first 和副词 off 的搭配、代词 all 和介词短语 of a sudden 以及介词 of 和 a sudden 的组合、名词 sight 和过去分词 unseen 的搭配都是无法按照一般的语法规则解释的，它们都是超语法习语。

(iii) 实体习语和形式习语

根据一个习语的组成成分是由固定的词项填充还是开放性的（lexically open），习语可以分为实体习语和形式习语。实体习语（substantive idioms）是指由实实在在的、固定不变的词汇成分构成的习语。这样的习语所用的词汇基本固定，一般不能随意更换。例如，"It takes one to know one."不能替换为"It took one to know one."或"It will take two to know two."等。上面(i)和(ii)里的习语都是实体习语。

形式习语（formal idioms）是指全部或一部分词汇成分不固定的、用于表达一定的语义和语用功能的句式（syntactic pattern）。例如，blow one's nose 可以有 blow my/your/his/her nose 等形式。其中，动词 blow 和名词 nose 固定，one's 不固定。

(iv) 语用习语和中性习语

根据有无语用（pragmatic point）环境要求，习语又可分为语用习语和中性习语。前者是指有语用环境限制的习语，如 Good morning! See you later! Him, be a doctor? 等，这些习语的使用有具体的环境要求，比如下午两点看到朋友时说 Good morning，就不合适。后者是指无特殊语用环境限制的习语，如 all of a sudden，by and large 等。

以上分析研究表明：习语性的表达形式（idiomatic expressions）应当包括：编码习语和解码习语、合语法习语和超语法习语、实体习语和形式习语以及语用习语和中性习语。这些习语性的表达形式，仅凭语法规则和它们携带的词汇语义信息，无法掌握其使用方法，弄清其所表达的意义。那么，怎样理解习语性的表达形式呢？按照 Fillmore 等人的看法，我们应当从相关的语义、语法和语用三方面来考虑。

根据Fillmore等人对习语性的探讨,我们发现,一个语言表达式的习语性不但与其所表达的意义有关,而且还与这个表达式的语法结构特征和语用环境有关。一个语言表达式的习语性有程度上的不同:一般来讲,解码习语习语性程度较高,编码习语习语性程度较低;超语法习语习语性程度较高,合语法习语习语性程度较低;形式习语习语性程度较高,实体习语习语性程度较低;中性习语习语性程度较高,语用习语习语性程度较低。

2.2.1.3 习语的类型

从以上对一些语言表达式的习语性的探讨可以看出,在语法上,习语的组成成分及其分布有合语法规则的,也有超语法规则的;在语义上,习语所表达的意义有些是可以从其字面意义推知的,有些是无法从其字面意义推知的;在语用上,习语使用有些是有语用环境要求的,也有些是没有语用环境限制的。Fillmore et al. (1988)根据这些特征把习语分为三类:词汇不熟悉、组合不熟悉习语(unfamiliar pieces unfamiliarly arranged),词汇熟悉、组合不熟悉习语(familiar pieces unfamiliarly arranged)和词汇熟悉、组合熟悉习语(familiar pieces familiarly arranged)。

(i) 词汇不熟悉、组合不熟悉习语

这类习语所用的词汇是不太熟悉的,一般是仅限用在这类习语里;这类习语的组合、搭配无一定语法规则可循。例如,kith and kin(亲属、朋友)、with might and main(尽全力)等。

(ii) 词汇熟悉、组合不熟悉习语

这类习语所用的词汇是常见的、熟悉的,但这些词汇的组合、搭配是超语法规则的。例如,all of a sudden(突然)、in point of fact(就事实而论)、a first cousin once removed(嫡表兄弟姊妹的子女)等。

(iii) 词汇熟悉、组合熟悉习语[①]

这类习语所用的词汇都是常见的,词汇的组合、搭配都是符合语法规则的,但其意义却是不规则的。例如,hang one on(喝醉酒)、let the cat out of the bag(泄密)等。

通过分析习语的特征和对习语的分类研究,Fillmore et al. (1988)发

---

① 除了这里所说的三种,为什么没有"词汇不熟悉、组合熟悉的习语"呢? Fillmore et al. (1988)的解释为:如果词汇本身就是不熟悉的,仅限用于某一习语中的,那么,也就不可能会有熟悉的规则将这样的词汇组合成一个大的结构形式。

现,仅凭这些习语组成成分的词汇特征和语法结构不能对它们的特征做出全面的、深入的探讨;况且,这些表达形式也不是固定不变的(fixed),在语言的普通短语词库(general phrase lexicon of the language)中无法一一列出。那么,言者具有什么样的知识才能够说出这些习语呢? Fillmore et al. (1988)认为,表征言者头脑里习语语法知识的最好办法是语法构式(grammatical construction),构式是一种图式性习语(schematic idiom)。图式性习语,一方面是说一个构式的成分是开放性的,用一组短语规则几乎不可能对习语做出恰当的描写;另一方面,图式性习语也无法用词库例举,因为图式性习语可能在词汇、句法和语义上都是不规则的。图式性习语的句法和语义特征,有时还包括语用特征,都是不能用一般的句法构成规则、语义构成规则和语用构成规则,或者用这些成分的一般连接规则(linking rules)来推知的。事实上,图式性习语的句法、语义和语用特征都是和构式有直接联系的。在一定意义上讲,这里所说的一些语言表达形式的习语性也可以看做是这些表达形式的构式属性(constructionality)。

Fillmore 等人从语法(句法结构形式)、语义和语用三方面对习语的构式属性做出了深入细致的分析和解释,提出从构式角度研究英语习语这类既特殊又普通的语言运用现象,具有重要的理论意义,被认为是首次在认知语言学研究领域使用"构式语法(construction grammar)"这一概念。

Fillmore 等人的构式语法研究始于对英语 let alone 语法构式的深入探讨。

2.2.2 Let alone 语法构式[①]

Fillmore et al. (1988)对英语 let alone 语法构式的个案研究是从语用、语义和句法三个层面分析入手,因为他们认为在一个构式里,句法、语义和语用信息是互动的;而且这种互动是规约性的(conventional),语言运用者的能力大部分可以看做是信息束储存库,包括形态句法形式、语义解释原则和具体的语用功能。他们主张,一个解释性的语法模型应当坚持这样的原则——语言能够把语义信息、语用解释原则和单一的短语结构规则所界定的非常复杂的句法构型(syntactic configurations)联系起来。

[①] Fillmore et al. 说的 grammatical construction 与 Goldberg 的 construction 以及 Langacker 的 grammatical construction 含义相同。因此,文中所说的"构式"与"语法构式"没有差别,除非另有说明。

2.2.2.1 句法和语义的互动

一个构式的句法结构表现出具体的语义建构规则。一个构式的语义建构规则决定其句法构型(syntactic configuration)。一个固定的语法构式可以产生出许多新的表达形式;这些新的表达形式的意义都是根据构式的具体语义规则来建构的。例如,英语一个 let alone 构式可以产生出以下一些新的表达形式①:

(1) I doubt you could get Fred to eat shrimp, let alone Louise squid.
(2) I barely got up in time to eat lunch, let alone cook breakfast.
(3) I was too young to serve in World War Two, let alone World War One.
(4) Look, around here you can get arrested for going barefoot, let alone for walking around naked.
(5) Don't worry. Little Seymour's parents let him drink whiskey, let alone coke.
(6) I doubt you could get Fred to eat squid, let alone Louise.

(1)-(6)这些表达形式的句法特征描写为 F＜XAY let alone B＞和F＜XA let alone BY＞,前者如(1),后者如(2)。其语义大致记为:not ＜XAY＞ and not＜XBY＞;说话人说出 not ＜XAY＞,同时暗示了 not＜XBY＞;两命题为蕴含(entailment)关系,即 not ＜XAY＞蕴含 not＜XBY＞。根据这样的语义结构特征,let alone 构式常常是先说蕴含成分再说被蕴含成分,即 F＜XAY let alone B＞或 F＜XA let alone BY＞,而不能更换为 F＜B let alone XAY＞或 F＜BY let alone XA＞。与一般的并列句不同,let alone 连接的两分句的位置是不能颠倒的。

显然,一个构式的句法结构是根据其语义规则建构的。因此,Fillmore et al. (1988)把 let alone 这样的构式看做是句法结构和意义的规约性的对子(conventional pairing of structure and meaning)。例如,

(7) A poor man wouldn't wash your car for ＄2, let alone a rich man wax your truck for ＄1.

---

① 文中所引例句均出自原作,除非另有说明(下同)。例句引用时编号、斜体或大写等略有改动,但其意义和形式及其成分均不作任何改动,恕不一一详细说明。

"一个穷人给两块钱不愿洗一辆小汽车"和"一个富人给一块钱不愿给一辆大卡车上蜡",这两个命题所传递的信息分别记为 P 和 Q。按常规来讲,说出 P"一个穷人给两块钱不愿洗一辆小汽车"暗示 Q"一个富人给一块钱不愿给一辆大卡车上蜡"。Fillmore et al. (1988)发现,在一个 let alone 构式里,P 蕴涵 Q;P 信息量大或强;Q 信息量小或弱。听话人依据 PQ 两命题所传递的信息,知道信息量大/强的 P 就可以推知信息量小/弱的 Q,即听话人被告知"一个穷人给两块钱不愿洗一辆小汽车"就可以推知"一个富人给一块钱不愿给一辆大卡车上蜡"。按照常理,对一个信息量大/强的 P 的否定蕴含着对一个信息量小/弱的 Q 的否定。构式中对 Q 的否定是通过连接词 let alone 触发(trigger)的,所以信息量强的 P 应出现在 let alone 之前,信息量弱的 Q 出现在 let alone 之后。

同时,这样的句法结构影响到两分句的间接语力(illocutionary strength),说话人对 Q 更加确信,因为有强信息量 P 的支撑。(7)可以解释为:*If I believe* a poor man wouldn't wash your car for $2, *I have more reason to believe that* a rich man wouldn't wax your truck for $1.(如果我相信"一个穷人给两块钱不愿洗一辆小汽车",我就更有理由相信"一个富人给一块钱不愿给一辆大卡车上蜡"。)Fillmore et al. (1988)认为,正因为如此,说话人把更加确信的 Q 放在 let alone 之后,实施了一种"强调"行为。

2.2.2.2 语义和语用的互动

let alone 构式里语义和语用的互动表现在,该构式的语义功能是通过说话人所做出的预设①或相关的语境信息实现的。说话人说出一个像

(8) Fred won't eat shrimp let alone squid.

这样的构式,首先做出了一个关于海鲜"不好吃"(distastefulness)的预设。按常规来讲,虽然一些人认为海鲜都不好吃,但愿意吃虾的人还是比愿意吃鱿鱼的人多。基于这样的预设,构式(8)的语义可以解释为,弗雷德不喜欢

---

① 这里所说的预设(presupposition)和上文所说的"蕴含"不同。"蕴含"是指仅凭语言的语义关系所做出的推理(inference)。例如,我们说"Tom saw a bear."蕴含"Tom saw an animal.",是根据 bear 和 animal 之间的上下义关系所做出的推理。"预设"是根据话语的假设或断言(what is assumed),而不是根据话语的直接断言(directly asserted)所做出的推理。预设与话语使用的词汇、语法结构以及语言运用者对话语的常规理解密切相关。一个有名的例子是,英语"Did you get a good look at my face when I took your purse?"预设"I took your purse."

吃虾，更不用说喜欢吃鱿鱼了，强调的是弗雷德吃鱿鱼的"不可能性"（unlikelihood）。

有时，一个 let alone 构式蕴涵一个复杂的预设，如：

(9) You could never get Fred to eat shrimp, let alone Louise squid.

这里说话人不但预设 Louise 比 Fred 吝啬，还预设吃鱿鱼比吃虾花费多。基于以上两个预设，这句话所表达的语义为：你从来都不能使 Fred 吃虾，更不用说叫 Louise 吃鱿鱼了。再举个汉语的例子，"你从来都不能让张三买瓶二锅头喝，更不用说让李四买瓶茅台喝了。"这句话蕴含一个复杂的预设，即既预设李四比张三吝啬，又预设买一瓶茅台比买一瓶二锅头花费多。

显然，let alone 构式所表达的语义是建立在说话人对相关事态所做出的预设之上的。这样的预设为 let alone 构式的运用提供了必要的语境信息。当我们听到说话人说"还没有到郑州呢，更不用说到开封了。"我们可以推知相关的语境是一个从西向东的旅程；当我们听到说话人说"还没有到开封呢，更不用说到郑州了。"我们可以推知相关的语境是一个由东向西的旅程。

有时，let alone 构式的运用不是基于具体的语境信息，而是与现成的百科知识有关。

(10) He is not even 18, let alone 21.

(11) This water isn't hot enough to wash dishes, let alone make tea.

百科知识告诉我们，人的年龄是从 18 到 21；泡茶叶的水比洗盘子的水温度要高。(10)表达的意思是，他还没有 18 岁，更不用说 21 岁了。(11)的意思是，这水连洗盘子都不够热，更不用说泡茶叶了。

Fillmore et al. (1988)的研究发现，let alone 构式里命题 P 和命题 Q 构成了一个语义等级（semantic scale）[①]，P 和 Q 处于这个等级的两端，中间可能还有其他的变量。P 承载的信息量强（more informative），Q 承载的信息量弱（P>Q）。比如，谈到一个从西向东的旅程，说话人说"还没有到郑州呢，更不用说开封了。""没有到郑州"信息量强，"没有到开封"信息量弱，因为我

[①] 等级模型是一组有一定结构形式的命题，这种结构可以看做是对社会心理学 Louis Eliyahu Guttman 等级里 n 个维度的概括。这里所说的语义等级模型一般是两个维度。Guttman 等级又称"等级图表分析法"或"累积等级分析法"，主要用于量度心理态度和性质，由单向且具有同一性质的项目构成。基于单向性的特点，测量对象可依据其特质进行顺序排列。例如，某人对另一人具有较赞同的态度时，应该对各项目反应出同等或更多的同意度。

们从"没有到郑州"可以推知"没有到开封",后者蕴含在前者之中。

这里"强"、"弱"只是相对而言,表明 P 和 Q 至少在同一个维度上,如水的温度或人的年龄等,一个相对较强,一个相对较弱。在这个等级模型里,达不到 P 就蕴涵着达不到 Q;仅仅达到 P 也蕴涵着达不到 Q。我们从一个强信息量的 P 就可以推出包括弱信息量的 Q 在内的这个语义等级模型里的任何一个变量。上例(10)中,我们可以从"没有 18 岁"推出"没有 21 岁",还可以推出"没有 20 岁"、"没有 19 岁"等。反过来,我们从一个弱信息量 Q 则不能够推出信息量强的 P,也很难推出由 P 和 Q 所构成的语义等级模型里的其他的变量。例如,我们从"没有 21 岁"不能推出"没有 18 岁",也不能推出"没有 20 岁"、"没有 19 岁",因为他可能是 20 岁 11 个月。试比较下列句子:

(12) a. He is not 18, let alone 21.
b. *He is not 21, let alone 18.
(13) a. This water isn't hot enough to wash dishes, let alone make tea.
b. *This water isn't hot enough to make tea, let alone wash dishes.
(14) a. He barely reached Denver let alone Chicago.
b. *He almost reached Denver let alone Chicago.
(15) a. He wasn't even a commissioned officer, let alone a colonel.
b. *He wasn't even a commissioned officer, let alone a second lieutenant.

(12b)和(13b)表明,我们不能从一个弱信息量命题推出一个强信息量命题。(14)表明 let alone 是一个否定触发语,可以和句法上表现为否定极意义(negative polarity item)的 barely 连用,但不能和表示肯定意义的 almost 连用。在(15)中,(15a)是说,他连军衔都没有授,更不用说当上校了。相比之下,(15b)显得离奇,因为 a second lieutenant(少尉)是最低的军衔,我们相信他连军衔都没有授,我们也完全有理由相信他不可能当过少尉。前者指没有军衔,后者指最低军衔,P 和 Q 不在同一个等级模型里,所以(15b)不可接受。因此,PQ 两命题所传递的语义信息量的强弱直接影响或决定 let alone 构式的可接受性。

对 let alone 构式的这一解释被称为"等级模型"(scalar model)。"等级模型"是一个数学概念。在语言研究中,"等级模型"由一组构成言者和听者共同背景知识的相互关联的命题组成。在形式层面,假设真值的集合为

T={0,1}，事件状态的集合为 S，从 S 到 T 由命题组成的函数集合为 F。为了形成这样的 F 集合，假设有限集合 D={D1, ... Dn}(n≥1)，其中 D1 是一个有序集合，可代表语义维度。以 D={D1，D2}两维集合为例，D1 代表按弹跳能力排序的鹿的集合，D2 代表按高度排序的障碍的集合。已知信息都是相对的，即我们并不知道某一只鹿是否可以跳过某一障碍，但我们知道对于任何一个障碍，如果一只弹跳能力并不强的鹿能跳过去，那么弹跳能力强的鹿肯定也能跳过去（董燕萍、梁君英 2002）。根据这一等级模型，一个 let alone 构式的基本语义条件应当包括：

（i）位于 let alone 之前的完整分句和位于其后的省略分句被解释为同一等级模型里的两个命题 P 和 Q；

（ii）命题 P 和命题 Q 属于同极（the same polarity）；

（iii）命题 P 比命题 Q 的信息量大或强；P 蕴涵 Q(P>Q)。

以（10）为例，let alone 之前的完整分句"He is not 18"和其后的省略分句"21"（He is not 21 的省略形式）可以看做同出于由 He is not 18 和 He is not 21 两命题组成的年龄等级模型"He is not 18＞He is not 21"；两命题均为否定极（negative polarity）。完整分句"He is not 18"比省略分句"21"的信息量强，因为"He is not 18"蕴涵"(He is not)21"。

一个 let alone 构式包括一个语义信息量强的 P 和一个语义信息量弱的 Q。但令人困惑的是，说了一个信息量强的命题为什么还要再说出一个信息量弱的命题呢？Fillmore et al.（1988）发现，这样的等级语义符合 Grice（1975）合作原则的量原则（即所说的话应当包含交谈目的所需要的信息，所说的话不应包含超出需要的信息）。let alone 构式说出一个信息量强的 P 提供了满足说出一个信息量弱的 Q 所需要的信息。这样的语义等级又符合 Grice（1975）合作原则的关联原则，因为 let alone 构式说出一个信息量弱的 Q 是为了实现一定的交际目的或意图——对 Q 的进一步强调或否定。

根据以上分析，一个 let alone 构式的语用适切条件可以概括为：

（i）前置的强信息量 P 的命题意义为弱信息量 Q 所实施的言语行为创造了条件，对于强信息量 P，弱信息量 Q 实施的言语行为是合适的或相关的；

（ii）弱信息量 Q 是对强信息量 P 的具体接受或否定；

（iii）在任一种情况下，说话人在强调弱信息量 Q 的同时，表明只说出信息量弱的 Q 是不合作的，因为还有信息量强的 P 要说。

还以（10）为例，假设有人问"Is he 21?"，可以回答"He is not 21."或"He is not 18, let alone 21."二者同为否定回答。如果用"He is not 21."作答，则

意味着他可能是不满 21 周岁,或者是 20 岁或 19 岁。如果用"He is not 18, let alone 21."作答,先说出信息量强的命题"He is not 18",为实施强调否定命题"21"这一言语行为提供了条件。"(He is not)21"这一弱信息量命题具体接受了强信息量命题"He is not 18",表示"他既没有 21 岁,也没有 18 岁"。只说出弱信息量命题"(He is not)21"不符合 Grice(1975)合作原则的质原则(即说真实的话,说有足够证据的话),因为说话人不但知道"(He is not)21"还知道"He is not 18"。

2.2.2.3 并列连词 let alone

以上分析表明,英语 let alone 构式里的两个命题有其独特的(idiosyncratic)句法结构形式、语义和语用功能。这些句法、语义、语用特征都不能从一般的句法、语义和语用规则中推知。不但整个 let alone 构式是这样,连接词 let alone 也是这样。

按照 Fillmore et al.(1988)对构式的定义,let alone 作为一个连接词也可以看做是一个构式,与普通的连接词相比,有其独特的句法、语义和语用特征。

首先,与并列连词 and 相比,let alone 连接的第二个分句可以是省略形式;而 and 连接的第一个分句往往可以是省略形式。例如,

(16) a. Shrimp and squid Moishe won't eat.
　　b. *Shrimp Moishe won't eat and squid.
　　c. Shrimp Moishe won't eat, let alone squid.
　　d. *Shrimp let alone squid Moishe won't eat.

第二,let alone 后面的第二个分句可以采用省略形式,这一点和连接词 than 相同。但和 than 相比,let alone 一般不能后跟一个省略的动词短语(省略除助动词以外的其他成分)。例如,

(17) a. Max will eat shrimp more willingly than Minnie will.
　　b. *Max won't eat shrimp let alone Minnie will.

第三,let alone 连接的所有成分不能用在 it-分裂句里,而 and 连接的所有成分却可以用在 it-分裂句里。例如,

(18) a. *It's shrimp let alone squid that Max won't eat.
　　b. It's shrimp and squid that Max won't eat.

第四,let alone 和 for、and 等作为插入成分使用的连接词(parenthetically used conj.）一样，可以和第二个并列分句一起出现在第一个分句之后，或单独置于句尾。例如，

(19) a. John'll do it for you or maybe Bill.
　　 b. John won't do it for you, let alone Bill.
(20) a. John was there, and Louise too.
　　 b. John wasn't there, let alone Louise.
(21) a. I wanted Fred to do it, rather than Sue.
　　 b. I didn't want Fred to do it, let alone Sue.
(22) a. Louise surely understood it, if not Susan.
　　 b. Louise surely didn't understand it, let alone Susan.
(23) a. I bet Louise, not to mention Susan, could pass that test.
　　 b. I bet Louise, let alone Susan, couldn't pass that test.

第五，let alone 通常连接成对的焦点，也可以反复出现连接多对焦点，和 not ... but ... 相同。例如，

(24) a. You couldn't get a poor man to wash your car for two dollars, let alone a rich man to wash your truck for one dollar.
　　 b. You couldn't get a poor man, let alone a rich man, to wash, let alone wax, your car, let alone your truck, for two dollars, let alone one dollar.
　　 c. Ivan sent not an album but a book, and not to Anna on her anniversary but to Boris on his birthday.

第六，let alone 作为一个否定极成分（negative polarity item），和一般的否定极成分 much less 和 not mention 等相同，但又不同于 any。例如，

(25) a. He doesn't get up for lunch, let alone breakfast.
　　 b. He doesn't get up for lunch, much less breakfast.
　　 c. I'm too tired to get up, let alone go running with you.
　　 d. I'm too tired to do any chores.
　　 e. You've got enough material there for a whole semester, let alone a week.
　　 f. *You've got enough material for any semester.

除此之外，let alone 构式研究表明，该构式是连接词构式家族的成员。

比如,let alone 构式是普通并列构式(coordinate constructions)家族的成员。根据其家族相似性,这样的构式允许其第二个连接分句为省略形式。试比较,

(26) a. John hardly speaks Russian let alone Bulgarian.
b. John speaks Russian, if not Bulgarian.
c. John speaks better Russian than Bulgarian.

同时,let alone 构式又是成对焦点构式家族的成员(one of a family of paired focus construction),如(24a-b)。

2.3 从构式到构式语法

在对 let alone 构式研究的基础上,Kay and Fillmore(1999)通过对英语 WXDY(What is X doing Y?)构式的个案分析,试图建立构式语法的形式化理论框架,对每种语言给出全面的、整体的解释。这样的形式化理论模型把语言中比较普通的构式和高度习语化的构式(如 kick the bucket)看做是同等重要的,都是语法研究致力于解释和说明的对象和内容。他们认为,一部涵盖大大小小所有构式的语法理论应当对所有的构式做出表征,不管其普遍性(generality)和习语性(idiomaticity)程度的高低。语法应当对语言中每一个句子获得构式继承层级子集(a subset of leaves of inheritance hierarchy of constructions)允准的机制做出明晰的解释。构式之间的继承(inherit)关系反映了语言内部的普遍性。表征系统的结构组织和不同语言共享的抽象构式反映了跨语言的普遍性。

2.3.1 Kay and Fillmore 的构式语法理论

Kay and Fillmore 的构式语法理论是单层级的(monostratal)、以限制为基础的(constraint-based)形式化系统。在这个系统里,Kay and Fillmore (1999)对构式做出了定义,探讨了构式与其组成部分(构件)之间的关系以及构式与构式之间的关系。

2.3.1.1 构式的定义

Kay and Fillmore(1999)将构式定义为"允准语言中一类实际构件(a class of actual constructs)的一组条件(a set of conditions)"。"构件"是被构式允准

的话语类型,如词、短语或句子等。通常情况下,一个构式应当对母亲结和她的子结以及子结之间的线性序列关系做出具体的描写和刻画。但是,有些构式不提供任何有关子结线性序列的信息,或者是只提供子结线性序列的部分信息,如英语里的 VP 构式。还有些构式主要用来描写子结之间线性序列的关系,比如英语中动词和其名词宾语之间插入相对较轻的成分。偶尔还有一些构式描写的内容超出母亲结和子结构成的核心家庭,如英语的"...may...but..."构式。也有些词汇构式是对单个的成分的描写。

按照上述定义,一个中心语构式(head-complement construction or HC construction)所允准的是这样一组条件:一个中心语构式允准的构件为一个母亲结包含两个子结。其中,一个是由词汇表征的中心语子结,另一个是由填充词表征的子结。中心语构式有四个限制原则:中心语特征原则、子集原则、配价原则和最高层次原则。

(i) 中心语特征原则(head feature principle)

中心语特征原则是指,中心语子结和母结共享句法语义值(value)。句法语义值具有内在的固有(intrinsic)属性、句法表征和中心语路径。中心语能够把中心语路径值从词汇项扩展到以该词项为中心语的短语的外部结构,因为每个词项构式都拥有固有的句法特征和语义特征。词项构式的固有句法特征包括中心语特征和层级(level)特征。中心语特征主要指范畴特征(如动词、名词等)和词汇特征。比如,动词的中心语特征包括动词的曲折变化形式(动词原形、时态和非谓语动词形式)、语态(主动、被动语态)和助动词等。一般名词的中心语特征主要指语义框架里的受事格、经历格(experiencer)等语义角色,以及有生命性(animateness)、阳性(masculinity)、有界性(boundedness)等语义特征。

(ii) 子集原则(subset principle)

子集原则表明,语义值和配价值(valence values)都是一个集(set)。中心语子结的集值(set values)是其母结集值(subsets)的子集。

构式语法把附加语(adjuncts)当做配价延伸(valence augmentations);子集原则允许母结的语义值和配价值含有中心语子结相关属性里没有出现的附加语成分,同时要求母结成分的全部集值囊括中心语子结相关集值的所有成分。

(iii) 配价原则 (valence principle)

配价原则是说,局域(local or loc)子结填充词(或者说可以出现在某一具体位置的词)与其母结的一个配价成分共享句法语义值(synsem value)。配价原则保证所有出现在某一局部位置(local position)的成分都是补足成分。标有"[gf subj] and [loc＋]"的配价成分与主谓构式的主语子结融合；标有"[loc＋]"的配价成分在"中心语＋补足成分"短语里与右边的填充词子结融合；标有"[loc－]"的配价成分在提取构式(extraction construction)里与左边的填充词子结融合。

(iv) 最高层次原则(maximality principle)

Kay and Fillmore (1999)解释，构式语法里的"最高层次"基本等同于生成语法"管约论"里的 X 杠最大投射(maximal projection)，如动词能影响整个动词短语层，但不能超出这个短语层，记为[＋max]。但在构式语法里，像人称代词(如[np[n'[nshe]]])和专有名词(如[np[n'[nJoe]]])是可以出现在短语层的[＋max]，因为它们没有子结，不是中心语成分而且不需要有短语层级限制[－max]。最高层次原则具体包括：

(a) 中心语不能在短语层(-max)；
(b) 填充词可以在短语层(＋max)；
(c) 标示成分(specifiers)可以在短语层(＋max)。

2.3.1.2 构式的配价

在 Kay and Fillmore 的构式语法里，构式提供的句法和语义信息是由单一的特征结构(feature structure)表征的，所有的语法特征统一表征为特征值(features with values)。比如，"[cat v] and [gf ⌐subj]"这样的一组特征值表示的语法特征为：动词，不能作主语。一个特征的值可能是一组特征值集{}；特征和特征值的总集构成特征结构。例如，时态(tense)这个语法特征的值为现在时、过去时等组成的特征值集；数这个语法特征的值为单数、复数组成的特征值集。一个复杂的语法特征结构包括一组属性值。以 VP 构式为例，英语 VP 构式的特征结构如下图所示：

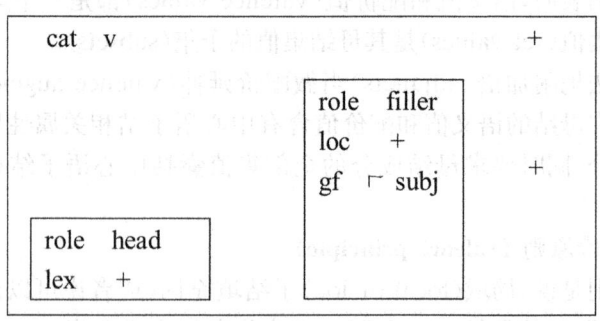

动词短语构式

上图包括一个母结（大长方框）和两个子结（两个小长方框）。大长方框里左边的小子结代表动词范畴（cat v），为中心语（head）子结（role head），是一个词项（lex＋）；右边的子结代表填充词（filler）子结（role filler），出现在中心语子结的右边（loc＋），语法特征为不能做主语（gf ⌐ subj）；该子结后边的"＋"表示允准可以有一个以上填充词。上图显示，英语 VP 构式是一个由母结和两个子结组成的构式。左边的子结是中心语，必须是动词。右边的子结为填充词，即可以出现在动词后边的成分，不能够做主语。一个 VP 构式规定动词中心语子结后面可以有一个以上填充词子结。那么，在一个 VP 构式里，这样的中心语子结和填充词子结是怎样结合在一起的呢？

Kay and Fillmore（1999）的构式语法理论认为，VP 构式的中心语子结和外部特征结构都具有配价属性，因为每一个 VP 构式都会引入配价属性特征，而且子结又将其投射到母结上。配价属性的值是一个属性值矩阵（AVM 或 attribute value maxim），叫做配价集，其成员叫配价成分。中心语子结与填充词子结的结合实际上就是要满足中心语子结的配价需求（valence requirements）。在一个 VP 构式里，一个中心语子结要求有一个以上配价成分，才能得到满足。满足中心语配价需求的方式有两种：一是句子里某一组构成成分的外部句法语义值与该配价成分融合（unification）；一是配价成分有一个零补足成分得到满足。以英语主谓构式（subject-predicate construction or S-P construction）为例：

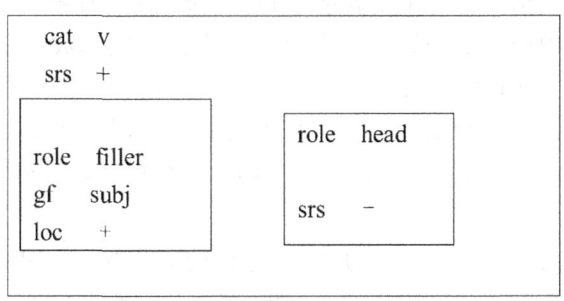

主谓构式

这里，"cat v"表示动词范畴，母结（最大的方框）和中心语子结（最大方框里右边的小方框）共享动词范畴特征。"srs ＋"表示主语需求得到满足。主谓构式中心语子结的语义和配价值对应于母结的语义和配价值的子集。在一个主谓构式里，中心语子结的语义和配价值要求有一个配价成分，不管这个中心语子结的配价要求是被动词短语允准还是被单个动词允准,其配价需求都是通过左边的子结的句法语义值与中心语子结要求的配价成分之间的融合实现的。

满足中心语配价需求的另一种方式是通过零补足成分实现的。例如,

(27) We have already contributed.

在这里,中心语 contribute 需求的一个配价成分——受事论元——被看做是通过一个不确定的零补足成分(an indefinite null complement)得到满足的。按照 Fillmore (1985)的解释,零补足成分不引入语迹(trace),因为这些成分将其语义和音位属性值当做零,没必要在句法和音位层实现为一个配价成分。

2.3.1.3 构式与构式

Kay and Fillmore (1999)声称,从构式角度研究语法的优势之一就是能够证明,在允准语言中一些构式的过程中,像 WXDY 这样的习语性的、不太常见的构式与一些比较抽象的、普通构式之间是相互作用的。它们之间的相互作用表现为,抽象的、普通的构式与特殊的、不太常见的构式之间存在着允准和继承关系[①]。

抽象的、普通的构式允准语言中一些特殊的、不太常见的构式的出现或存在,换句话说,普通构式提供一组有关构件的条件,对特殊的、不太常见的句法和语义结构特征做出允准限制。比如,比较抽象的 HC 构式具体是指由一个词项中心语子结和一个以上填充词子结构成的短语。这一具体规定允准一个 VP 构式可以是由一个动词子结和一个以上修饰成分或补足成分子结组成的短语。一个 VP 构式的这一规定允准语言里可以有 slept soundly/wrote the epitaph/showed everyone his new shoes 这类短语的

---

① 所谓"允准(license)"可能是从生成语言学借用过来的一个术语。构式之间的允准关系是指一个构式给另一个构式提供了一组限制条件,对被允准者的句法和语义结构特征做出合理的解释和说明。所谓"继承(inherit)关系"是指,当一个构式与另一个构式之间为继承关系时,被继承构式包含继承构式的所有信息,甚至比后者的信息还要多。比如,英语里一个 VP 构式与中心语构式之间为继承关系;中心语构式包含了 VP 构式的所有句法和语义信息。Fillmore & Kay 的构式语法理论的继承关系,是借助比较抽象或普通的构式的句法和语义信息来对一些特殊的或不太常见的构式的句法和语义特征做出形式化的分析和解释,进而揭示一种语言里构式与构式之间的普遍性。

出现和存在。

一些特殊的、不太常见的构式继承了普通构式的句法和语义结构特征。意思是说,这些特殊的、不太常见的构式的句法和语义结构特征可以借助普通构式提供的句法语义限制得到合理的解释和说明。比如,像 Wh-词前置和主体化结构(topicalization structure)这样的左孤立构式(left-isolated construction)继承了 XH 构式的句法和语义特征;像"Where is he?"这样的主谓倒装构式继承了 HC 构式的句法和语义特征。有时,一个特殊的、不太常见的构式可能是继承了几个抽象的、普通构式的句法和语义特征。比如,Kay and Fillmore 对英语 WXDY 构式的研究证明,这样的一个习语性的构式继承了 VP 构式、主谓倒装构式和左孤立构式三个构式的句法和语义特征。

2.3.2 Kay and Fillmore 对 WXDY 构式的研究

WXDY(What is X doing Y?)构式是英语里一种复杂的、特殊的语法结构形式。常见的有:

(28) a. What is this scratch doing on the table?
  b. What do you think your name is doing in my book?
  c. I wonder what the salesman will say this house is doing without a kitchen.
  d. I don't suppose the police had anything to say about what their so-called detective thought the footprints were doing under the bedroom window.
  e. What is it doing raining?
  f. What's a nice girl like you doing in a place like this?
  g. What am I doing reading this paper?

一个 WXDY 构式由 be、doing、what、X 和 Y 五个部分组成。X 是句子的主语;doing 短语是 be 的补足成分;doing 短语里,doing 是中心语,what 和 Y 都是 doing 的补足成分,what 是 doing 的直接宾语,Y 是受主语控制的次谓语(subject-controlled secondary predicate)。以(28a)为例,this scratch 为 X,作主语。is 是句子的谓语动词。doing on the table 为 is 的补足语。在补足语里,doing 是中心语,doing 的直接宾语是 what, on the table 为 Y,和 what 一起作 doing 的补足成分。on the table 是受主语 this scratch 控制的

次谓语成分。

2.3.2.1 WXDY 构式的句法特征

(i) 必须有一个动词 do；do 通常以-ing 形式出现。试比较，

(29) What was she doing under the bed?

(30) What activity was she engaged in under the bed?

(31) *What does this scratch do on the table?

(32) *I wonder what the salesman will say this house does without a kitchen.

(29)含有动词 do，在不同语境里可以是一个普通问句；也可以是一个 WXDY 构式，表示 How come she was doing under the bed?（怎么回事，她在床下面?）(30)的谓语动词是 engage，是一个普通问句，不能表示一个 WXDY 构式的意义——*How come she was engaged in under the bed? 作为一个 WXDY 构式，(31)的 does 和 do 应改为 is 和 doing；(32)的 does 应改为 is doing。

(ii) Doing 在 WXDY 构式里只能够充当动词 be 的补足成分，如(33)；而在同类句子里 doing 可以充当除 be 以外其他动词的补足成分，如(34)。试比较，

(33) What was he still doing in the tool shed?

(34) What did he keep doing in the tool shed?

(iii) 虽然通常情况下进行体里现在分词受联系动词的支配，但在 WXDY 构式里，现在分词 doing 则不受联系动词 is 的支配。该构式表示某事件或事态的不适切性(incongruity)，但这样的事件或事态通常情况下是不用进行体来表示的。例如，

(35) What's he doing knowing the answer?

(36) *He is knowing the answer.

(iv) WXDY 构式里疑问代词 what 后不能接 else。例如，

(37) What are you doing eating cold pizza?

(38) *What else are you doing eating cold pizza?

(v) WXDY 构式不允许用动词 do 或 be 的否定形式。例如，

（39）* What aren't my brushes not doing soaking in water?
（40）* What are my brushes not doing soaking in water?

2.3.2.2　WXDY 构式的语义分析

一个 WXDY 构式表达的意义大致为：言者认为在某语境里"X 是 Y"这一命题意义是不适切的（incongruous）。说话人对这个命题意义感到惊异，相当于 How come …? 例如，"What's this fly doing in my soup?"的意思是，在说话人用餐时发现"This fly is in my soup."（这只苍蝇在我的汤里）是不适切的。说话人对"汤里有只苍蝇"感到惊异，相当于 How come this fly is in my soup?（我的汤里怎么会有只苍蝇?）

按照以上所述 Kay and Fillmore（1999）的构式语法理论，一个 WXDY 构式可以分析为：

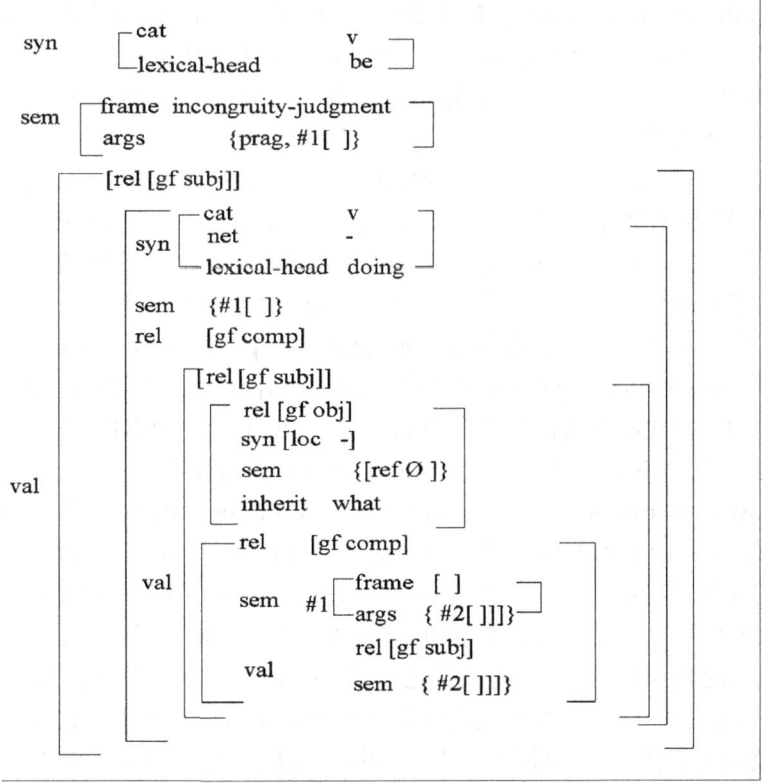

WXDY 构式

上图为 Fillmore & Kay 的构式语法理论对 WXDY 构式的形式化分析。Fillmore & Kay 的构式语法对 WXDY 构式的语义分析包括句法特征（syn）、语义特征（sem）和配价特征（val）三大部分。从句法特征上分析，WXDY 构式是一个以动词 be 为中心语的（lexical head）构式。从语义特征上分析，WXDY 构式的语义框架表示"对一个事件的不适切性做出判断"。从配价特征上分析，最大的括号表示整个 WXDY 构式的配价集。括号里面最上面的部分为 WXDY（What is X doing Y?）中的 X，语法关系为主语（rel [gf subj]）。下面的部分标明，WXDY 构式的中心语谓语动词 be 控制（govern）的、以词项 doing 为中心语的动词短语（参看图中本部分的 syn 的特征值矩阵）。这个动词短语的语法关系为 WXDY 的补足成分（rel [gf comp]），其语义值通过♯1 与 be 的第二个论元融合。

以 doing 为中心语的补足成份的配价集（val）（参看里面的括号）由三部分组成：一部分表明 doing 的主语（[rel [gf subj]]）；一部分是表明继承关系 what（inherit what）为 doing 的宾语（rel [gf obj]）；另一部分表明 doing 的补足成分 Y（rel [gf comp]）。Y 的语义是一个未标明的语义框架（frame [ ]），意指该框架里面的内容可以是某一具体的配价成分，这一配价成分通过♯2 与 Y 融合。

Kay and Fillmore（1999）认为，在一个 WXDY 构式里，不能把 doing 和 Y 分别看做是 be 的补足成分，应当把 doing 和 Y 一起看做是一个以 doing 为中心语的 VP 构式，充当 be 的补足成分，因为像 Y 这样的附加成分必须整合（incorporate）到包含该附加成分的 VP 语义框架里。Y 被认定为表示"不适切"意义的述谓成分（predicate of the predication），doing 在这里起到了纯连系动词（copula）的功能，因为它不表示任何时态、体或情态意义，对 WXDY 构式没有实在的语义贡献。另外，说出一个 WXDY 句子，言者并不是要表示"X 做了 Y"；分词 doing 也不表示进行体意义。

Kay and Fillmore（1999）对英语 WXDY 句子的构式分析表明：WXDY 是一个以动词 be 为谓语动词的习语性构式；其意义是由整个构式，而不是由构式中的某个成分决定的。概括来讲，英语 WXDY 构式是一个以动词 be 为中心语的、表示"不适切判断"意义的、由 be 控制的词汇中心语 doing 的配价集所构建的构式。这里的"不适切判断"是一个语用意义（prag），是对由 Y（♯1）所表达的事态（state of affairs）做出的。这样的语用意义是指通常任何人（可以是言者、听者，也可以是句子中的某个人或其他的人）自己都可以做出的判断。

细分起来，一个英语 WXDY 构式通常包括一个以 be 为谓语动词的主谓倒装构式、一个以 doing 为中心语的 VP 构式和一个由 what 和 doing 构成的左孤立构式。

2.3.2.3 主谓倒装构式(SAI construction)

以上分析表明:英语 WXDY(What is X doing Y?)是一个以动词 be 为中心语的构式。动词 be 是谓语动词,X 是主语,像(28a-b)和(28e-g)这样的 WXDY 构式均可以看做是以 be 为中心语的主谓倒装构式(subject-auxiliary-inverted construction or SAI construction)。Kay and Fillmore (1999)发现,这样的主谓倒装构式继承了中心语构式(HC 构式)的允准条件,即允准一个母结包含两个子结,其中一个是由词汇表征的中心语子结,另一个是由填充词表征的子结。根据中心语特征原则(参见 2.3.1.1),主谓倒装构式里,限定性的助动词是左子结,其主语是第二个子结,助动词的其他补足成分为附加语子结。和 VP 构式一样,助动词是主谓倒装构式的中心语,为左子结,其主语和其他成分为右子结。和 VP 构式不同的是,主谓倒装构式还包含主语需求满足(subject requirement satisfied),即把这个主语需求融合到第二个子结上。以(28a)What is this scratch doing on the table?为例,限定性助动词 is 为中心语,是左子结;右子结包括主语 this scratch 和附加语子结 doing on the table;主语需求与右子结 this scratch 融合,得到了满足。用一个简图表示为:

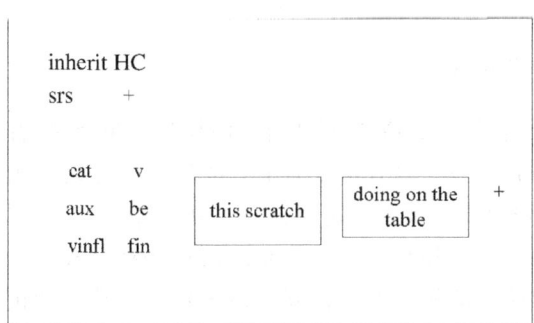

与(28a)不同,有时 WXDY 构式在句中充当嵌入问句或从属分句(28c-d),这样的 WXDY 构式不需要倒装,可以分析为主谓构式。如上所述(2.3.1.2),一个主谓构式由两个子结组成,是中心语构式的"第二大家族"。其中第二个子结是中心语,第一个子结是标示成分(specifier)或填充词。主谓构式的中心语子结的语义和配价值是母结语义和配价值的子集。主谓构式的中心语子结不管是被复杂的动词短语允准还是被简单的光杆动词允准,其主语需求通常是由左边的子结来满足的。根据中心语特征原则(参见 2.3.1.1),主谓构式保证主语是由 VP 左边的子结来实现,不是依靠右边的中心语子结来实现的,与上面的主谓倒装构式不同。

以(28c) I wonder *what* the salesman will say *this house is doing without a kitchen*. 为例,the salesman will say 是插入成分,(what ...)this house is doing without a kitchen 是一个主谓构式,其中 this house 是标示成分,为第一个子结,如下图方框里左边的小方框所示。is doing without a kitchen 为中心语,是第二个子结,这里的中心语是被一个动词短语 VP 允准的。中心语子结不能满足句子的主语需求,根据中心语特征原则(参见 2.3.1.1),这样的主谓构式保证句子的主语是由左边的子结实现的,如下图方框里右边的小方框所示:

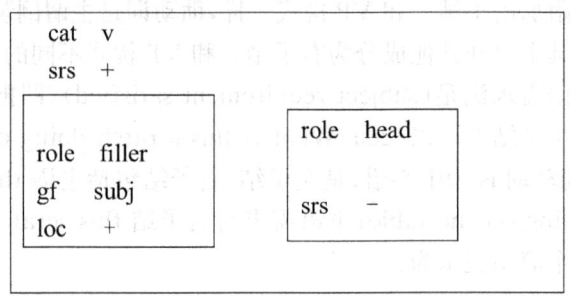

2.3.2.4 VP 构式

上面我们分析了 WXDY 中的谓语动词和 X 部分,接着我们来看后面的 DY 部分。DY 是一个以 doing 为中心语的动词短语构式(VP construction),包括中心语 doing 及其补足成分 Y。按照中心语特征原则,中心语子结和其母结共享固有的句法语义值(value)、句法特征和中心语路径。中心语能够把中心语路径值从词汇项扩展到以该词项为中心语的外部结构。那么,在 doing VP 构式里,中心语 doing 是怎样将其路径值从词汇项扩展到外部结构的呢?

Kay and Fillmore (1999)的分析是先从互示构式(coinstantiation construction)谈起。在 Fillmore & Kay 的构式语法里,一个互示构式是通过允准谓词 P 的某一配价需求的固有值("intrinsic"value)或非关系性的句法语义信息(nonrelational synsem information)与相关的、被谓词 P 控制的补足成分的主语需求值融合,来解释提升(raising)和控制(control)现象,如下图所示：

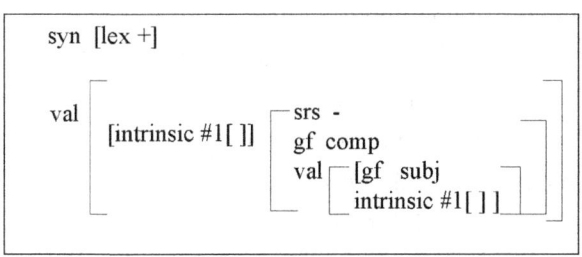

互示构式

上图表示，一个互示构式从句法上实现为词项([lex +])；其配价(val)需求是一个固有值(intrinsic)；可以融合任何控制补足成分(语法上的补足语[gf comp]，无主语需求满足[srs -])的谓词(predicator)，否则，补足语的主语需求就无法得到满足。

一个 WXDY 构式表现为两层"互示关系"。在外部配价集里，"互示关系"表现为句子的主语 X 与补足语 doing 的主语融合在一起。在 doing VP 构式的配价集里，"互示关系"表现为 doing 的补足语 Y 的主语和 doing 的主语融合在一起。这样融合的结果是，句子主语 X 所表达的语义为补足成分 Y 的逻辑主语论元(Y(X))，整个 WXDY 句子所表达的事态为"对一个事件的不适切性做出判断"。以(28a) What is this scratch doing on the table? 为例，在外部配价集里，句子主语 this scratch 与 doing 的主语融合，表现为"互示关系"；在 doing VP 构式的配价集里，补足语 on the table 的主语 this scratch 与 doing 的主语融合，表现为"互示关系"。这样融合的结果是，句子主语 this scratch 表示补足成分 on the table 的逻辑主语论元，相当于 this scratch is on the table(桌子上有刮痕)。整个句子是对"桌子上有刮痕"这一事态的"不适切性"所做出的判断。

Kay & Fillmore (1999)认为，在 WXDY 的 VP 构式里，doing 相当于一个连系动词，不表示任何时态、体或情态意义。Doing 的补足成分 on the table 被认定为表示"不适切"意义的述谓成分，可以分析为 WXDY 构式的次谓语成分(secondary predicate)。这样的次谓语成分常由方位介词短语、独立成分介词短语(absolute preposition)、表示"拥有"或"没有"意义的 with 短语或 without 短语、现在分词、表状态的过去分词、形容词或名词充当，如(41)中的斜体部分所示：

(41) a. What is this sociologist doing *in my living room*?

b. What is that kid doing *with my shoes on*?
c. What are you doing *without any shoes on*?
d. What are you doing *with all that money*?
e. What is it doing raining *on my birthday*?
f. What is she doing *covered with mud*?
g. What are you doing *naked*?
h. What is she doing *the winner*?

2.3.2.5　左孤立构式(left-isolation construction)

本节我们来分析 WXDY 中的 W(what)部分。W 被看做是左孤立构式,因为 W 不是出现在原来的位置(doing 的后面),而是被孤立地置于句子左边句首位置。所谓"左孤立"实际上就是通常所说的 Wh-词前置和左偏置(left dislocation)这类现象。被孤立在左边的这个成分,常常是直接实现(satisfy)补足语或附加语功能的成分。左孤立构式继承了像主谓构式这样的 XH(X 为任意成分,H 为中心语)构式。

按照 Fillmore & Kay 的构式语法的形式化分析模型,左孤立构式是一个有两个子结的动词性成分。左子结的外部属性值矩阵与右子结的一些配价需求融合。这里的配价集可能是右子结外部句法语义里的配价集。否则,左孤立成分与其相融合的右子结里的配价成分就获得了远距离依存关系。

为了搞清楚上面一段话,我们先来看以下两项概念内容:
(i) 属性值矩阵 a_1 是另一个属性值矩阵 a_0 的配价需求,当且仅当 a_1 是 a_0 的配价集成员。
(ii) 假设现在有 a_0、a_1 和 a_2 三个属性值矩阵,a_1 是 a_0 的配价需求,a_2 是 a_1 的配价需求。

如在 What do you think she asked him to do? 里,what 满足了 do 的配价需求,也可以看做是满足了 asked 的配价需求(asked him 后要求跟 to do)的配价需求,还可以看做是满足了 think 的配价需求(think 后要求跟 she asked …)的配价需求(asked him 后要求跟 to do)的配价需求。Do 的配价需求、asked 的配价需求和 think 的配价需求属于同一个属性值矩阵序列(a sequence of attribute value maxims),do 的配价需求 what 可以看做是 asked 和 think 的嵌入配价需求成分(embedded valence requirement)。因此可以说,属性值矩阵 a_n 为另一属性值矩阵 a_0 的嵌入配价需求成分,当且仅当 a_0 和 a_n 属于一个属性值矩阵序列。

现在来看左孤立构式。在一个左孤立构式里，左子结满足了右子结的配价需求，或者说是左子结与右子结的嵌入配价需求相融合。如果用 л 和 a 代表两个特征结构，特征结构[л]等于特征结构[a]的配价值，当且仅当特征结构[a]是特征结构[л]的一个配价要求。用公式表示为：

[л] = 配价值[a] iff [л]⊔[配价{[a]}∪{ }]

这里，⊔ 表示"融合"，指对特征结构的双元操作；∪ 表示"交"，指对集合的双元操作；符号{ }表示一个非指定成员的集合(a set of unspecified membership)。"{[a]}∪{ }"表示任何含有[a]的集合，相当于含有[a]的集合的变量。该公式的意思是说，[л]等于[a]的配价值，当且仅当[л]和配价集含有[a]的特征结构融合的结果是[л]，换句话说，当且仅当[a]是[л]的配价成分。

在一个 WXDY 构式里，左孤立构式是一个由左子结 what 和右子结 doing 构成的动词短语。左子结的属性值矩阵里 what 是一个 Wh-词。右子结 doing 的配价集要求一个配价成分与其相融合。仍以(28a)为例，句首的 what 满足了作补足成分的 doing 的配价需求，获得了远距离依存关系。如上面 WXDY 构式图所示，what 标有[loc-]，意即 What 虽然为 doing 的直接宾语，但不能在以 doing 为中心语的动词短语里得到实现；what 必须像普通的疑问代词一样，单独出现在句子的左边。除此之外，what 虽满足了 WXDY 构式里 doing 的直接宾语需求，但在语义上是一个不受指称约束的算子(operator)。what 在句法上是一个 wh-词，引导一个疑问句，语义上没有变量约束和指称功能。因此，WXDY 的 what 后不能带 else，如：

(42) *What else are you doing eating cold pizza?

2.3.2.6 结论

Kay and Fillmore (1999)对 WXDY 构式的形式化分析表明，像 WXDY 这样的表示特殊意义的语法构式需要用特殊的规则、模板(template)或者构式来解释。没有专门用来解释 WXDY 构式的特殊规则(particular convention)，我们就无法理解 What is the pizza doing still uneaten? 这样的句子。那么，说话人怎样建构或解释 WXDY 这样的特殊语法构式以及像动词短语、关系分句、被动句之类的无数普通语法构式呢？Kay and Fillmore(1999)通过特殊的 WXDY 构式和普通的英语主谓倒装构式、VP 构式和左孤立构式的互动研究，发现 WXDY 构式实际上是一个由复杂配价集关系组成的普通短语结构形式。该短语以词项 be 为中心语，其组构是不固定的，可以是 am/is/are/was/were；配价集成员 X 指派为主语。Be 可以是 VP

的中心语(当 WXDY 构式是一个嵌入问句时),也可以是倒装句的中心语(当 WXDY 构式是一个特殊问句时),X 满足其配价需求,出现在动词 be 的主语的常规位置。WXDY 构式的句法和语义结构特征继承了普通的主谓倒装构式、VP 构式和左孤立构式的句法和语义特征。

Kay and Fillmore (1999)对英语 WXDY 构式的构式语法研究,是借助普通的 VP 构式等核心构式的配价需求来解释 WXDY 构式的整个结构构型(constituent structure configuration)。WXDY 的结构构型受允准普通的 VP 构式、主谓倒装构式和左孤立构式等核心构式的支配。WXDY 的配价特征就是 WXDY 和这些普通构式的共现所产生的结构构型。

2.4 对 Fillmore & Kay 构式语法理论的评述

Croft and Cruse (2004:266)认为,Fillmore 和 Kay 都是最早提出构式语法的学者之一。他们的构式语法理论是构式语法的一种变体(variant),具有浓厚的形式主义色彩,但是和构式语法的主要思想是一致的。Fillmore & Kay 的构式语法理论的主要特点表现在用精确的、活生生的语言对构式的内部结构进行详尽的描写和刻画。

Östman and Fried (2005:1)认为,Fillmore & Kay 的构式语法理论的原创性思想,体现在对其所建立的理论模型所提出的 4 个要求:

(i) 是一种生成语法(generative grammar),是可以形式化的;

(ii) 应当整合(integrate)不同域(domains)或不同层次的语法成分,如音位、词素、句法、语义、语用成分等;

(iii) 应当是一种普适性的语法(a grammar with universal impact);

(iv) 应当和我们的认知和社会交际活动知识保持一致。

Fillmore & Kay 的构式语法研究主要关注的是,能够描写、分析和生成语言中所有的语言构件(all the linguistic constructs of a language),包括一个系统的核心和边缘现象。Östman and Fried (2005:95-96)发现,构式语法存在的问题是,缺少真正用来描写语言意义的表达方法。

Evans & Green (2004:481)认为,Fillmore & Kay 等人的构式语法理论,从广义上讲,是以生成为取向(generative in orientation),为从认知视角研究语法搭建了一个新的平台。他们的构式语法理论的主旨是,语法模型是用构式建立起来的,而不是用词汇和规则搭建而成的。从某种程度上讲,构式语法的动因是,一些复杂的语法构式,比如像 throwing the towel 这样的习语,它们的意义是一个贮存起来的整体,不是拼凑起来的,不能够从其组成部分推知。

我们认为,Fillmore & Kay 的构式语法理论摒弃了生成语言学从词汇(words)和语法规则研究语法的观点,坚持从句法、语义和话语功能的互动研究语法,将语法看成是句法、语义和语用(话语)功能的结合体;坚持凭借普通构式与特殊构式之间的允准和继承关系,从语言中习语性的、比较特殊的语言现象入手,揭示语言的普遍性规律。Kay and Fillmore(1999)还提出,一个语法构式,在某种程度上,离开其组成部分(词汇),还会是有意义的。这一观点对日后构式语法的发展具有启迪意义。总之,Fillmore & Kay 的构式语法理论既有重要的理论意义又有值得借鉴的方法论意义。

2.5 Fillmore & Kay 构式语法理论的方法论探讨

2.5.1 马克思主义的认识论与 Fillmore & Kay 的构式语法理论研究

马克思主义的认识论认为,每一个事物内部不但包含了矛盾的特殊性,而且包含了矛盾的普遍性,普遍性存在于特殊性之中。矛盾的普遍性和矛盾的特殊性的关系就是矛盾的共性和个性的关系。共性包含于一切个性之中,无个性即无共性。"最一般的抽象总只是产生在最丰富的具体的发展的地方,在那里,一种东西为许多所共有,为一切所共有。这样一来,它就不再只是在特殊形式上才能加以思考了。"(《马克思恩格斯全集》第 12 卷,2008:755-751)我们认识事物的基础是,必须注意事物的特殊点,注意它和其他事物运动形式的质的区别。任何运动形式其内部都包含着本身特殊的矛盾。这种矛盾构成一事物区别于他事物的特殊的本质。就人类认识运动的秩序来说,总是由认识个别的和特殊的事物,逐步扩大到认识一般的事物。人们总是首先认识了许多不同的事物的特殊的本质,然后才有可能更进一步地进行概括工作,认识诸种事物的共同的本质。当人们已经认识了这种共同的本质以后,就以这种共同的本质的认识为指导,继续对尚未研究过的或者尚未深入研究过的各种具体的事物进行研究,找出其特殊的本质,这样才可以补充、丰富和发展这种共同的本质的认识,而使这种共同的本质的认识不致变成枯槁和僵死的东西。这是两个认识过程:一个是由特殊到一般,一个是由一般到特殊。人类的认识是这样循环往复地进行的,而每一次的循环都可能使人类的认识提高一步,使人类的认识不断地深化(《毛泽东选集》第一卷,1991:308-320)。

Fillmore 和 Kay 等人(1988,1999)对英语 let alone 和 WXDY 习语构式的研究发现,"语法里特殊现象和普通现象交织在一起,天衣无缝。"(Kay and Fillmore 1999:30)"许多特殊的语法构式继承了普通构式的一些特征,并对一些普通的语法构式提供了有限的例证。"(Kay and Fillmore 1999:31)我们对"一些特殊习语构式的研究包括对语法中最普通的构式的直接分析和认识。"(Kay and Fillmore 1999:30)"要知道一个语法结构形式的习语性,就必须知道什么是特殊(nongeneral)的;要把某一语法现象解释为特殊的,就必须知道什么是普通的(general)。在语法研究里,对习语的研究和对一些普通现象的研究是一样的;对一些边缘现象(periphery)的研究就是对一个核心现象(core)的研究,反之亦然。"(Kay and Fillmore 1999:30)

不难看出,Fillmore & Kay 的构式语法理论从特殊语法构式到普通语法构式的研究方法和马克思认识论所揭示的人们认识事物的秩序和规律基本上是一致的。我们认为,这样的语言学理论的研究方法是人们的认识规律在语言学研究中的反映。

2.5.2　Fillmore & Kay 的构式语法理论研究——语法构式的特殊性和普遍性相互交叉

Fillmore 和 Kay 等人(1988)发现,语言中无可争议地存在着一部分像传统语法里所说的习语(idioms)之类的、复杂的、特殊的语法构式。这些语法构式既是规则的又是不规则的,即既是普通相关构式家族的成员,又有其独特的句法、语义和语用特征。按照 Fillmore & Kay 的构式语法理论,一些语法范畴或具体的一个语法构式在句法、语义和语用方面都会有一些规则的和不规则的表现。比如,《新英汉词典》把英语动词分为规则动词(如 work,works,worked,worked)和不规则动词(如 take,takes,took,taken);动词短语 to spill the beans 里,名词 beans 在通常情况下表示"豆、蚕豆"等义,但在这个短语里却表示"秘密"之义;疑问句常用来提出问题、获取信息,但有时也可用来表示强调、提出看法等。这些规则的曲折变化形式(inflectional forms)、通常情况下表达的语义和语用功能就是这些语法构式或范畴的普遍性表现。这些不规则的曲折变化形式、个别情况下表达的语义和语用功能是这些语法构式或范畴的特殊性表现。因此,同一种语法构式或范畴无论在形式还是在语义和语用方面,既有普遍性又有其特殊性,二者相互交织在一起;特殊性中包含有普遍性,普遍性存在于特殊性之中。下面我们具体来看 Kay and Fillmore (1999) 对 WXDY 构式的研究。

2.5.2.1　WXDY 构式结构形式的特殊性和普遍性

根据本章 2.3.2.1 的分析,英语 WXDY 构式结构形式的特殊性主要表现在:

(i) WXDY 的组构成分 doing 和谓语动词 be 前都不能用否定词 not。例如,

(43) *What are you not doing paying attention?
(44) *What aren't you doing paying attention?

(ii) WXDY 构式必须有一个动词 do,不用其他的实义动词,而且 do 通常以 -ing 形式出现。试比较,

(45) What was she doing under the bed?
(46) *What does this scratch do on the table?
(47) *I wonder what the salesman will say this house does without a kitchen.
(48) *What does it do raining?

(iii) 通常情况下进行体里现在分词受连系动词的支配,但 WXDY 构式的语义表示"事件或状态的不合适性",其通常的表达形式与进行体明显不同。例如,

(49) What's that scratch doing on the table?
(50) *That scratch is doing on the table.

(iv) 疑问代词 what 后不能用 else。例如,

(51) a. What are you doing eating cold pizza?
　　 b. *What else are you doing eating cold pizza?

(v) WXDY 构式的 Y 是一个真正的述谓成分,X 是该述谓的指称论元。所以,WXDY 的 X 不能用虚指成分(expletive element)(如 52b)、隐性习语(如 53b)、指示代词(如 54b)或否定名词(如 55b)来充当。例如,

(52) a. How come we had a blizzard in August?
　　 b. *What was *there* doing being a blizzard in August?
(53) a. I wonder why my leg is being pulled.
　　 b. *I wonder why *my leg is being pulled*. (注:to pull one's leg

是习语)

(54) a. I bet that's the teacher.
　　b. *What's *that* doing being the teacher?

(55) a. How come there's no milk in the fridge?
　　b. *What's *no milk* doing in the fridge?

英语 WXDY 构式结构形式不但有其鲜明的特殊性,还存在着一些普遍性:

(i) 与普通的疑问代词一样,无论是特殊疑问句还是嵌入问句,WXDY 的疑问代词 what 常常出现在该构式的最左边或句首。

(ii) 按照英语句子普通的主谓一致关系规则,WXDY 的动词 be 常常与该构式的主语 X 保持人称和数的一致。

(iii) 和普通的附加成分一样,WXDY 的附加成分 Y 常常出现在该构式中非限定动词 doing 的右边。

(iv) 与普通的特殊疑问句一样,WXDY 构式是一个由特殊疑问词 what 引导的 Wh-问句,特殊疑问词 what 置于句首,后边是一个主谓倒装的一般疑问句。WXDY 构式在句中充当宾语时,采用主语在前谓语动词在后的陈述句形式,和一般的嵌入问句相通。

2.5.2.2　WXDY 构式语义功能的特殊性和普遍性

根据本章 2.3.2.2 的分析,与普通的特殊疑问句相比,英语 WXDY 构式的特殊性表现为:

(i) 普通特殊疑问句的语义是就某一特殊疑问词的内容提出疑问。一个 WXDY 构式的语义功能不是表示一种询问,而是表示"对一个事态的不适切性的判断",即表示某人认为在一定语境里"X 是 Y"这一命题意义是"不适切的"、"不恰当的"、"不合理的"(incongruous),相当于 How come …?例如,

(56) What's this fly doing in my soup?

的意思是,在某人用餐时发现"This fly is in my soup."(这只苍蝇在我的汤里)是不适切的,感到吃惊、不可思议,相当于 How come this fly is in my soup? (我的汤里怎么会有只苍蝇?)

(ii) WXDY 构式的 doing 不是表示普通的"做"语义的现在分词,而是起到了纯连系词(pure copula)的功能,不表示任何时态、体或情态意义,对 WXDY 构式没有任何语义贡献(Kay and Fillmore 1999)。说出一个

WXDY 句子,言者并不是要表示"什么东西做了什么事情";分词 doing 并不表示进行体意义。

(iii) 与普通特殊疑问词不同,WXDY 构式的 what 虽满足了构式里 doing 的直接宾语需求,但在语义上是一个不受指称约束的算子(operator)。what 在句法上是一个 wh-词,引导一个疑问句,语义上没有变量约束和指称功能。

下面我们来看 WXDY 构式语义功能的普遍性。WXDY 构式的子构式继承了一些普通构式的语义特征。Kay and Fillmore (1999)认为,构式的继承(inherit)关系反映了语言内部的普遍性。一个英语 WXDY 构式有三个子构式:一个以 be 为谓语动词的主谓倒装构式、一个以 doing 为中心语的 VP 构式和一个由 what 和 doing 构成的左孤立构式。这三个子构式的语义分别继承了普通的主谓倒装构式、VP 构式和左孤立构式的语义特征,表现了 WXDY 构式语义的普遍性。

(i) WXDY 构式里主谓倒装构式的语义特征。WXDY 构式的主谓倒装构式和普通主谓倒装构式一样,继承了 HC("中心语+补足成分")构式的语义特征。

(ii) WXDY 构式里以 doing 为中心语的 VP 构式的语义特征。以 doing 为中心语的 VP 构式继承了普通 VP 构式的语义特征。(参见本章 2.3.1.2)

(iii) 由 what 和 doing 构成的左孤立构式的语义特征。WXDY 构式的左孤立构式继承了一般左孤立构式的语义特征。通常来讲,英语左孤立构式是一个有两个子结的动词性成分。左子结的外部属性值矩阵与右子结的一些配价需求融合。一个属性值矩阵是任意层级的另一个属性值矩阵的嵌入要求。(详见本章 2.3.2.4)

2.5.2.3 WXDY 构式语用功能的特殊性和普遍性

WXDY 构式语用功能的特殊性。一个 WXDY 构式是一个由特殊疑问词 what 引导的问句。但是,这样的问句不像普通的特殊疑问句,要求听者提供相关的信息。

(57) Diner: Waiter, what's this fly doing in my soup?
　　　Waiter: Madam, I believe that's the backstroke.

显然,服务员是在跟用餐者开玩笑,以解难堪,因为用餐者说出这样的问句不是让服务员告诉自己"那只苍蝇在我的汤里干什么?",而是表示一种惊异、抱怨。一个 WXDY 构式的语用功能不是要求对方就疑问词 what 的内容提供相关信息,而是要求对方对某一不适切的事态实施某一行为或采取对策。

WXDY 构式语用功能的普遍性。和普通的修辞问句(rhetorical questions)一样,运用 WXDY 构式一般不需要对方就句子所表达的相关命题信息做出回答,因为如前所述 WXDY 构式里的 doing 不表示具体的动作。另外,WXDY 构式和普通疑问句一样,表示要求对方或第三者做某事。如说话人说出"What's this fly doing in my soup?",可能是要求对方把汤换一下或采取其他行动。

2.5.3 Fillmore & Kay 的构式语法研究——从特殊到一般、归纳和演绎相结合

认知语法认为,语言运用者的规约性的(conventional)语言知识是语言中一些新的语言表达形式或构式产出(creation)的主要来源之一。一个新的语言表达式或构式的产出离不开规约性的语言知识和大量的语言运用实践(usage)(Langacker 1987:65)。因此,一个新的语言表达式或构式不但表现出新奇的、特殊性的一面,同时还会有规约性的、普遍性的一面。

从上节内容可见,Kay and Fillmore 从特殊的 WXDY 构式和普通的特殊疑问句、主谓倒装构式等之间的继承关系切入,揭示了英语 WXDY 构式的语法、语义和语用功能的特殊性和普遍性,建立了以限制为基础的(constraint-based)、非派生的(nonderivational)构式语法理论——"语法构式是语言形式和内容的规约性的联系"(Kay and Fillmore 1999:2)。我们发现,Fillmore & Kay 的构式语法模型的建立采用的是从特殊到一般、归纳与演绎相结合的方法,具体为首先是特殊的习语构式的特征研究,然后是习语构式与普通构式之间的继承关系研究。前者着重对习语构式区别性特征的描写与刻画;后者运用普通构式的原则、规则对习语构式句法和语义建构的合理性做出解释和说明。

2.5.3.1 从特殊到一般

在现代逻辑里,从特殊到一般是一种归纳推理的方法。这种推理的形式为:

S1 是 P;
S2 是 P;
……
Sn 是 P;

S1,S2,……Sn 是 S 中的部分对象,并且没有遇到相反情况;所以一切 S 都是 P。

Fillmore & Kay 的构式语法理论研究坚持从特殊到一般的方法,对所研究对象的特殊性进行了详细的描写和刻画。在对 WXDY 构式的个案分析中,Kay and Fillmore (1999)发现,一个 WXDY 构式的主语不能用虚指成分、指示代词或否定名词充当,谓语动词 be 不能用否定式,doing 只能用-ing 形式不能用过去式等;这样的构式表示"不适切"意义,doing 不表示进行体意义,what 是一个不受指称约束的算子等;这样的构式表示说话人对相关命题信息的惊异、抱怨。通过对其独特的(idiosyncratic)语法结构形式、语义和语用功能的详细描写,给我们淋漓尽致地刻画出了一个"有血有肉"的英语 WXDY 构式。

然后,Kay and Fillmore (1999)运用一般主谓倒装构式、动词短语构式和左孤立构式等核心构式的原则和规则对 WXDY 里以谓语动词 be 为中心语的主谓倒装结构、以 doing 为中心语的动词短语结构和由 what 和 doing 构成的左孤立结构做出了分析和解释。Kay and Fillmore (1999:30)发现,WXDY 构式的这些组构(constituent structures)是受允准(license)普通主谓倒装结构、动词短语和左孤立结构等核心构式(core constructions)的规则和原则的支配。如上所述,WXDY 构式里以动词 be 为中心语的主谓倒装构式继承了普通的主谓倒装构式的句法、语义特征;以 doing 为中心语的动词短语结构继承了普通动词短语构式的句法和语义特征;由 what 和 doing 构成的左孤立结构继承了普通左孤立构式的句法和语义特征。所以,英语 WXDY 是一个按照一般的主谓倒装构式、动词短语构式和左孤立构式的原则和规则建构的特殊语法构式。

2.5.3.2 归纳和演绎相结合

逻辑学研究(郭桥、资建民 2004:171-180)认为,归纳推理是从特殊到一般的推理方法,演绎推理是从一般到特殊的推理方法。"归纳推理和演绎推理是思维进程方向不同但却又互相联系、互相依赖、互相渗透的两种推理形式,它们共同构成人类认识世界、改造世界的思维工具。""在人们认识事物的过程中,有归纳而无演绎,或者有演绎而无归纳,都只可能使认识中断,达不到真正认识事物的目的。"我们发现,Fillmore & Kay 的构式语法理论研究的确是非常完美地运用归纳与演绎相结合的方法揭示语言内在的普遍性。

如上所述,Fillmore & Kay 运用"从特殊到一般"的归纳法研究习语构式,在对英语 WXDY 这样的习语构式的个性特征充分描写和刻画的基础上,归纳出了这样的习语构式所表现出的一些普通语言现象的共同的本质特征。按他们自己的话说,以构式为基础,采用归纳的方法,从一些不可否认的、经验的特殊现象或结构到对组织这些现象或结构的普遍性和原则似乎能够对语言的一些习语性和一些普通的、高度能产性的方面做出令人满意的解释(Kay and Fillmore 1999:31)。我们发现,在对 WXDY 这一特殊的习语构式所表现出的普通的本质特征归纳的过程中,Kay and Fillmore (1999)是在构式的继承性这一普遍性原则的框架里,运用一般核心构式的原则和规则,发现 WXDY 这一特殊现象所表现出的一些核心语言现象的共同的本质特征。这又是一种演绎的方法。Kay and Fillmore (1999)运用普通主谓倒装构式的中心语特征原则(headed feature principle)解释了 WXDY 构式中以动词 be 为中心语的主谓倒装小句构式的外部配价集和中心语子结配价集之间的蕴涵关系;运用普通的 VP 构式的语义特征解释了 WXDY 构式中以 doing 为中心语的 VP 构式里 doing 和补足成分之间的语义联系;运用普通的左孤立构式的抽取原则(extraction)和远距离依存关系解释了 WXDY 构式中由 what 和 doing 构建的左孤立构式 what 的外部属性值矩阵(attribute-value matrix)和 doing 的配价需求(valence requirements)之间的融合。Kay and Fillmore (1999)发现,习语的个性特征里包含着一些语言现象共同的本质特征;没有这些个性特征,也就不会有共同的本质特征。"语法里特殊现象和普通现象交织在一起"。"像 WXDY 这样的独特现象和中心语加补足语结构、左孤立结构这些普通现象是非常清楚地联系在一起的。"(Kay and Fillmore 1999:30-31)用认识论的话说,就是普遍性存在于特殊性之中,共性存在于个性之中,无个性即无共性。

这样,运用从特殊到一般的归纳法和归纳与演绎相结合的方法,Fillmore & Kay 概括和归纳了一个英语 WXDY 构式所表现出的独特的句法、语义、语用特征和普遍性的共同本质特征,并对其独特的句法、语义和语用特征做出了完整的、合理的分析和解释,建立了自己的构式语法理论的形式化模型,为构式语法理论的发展奠定了理论基础。这一理论模型不但为认知语言学理论建设作出了贡献,而且还为认知语言学理论的形式化研究提供了重要的方法论指导。

2.5.4 语言研究的同异律

Fillmore & Kay 的构式研究,从特殊到一般、归纳和演绎相结合,深刻揭示了语法的本质特征——语法里特殊现象和普通现象交织在一起。一个特殊的语法构式既有其独特的个性特征(谓之"异"),又有一般核心构式的共同的本质特征(谓之"同")。这一研究给我们的启示为:对语言现象的观察,要"异中见同",从一些特殊的语法结构形式中窥见其普遍的本质特征。对语言现象的分析,要"同异互动",即特殊语法构式和普通构式相互作用,发现特殊的语法构式与一般核心构式的继承性关系,对一些特殊的语法构式做出合理的解释,而不是将一些特殊语法构式视为"例外",弃之不顾。对语言现象的解释要"求同存异",在概括一些特殊的语法现象的共同本质特征的同时,又要对其独特的个性特征做出有理据的解释。我们把这一研究方法概括为语言学研究的"同异律"——异中见同、同异互动、求同存异。

"异中见同"是指从一些具体的、特殊的语法现象中寻找、发现普通的、共同的本质特征,因为一些特殊的习语构式里包含着一些普通的语法规律或规则,一些普通的语法构式的规律或规则存在于一些特殊的语法结构形式中。一个特殊的 WXDY 构式里不但有其独有的特征(详见 2.2.1),而且还包含着主谓倒装构式、动词短语构式和左孤立构式等普通语法规律或规则。其他如,英语里的"双 IS 构式"(如 the thing is is)、"表亲称谓构式"(如 third cousin twice removed)、"let alone 构式"等等,无不都是一些特殊现象和普通现象相互交织在一起。语法研究应当"异中见同",实现对一些特殊语法现象的充分描写。正如 Langacker(2004)所指出的,"我们能够利用普通知识(general knowledge)搞清楚不同表达形式的意义。"

"同异互动"是指按照构式的继承性原则,运用一般核心构式的原则和规则解构特殊的边缘构式的合理内涵,实现对一些特殊语法现象的充分分析。构式的继承性认为,语言中的构式展示原型结构(prototype structure),形成联想网络(networks of association)(Goldberg 1995:5)。一个构式可以对另一个构式给出有理据的解释,当且仅当后者与前者为继承关系(Construction A motivates Construction B iff B inherits from A.)(Goldberg 1995:72)。一个特殊的 WXDY 构式可以使我们联想到主谓倒装等普通构式,发现 WXDY 里由限定性助动词 is 构成的主谓倒装构式和普通的主谓倒装构式之间的继承关系。所以,这样形成的联想网络丰富和发展了我们对主谓倒装等普通语言现象的认识。正如 Kay and Fillmore(1999:30)所主张的,在语法研究里,对习语的研究和对一些普通现象的研究是一样的;对一些边缘现象(periphery)的研究就是对一个核心现象(core)的研究,反之亦然。按我们的话说,就是核心构式和边缘构式的互动研究、继承关系研究。

"求同存异"是指在边缘构式和核心构式继承关系研究的基础上,概括和归纳出一些普通的、共同的本质特征,对一些边缘构式的个性特征做出合理的解释,达到对一些语法现象的充分解释。"求同存异"是语言学研究(不管是形式主义还是功能主义)通常应当坚持的基本原则。比如,Chomsky 的管约论的原则与参数思想就是用"普遍原则"去概括不同语言的共同规则,而把它们的"异"解释为具有普遍意义的一套参数系统在不同语言中的不同赋值所造成的结果(石定栩 2002)。

最后,语言学研究的同异律告诉我们,在语言学研究中,我们既要注意一些语法现象的特殊性又要注意其内在的普遍性。从认识论来讲,如果不认识矛盾的普遍性,就无从发现事物运动发展的普遍的原因或普遍的根据。但是,如果不研究矛盾的特殊性,就无从确定一事物不同于他事物的特殊的本质,就无从发现事物运动发展的特殊的原因,或特殊的根据,也就无从辨别事物,无从区分科学研究的领域。

语言学研究的同异律是人们的认识规律在语言学研究中的反映。我们认识事物是由特殊到一般,再由一般到特殊。这样多次循环往复,不断地丰富和发展着我们对事物的认识。这一认识规律反映到语言研究中就是,我们对一个语法现象的认识和解释,应当在观察其特殊性的基础上归纳其内在的普遍特征,然后用普通的语法规则对这种现象做出合理的解释。因此,我们认为语言学研究的同异律有助于语言学研究的自主创新。

第三章
Lakoff 和 Goldberg 的构式语法理论

本章主要介绍 G. Lakoff 和 A. E. Goldberg 的构式语法理论。Lakoff(1987)在其所著 Women, Fire, and Dangerous Things: What Categories Riveal About the Mind 一书中对英语 there-构式的句法条件和语义条件进行了细致入微的描写和刻画。在此基础上,Lakoff 论证了构式的理据性;将构式定义为形式和意义的配对或对子。Goldberg(1995,2006)继承和发展了 Lakoff 的构式语法思想,通过对英语中双及物构式等语言现象的研究,建立了构式语法的分析框架,为构式语法理论的发展作出了重要贡献。

3.1 Lakoff 的构式语法理论

Lakoff 的构式语法理论以认知为基础,把语言中的构式看做是语言表达形式(linguistic form)和认知模型(cognitive model)的对子,或者说是形式和意义的对子。该理论认为,语法构式的形式参数是非自足的,是有理可据的,在许多情况下是可以推知的。语言中的构式与构式之间的关系是基础关系(based-on relation),即次范畴构式是在主范畴构式的基础上产生的,非中心构式是在中心构式的基础上产生的。该理论所说的语言中的构式范畴不是古典意义上的范畴,不能够用充分必要条件来定义。这个构式范畴是以原型(prototype)为中心的范畴,可以通过对中心构式特征的研究,辐射到与中心构式有细微差别的每一类非/次中心构式特征的研究。

Lakoff 的构式语法理论主要建基于对英语 there-构式的研究(Lakoff 1987:462-585)。Lakoff(1987)主张,以认知为基础的语法理论,与生成语法理论和普通短语结构语法等语法理论相比,能够对 there-构式的复杂性做出恰当的描写和解释。Lakoff(1987)对英语 there-构式的研究表明:

(i) 语法构式不仅仅是一种副现象(epiphenomena),而且是认知的一部分。语法和词库之间没有截然分明的界限(strict dichotomy),是一个连续统。语法不是一个独立的模块(separate "module"),而是与原型范畴化、认知模型和心智空间(mental space)等认知因素密切相关的。语法研究光有客观语义是不够的,还需要认知语义。把语法仅仅看成是可推知的、任意的是不够的,还要考虑其理据性。语法研究光有古典范畴理论是不够的,还需要原型理论。

(ii) 语义是语法的基础;语法里包含着语用因素(pragmatics in grammar);语义条件和语用条件对一个语法构式的句法建构有限制和制约作用。语法研究应以意义和交际功能为基础,对形式参数做出详尽的阐释。语法范畴和语法关系不是自足的,而是一个具有语义中心或原型意义的辐射型结构。所有的句法限制不能够离开意义仅凭句法规则来解释;许多句法限制必须以语义为基础来解释。语法构式的意义不是按照普通规则从其组成部分的意义中计算出来的,而是以其组成部分的意义为理据的。

3.1.1 语法构式(grammatical construction)的定义

"语法构式"是当代语言学最有争议的概念之一。绝大部分形式主义研究者认为,语法构式在他们的理论里是没有立足之地的,仅仅是一种副现象。传统语法学家认为,一种语言的语法可以描写为一组构式,每一个构式都是句法成分(如小句、名词、介词、动名词等)构型(configuration)和与之相关的意义和/或用法的对子。Lakoff 接受了传统的构式思想,反对将构式看做是一种副现象。他提出,不谈语法构式的语法理论无法对任何语言的全部语法事实做出任何解释和说明,只能够局限于对一小部分现象的分析和探讨。Lakoff 把构式定义为:

> 形式和意义的对子(a form-meaning pair (F,M))。"形式"是指一组句法和音位条件(a set of conditions on syntactic and phonological form)。"意义"是指一组意义和用法条件(a set of conditions on meaning and use)。

(Lakoff 1987:467)

根据 Lakoff 对语法构式的定义,一个语法构式里不但有句法因素,还包含有语义和语用因素。对语法构式的研究,不但要考虑句法,还不能离开语义,也不能不考虑语用。对一个语法构式的分析和解释,从一定意义上讲,就是发现构式的句法条件和语义/语用条件限制,发现句法条件和语义/语用条件之间的对应关系。

以英语 there-构式"Here comes Harry."①和简单句"Harry comes here."为例。从语义和语用上讲,

(i) there-构式里的 here 的语义是说话人把 Harry 的位置标示为 around the corner(在(说话人)附近),把 Harry 看成是朝说话人方向移动的射体(trajectory),因此可以和 around the corner 连用,如(1);而简单句里的 here 是方位副词,表示说话人所在的位置,不能与 around the corner 搭配使用,如(2)。试比较,

(1) Here comes Harry around the corner.
(2) *Harry comes here around the corner.

(ii) there-构式里的 comes(来)表示"即刻(instantaneous)发生的动作",是真正意义的现在时;而简单句中的 comes 表示"最近一段时间多次发生的动作"。因此,简单句可以被 from time to time 修饰,如(3);而 there-构式不可以被 from time to time 修饰,如(4)。试比较,

(3) Harry comes here from time to time.
(4) *Here comes Harry from time to time.

(iii) there-构式除了表示陈述或断言外,还表示说话人致使或提醒听话人把注意力集中在 here 的位置;而简单句只表示一种陈述或断言(assertion)。

与以上语义和语用条件相对应,在句法上,there-构式和简单句的区别主要表现为:there-构式不能够和附加疑问句连用(如 5a)、不能用于提升结构(raising structure)中(如 6a)、不能用于否定式(如 7a),不能任意用作嵌入成分(embedded element,如 8a);而简单句则可以。试比较,

(5) a. *Here comes Harry, doesn't he?
    b. Harry comes here, doesn't he?
(6) a. *Here is likely to come Harry.
    b. Harry is likely to come here.
(7) a. *Here doesn't come Harry.
    b. Harry doesn't come here anymore.
(8) a. *I doubt that here comes Harry.
    b. I doubt that Harry comes here.

---

① Lakoff (1987)这里研究的 there-构式包括以 there 和 here 开头的表示指示意义(deictic)的 there-构式和以 there 开头的表示存在意义(existential)的 there-构式两类。

例(8)表明,there-构式不可以作为嵌入成分出现在宾语从句位置上。但是,Lakoff(1987:473)发现,there-构式可以出现在 because 引导的状语从句中,例如,

(9) I'm leaving, because here comes my bus. (我要走了,因为公共汽车来了。)

因为 here comes my bus 这样的 there-构式是实施"引起听话人注意"的语用功能,所以说话人可以将 here comes my bus 作为自己要离开的理由告诉听话人。除此之外,there-构式还可以出现在 although、since、except 和 but 引导的句子中。例如,

(10) a. I've decided to stay, although here comes Harry — and you know what I think of him!
b. I'd better leave, since here comes my bus!
c. I'd stay a little longer, except here comes my bus!
d. I really should stay, but here comes my bus.

这样,根据一组句法条件和一组语义/语用条件限制,我们很容易将 there-构式和一般的简单句构式区别开来;可以对它们的句法和语义/语用特征做出合理的解释。

按照 Lakoff 对语法构式的定义,在一个语法构式里,语义是语法的基础;语法里包含着语用因素(pragmatics in grammar),语用因素[比如构式表达的言外语力(illocutionary force)]是语法的一部分。语义和语用条件对一个语法构式的句法建构有限制和制约作用;句法建构在很大程度上取决于(dependent upon)语义和语用条件。语法研究应以意义和交际功能为基础,对形式参数做出详尽的解释。

Lakoff(1987)认为,语法构式就是复杂的认知模型(complex cognitive models)。这样的认知模型有两个维度,一个是以形式参数为特征,一个是以意义参数为特征。一个语法构式的形式参数和意义参数之间的对应关系不是任意的,是有理据的。

3.1.2 语法构式的理据性(motivatedness)

3.1.2.1 理据和理据性

Lakoff(1987)认为,语法构式的理据性是指,一个语法构式的形式并不是独立于意义的,而是有其动因的,是有理可据的。语法构式的形式参数应

当是能够从构式的生态位置(ecological location)即一个构式产生的基础(what it is based on)和一般语法规则中推知的(predictable)。简单来讲,语法构式的理据性主要是说,构式的句法建构特征可以从构式产生的基础和一般的语法规则两方面找到动因,得到合理的解释。显然,一个语法构式的"理据(motivation)"既与形式参数有关又与意义参数有联系。Lakoff (1987:537)把理据的特征概括为:

(i) 形义对应关系的中心原则(central principles of form-meaning correspondence)。中心原则有双重作用:表现中心次范畴(如原型小句、名词、动词等)的形式和意义之间的规律特征,如小句对应的是命题、名词对应的是事物、动词对应的是表示动作的述谓;表现非中心构式和中心构式之间的相似之处,即中心构式给非中心构式提供理据。

(ii) 基础关系(based-on relation)。根据"基础关系"定义语法系统内部的生态位置(ecological location)。非中心构式范畴在一个语法系统里的定位(location)是通过与中心构式范畴之间的关系实现的。这样的关系称之为基础关系。

(iii) 细微差异(minimal differences)。非中心构式范畴的特征为,非中心构式范畴与作为其基础的中心构式范畴之间常常存在着一些细微的差异。

(iv) 使用概念系统里已有的中心原则、隐喻和转喻机制所做出的有限制推知(restricted prediction)与细微差异。例如,根据"激活就是运动(Activation is motion)"这一隐喻机制,可以推知,出现在"There goes the throbbing(颤动) in my head again."这一构式的谓语动词 goes 不是指运动(行走),而是指"激活"了一个提醒装置(signaling device)。换句话说,根据隐喻机制,这一构式的谓语动词 goes 所表达的意义可以推知为:不是表示 the throbbing 在 my head 又运动(走)起来了,而是提醒听话人言者头脑里存在着 the throbbing 这一运动。

理据关注的对象是形式参数和意义参数。每种语言里的意义参数都是来自概念系统里的一些概念。这个概念系统从某种意义上讲不是普适性的(universal)。意义参数决定形式参数,因此相对来说,一些语法规则就有文化和概念系统的选择性。比如,英语 There goes my knee(我的膝盖疼了)非常适合于这样的隐喻和转喻认知模型:激活是一种运动,意识到的是过去(或较早)发生的,感知到的事物代替感知活动。如果是在没有这样的隐喻和转喻认知模型的语言里,这样的构式是极不适宜的,或者说是不可能产生的。因此,理据是概念系统和使用这些概念系统的语法里的一种普遍性的特征(global property)。

理据还可以看做是"系统的羡余性(systemic redundancy)"。这样的羡余性是由整个语法结构和概念系统一起来界定的(Lakoff 1987：538)，意即按照这里建立的理论所做出的每一个推知对应于说话人语法系统里的一些认知方面的真正羡余信息。说话人使用的是语法系统里现有的构式，是有高度的系统羡余性的构式。比如，按照中心原则推知的非中心范畴的任何特征都是羡余信息。一个范畴的特征越是羡余的，这个范畴就越有生态位置(ecological location)理据，或者说这个范畴产生的基础关系越有理据性，这个范畴就越发适合整个系统。

弄清了构式的理据，我们来看构式的理据性。构式的理据性研究是把构式看成一个整体，一个完整的格式塔(an entire gestalt)，不是一组任意的特征。"一个语法构式的特征越是有理据性，它就越像一个好的格式塔。"(Lakoff 1987：538)认知心理学研究告诉我们，好的格式塔容易认识、容易掌握、容易记住，使用起来也方便。因此，如果A是一个好的格式塔，B是A的最简变体，那么B就像A一样也是一个好的格式塔。同理，如果一个认知模型是一个好的格式塔，那么该认知模型的许多变体就容易领会、容易记住，使用起来也容易。当一个认知模型有许多变体时，结果就形成了一个辐射状的有组织的范畴。如果辐射范畴的原型中心成员(prototypical centers)都是好的格式塔，其家族相似性表明这样的辐射范畴结构就既便于人们掌握(learn)和记忆，又便于人们使用这个认知模型。可以说，好的格式塔本身依赖全部的认知组织，因为有理据的特征并不仅仅是以相邻构式的特征为理据，同时还以统辖全部语言和概念系统的普遍规则为理据。在认知心理学研究里，好的格式塔原则对于几何图形来说是局部的(local)，这些原则必须适合于对称的、连续性的图形等。但是，Lakoff 的 there-构式研究表明，好的格式塔原则对于语言中的语法构式却是普适性的(global)，这些原则必须适合于全部概念和语言系统生态(ecology)。一个构式理据性越高，就越应当适合于系统的生态，或者说是系统中的"基础关系"。

理据提供了一个以认知为基础的语法评价参照(evaluation metric for grammars)。实现理据最大化有多种方式，所以有许多优选语法(optimal grammars)。优选的语法，理据性(形式和意义之间的对应关系)高；而非优选的语法理据性低，甚至没有理据性，是形式和意义高度任意性的语法。事实上，真正的自然语言的语法通常都是高度理据性的。

3.1.2.2 指示 there-构式的理据性

Lakoff(1987)在对 there-构式的研究中,将英语 there-构式分为指示 (deictic)there-构式和存在(existential)there-构式两类。例如,

(11) a. There's Harry with his red jacket on.（指示 there-构式）
   b. There was a man shot last night.（存在 there-构式）

按照 3.1.1 对构式的定义,指示 there-构式和存在 there-构式都可以描写为下列形式参数和意义参数的对子。

形式参数的内容包括：
句法成分(如句子、名词短语、动词等)；
词汇成分(如 here、there、come、go 等)；
句法条件(如句法构成成分的线性序列、语法关系成分选择等)；
音位条件(如有无重音、元音长度等)。
意义参数的内容包括：
语义成分(如实体、位置、述谓成分等)；
整体意义(如理想化认知模型 ICM,通常包括背景条件、言语行为条件和构式功能的详细描写)。

因此,指示和存在 there-构式都可以看做是形式参数(句法成分、词汇成分、句法条件和音位条件)和意义参数(语义成分和整体意义)对应的结合体。为节省篇幅,下面我们主要以指示 there-构式为例,介绍 Lakoff 对 there-构式理据性的研究。

原型理论认为,在人类的经验里,某一组条件通常比该组条件中的任何一个条件或者比另外一组条件都会显得更加基本(more basic)。这样的一组条件,按照上节所谈语法构式的理据性,可以叫做优选的格式塔(optimal gestalt),可以用理想化认知模型(ICM)将这些条件对应起来。指示 there-构式通常是把某物指给他人(pointing out things to other people)。在我们的经验里,"把某物指给某人"最基本的条件为：

存在某物(某个实体)；
某物(某个实体)在说话人的视野内；
说话人的注意力集中在某物(某个实体)上；
听话人对某物(某个实体)所在位置感兴趣,但还没有注意到某物(某个实体),甚至还不知道某物(某个实体)的存在；
说话人把听话人的注意力引向(或许伴以手势)该某物(某个实体),并

使后者注意到某物(某个实体)的具体位置;

如果某物(某个实体)移动,会有适当标示;

说话人选择对某物(某个实体)及其位置进行描写。

Lakoff 把这些最基本的条件抽象为一个理想化的认知模型,叫做"指给理想化认知模型"(the pointing-out ICM)。这一模型具体包括:

语义成分

S:说话人或言者

H:听话人或听者

  1'①:位置

  2':表位置的述谓成分

  2":表移动的述谓成分

  3':实体

  4':述谓成分

  0':命题意义(实体在某位置)

  0":命题意义(实体在移动)

  0'":命题意义(述谓成分拥有实体)

  (0" and 0'"等表示可选择的)

整体语义

言语行为背景

  背景1:3'存在

  背景2:0'(3'位于1'),即某物在某位置

  背景3:3'在 S 的视野之内

  背景4:S 把注意力集中在 3'上

  背景5:S 推断 H 没有把注意力集中在 3'上

言语行为

  S 让 H 注意 1'

功能条件

  让 H 意识到 3'

---

① 在这里,Lakoff 用 1'、2'、3'、4'表示语义成分,0'表示句子的命题意义;用 1、2、3、4 表示句法成分,0 表示整个句子。具体来讲,1 是指出现在句首的成分,如 there 等;2 通常是句中的谓语动词,如 be 等;3 通常是句子中的表示存在事物的名词性成分;4 是出现在句尾的成分,所以又称为"句尾成分"(final phrase)。对应的 0'、0"、1'、2'等表示语义内容。下同。

手势

　　S 用手势指向 1',通常是用手指或将头转向 1'。

这个"指给理想化认知模型"表征中心指示构式的语义参数。**中心指示构式的每一个句法成分都可以在这个认知模型中找到其对应的语义内容**。换句话说,我们可以根据"指给理想化认知模型"中的语义内容推知中心指示构式的每一个句法成分。Lakoff(1987)认为,中心构式的形式和意义之间是一种直接的、规则的关系,具体表示为中心原则(central principles or CPs)。

中心原则主要有:

CP1 一个小句对应一个命题。小句(X)当且仅当命题(X')。

CP2 一个名词短语对应一个实体。名词(X)当且仅当实体(X')。

CP3 表示"移动"义的述谓成分由动词来表示。如果移动述谓成分(X'),那么 V(X)。

CP4 表示"位置"义的述谓成分由动词来表示。如果位置述谓成分(X'),那么 V(X)。

CP5 表示"方位"义的副词与位置对应。方位副词(X)当且仅当位置(X')。

CP6 语义结构部分与相关的句法结构成分对应。语义部分(X', Y')当且仅当句法成分(X, Y)。

CP7 理想化认知模型里可选择的语义成分与句法可选择成分对应。如果有语义成分(X', Y')和可选择成分(X'),那么就有可选择句法成分(X)。

按照上节所谈内容,中心原则有双重作用:表现中心次范畴(如原型小句、名词、动词等)的形式和意义之间的规律特征;表现非中心构式和中心构式之间的相似之处。假定中心指示构式这个次范畴是一个原型小句,表示的语义和"指给理想化认知模型"吻合,Lakoff(1987)认为,可以做出如下推知:

推知 1:0 是一个小句。根据 CP1,小句与命题对应。由于 0'、0" 和 0'" 都是 0 表达的命题,所以 0 是一个小句。

推知 2:小句 0 由 1、2、3、4 四个成分组成。根据 CP6,语义结构部分与相关的句法结构成分对应。1'、2'、3'、4' 是命题 0'、0" 和 0'" 的组成成分,所以 1、2、3、4 是小句 0 的组成成分。

推知 3:1 是一个表示指示意义的方位副词。根据 CP5,表方位的副词与位置对应。1 是一个方位副词,因为 1' 表示相对说话人的一个位置。

推知 4:3 是一个名词短语。根据 CP2,名词短语对应于实体。由于 3' 表示一个实体,所以 3 是一个名词短语。

推知 5:3 不是一个句子补足成分(sentential complement)。由于 3' 是一个实际存在的、看得见的实体,所以它不可能是一个命题、一个事件或状态。一般情况下,只有命题、事件或状态才用句子补足成分表达,所以3不可能是一个句子补足成分。

推知6:2是一个动词。根据 CP3 和 CP4,表示"移动"义的述谓成分由动词来表示;位置述谓成分也由动词来表示。由于2'是一个位置述谓成分、2''是一个移动述谓成分,所以2是一个动词。

推知7:2用一般现在时形式。在"指示理想化认知模型"里,位置述谓成分和移动述谓成分所表示的动作与句子实施的言语行为(把某人的注意力指向某物)是同时发生的,所以动词2要用一般现在时形式表示与言语行为的同时性。因为指示事件(pointing-out event)是短暂性的动作,现在时表示这样的动作和"把某人的注意力指向某物"的言语行为是同时发生的,所以不可能用进行体或完成体形式。因为"指示理想化认知模型"没有标明情态(modality),所以动词2里不会有情态动词。

推知8:4是可选择的。根据 CP7,理想化认知模型里可选择的语义成分与句法可选择成分相对应。在"指示理想化认知模型"里,表达实体3'的命题是可选择的。述谓成分4'仅出现在这个命题里。因为述谓成分4'是可选择的,用来表示这一述谓成分的句法成分4也是可选择的。

推知9:1位于句首。说话人把注意力集中在位置1'。要把注意力集中在某一位置上,一般应当先提及这个位置,因此表示位置1'的句法成分1就应当先出现。

推知10:3是小句的主语。在中心小句里,小句的主语应当是一个表示小句命题论元的成分,应当包括在构式意义参数的语义成分里。因为只有实体3'和位置1'是意义参数里的论元成分,所以作句子主语的就可能是表示实体的句法成分3或是表示位置的句法成分1。因为在中心小句里,表示位置的成分是一个副词,副词不能在句中作主语,所以,只有表示实体的句法成分3可能成为句子的主语。

Lakoff(1987)发现,指示构式里有三个词汇成分需要选择:指示方位副词(here,there)、表示位置的述谓成分(如 be、sit、stand、lie)和表示移动的述谓成分(如 go、come)。这些词汇成分的选择大都是可推知的,不是任意的。为此,Lakoff 提出了统辖词汇成分选择的一般原则,称之为"词汇选择原则"(lexical choice principle)。

该原则包括:
(a) 构式里有一个语义成分 X',
(b) 对 X'有语义限制,
(c) 与语义成分 X'对应的句法成分 X 是一个词汇范畴(例如,名词、动

词、副词等)，

(d) 词汇成分 L 是词汇范畴 X 的词库里最普通的词项,而且满足语义成分 X' 的语义限制,

(e) 词汇成分 L 在构式里表示 X 的意义。

根据这些词汇选择原则,可以做出如下推知:

推知11：位于句首、表示位置意义的1应当是 here 或 there。

推知12：2可以用 be、go、come 来表示。

除了词项的推知外,还有一个关于词汇重音的推知:

推知13： 位于句首、表示位置意义的1应当重读。

至此,我们可以根据"指给理想化认知模型"、中心原则和词汇选择原则,将英语中心指示构式的形式和意义之间的关系表征为:

中心指示构式

基础:中心小句(即以中心小句为基础)

意义参数

  指给理想化认知模型

形式参数

  句法成分

    0：小句,一个由若干成分构成的整体

    1：指示方位副词

    2：动词

    3：名词短语

    4：(不带动词 be 的)动词性短语

  词汇成分

    1：here 或 there

    2：动词 be,或者表示移动的普通动词,或者是表示基本层面的方位动词如 lie 等

  句法条件

    句法条件1：指示方位副词1置句首

    句法条件2：动词2用一般现在时

    句法条件3：动词2位于表示实体的名词之前,除非2是一个限定性的代词

    句法条件4：动词性短语4是可选择的

    句法条件5：动词性短语4位于句尾

    句法条件6：表示实体的名词性短语3是小句的主语

句法条件 7：名词性短语 3 是小句 0(实体 3、动词性短语 4)的主语

句法条件 8：名词性短语 3 不是句子补足成分(sentential complement)

音位条件

音位 1：指示方位副词带重音

3.1.3 语法构式之间的关系

3.1.3.1 基础关系(based-on relation)

一个指示 there-构式是由一个中心构式和许多非中心构式组成的语法范畴。这样的范畴不是古典意义上的范畴，不能够用充分必要条件来定义①。这个范畴是以原型为中心的范畴，可以通过对中心构式特征的研究，辐射到与中心构式有细微差别的每一类非中心构式特征的研究。Lakoff (1987：482)发现,英语指示 there-构式的中心构式为

(12) There's Harry with the red jacket on.

中心指示构式为原型范畴构式；非中心指示构式为次范畴构式。非中心指示构式是在中心指示构式的基础(based on)上产生的各种变体。英语指示 there-构式的非中心构式包括感知(perceptual)指示构式、话语(discourse)指示构式、存在指示构式、活动起始(activity start)指示构式、递送指示构式、典型(paragon)指示构式、愤激(exasperation)指示构式、叙述焦点指示构式、新事业(new enterprise)指示构式和展示(presentational)指示构式等 10 个小类，例如(13a–j)。

(13) a. There goes the bell now! (perceptual)

b. There's a nice point to bring up in class. (discourse)

c. There goes our last hope. (existence)

d. There goes Harry, meditating again. (activity start)

e. Here's your pizza, piping hot! (delivery)

f. Now there was a real ballplayer! (paragon)

g. There goes Harry again, making a fool of himself. (exasperation)

---

① 古典范畴理论认为,范畴是由共享的特征来定义的,这些特征能够把范畴的成员同其他任何东西区别开来(Lakoff 1987：576)。

  h. There I was in the middle of the jungle … . (narrative focus)
  i. Here I go, off to Africa. (new enterprise)
  j. There on that hill will be built by the alumni of this university a ping-pong facility second to none. (presentational)(Lakoff 1987：483)

  Lakoff (1987)认为,语言中构式与构式之间的关系可以看做是由一个中心构式和若干非中心构式组成的辐射状的组织结构。非中心构式与中心构式之间是基础关系(based-on relation),因为非中心构式的形式和意义之间的对应关系大部分都是以比较靠近中心(more central)的构式为基础的。中心构式和非中心构式是一个自然范畴,中心构式是原型(prototype)构式;非中心构式是中心构式的变体(variant)。在这些变体里,除了一些独有的(或者是与中心构式相矛盾的)参数外,非中心构式的形式和意义参数都是从中心构式那里继承(inherit)下来的。以非中心构式感知指示构式为例。

  首先,来看两个例句,

(14) a. There is Harry.
   b. Harry is there.
(15) a. There's the beep.
   b. *The beep is there.

(14a)为中心指示构式,指示方位副词 there 表示具体的空间位置,可以用在一般的简单句里,表示具体的方位如(14b)。(15a)为感知指示构式,指示方位副词 there 不是表示具体的空间位置,而是表示心智感知到的(perceptual)空间位置,只能用在指示构式里,不能用在一般简单句里表示具体的一个空间位置,如(15b)。Lakoff (1987)发现,感知指示构式里的 there 是指看不见的感知空间里的一个位置(a location in nonvisual perceptual space)。这个感知空间可能是现在的,也可能是刚刚过去(recent past),即刚过去不久、仍在意象(image)之中的空间位置。如果是刚发生不久的或是将来时间里的一个感知空间,就要用 here 代替 there,如

  (16) Here comes the beep.

表示 beep(钟表报时发出的"嘟嘟"声)发生在钟表走时的嘀嗒声刚刚响过不久,说话人听到钟表走时的嘀嗒声,便说出了(16)。

  另一方面,Lakoff (1987：511)发现,感知构式里的 go 和 come 不是表

示移动(比较中心指示构式),而是表示一种状态等的激活(activation),比如对像闹钟这样的信号装置的激活、疼痛感的激活等。例如,

(17) There goes the throbbing in my head again.(我头里面又颤动了一下。)

感知指示构式使用方位副词 there 和动词 go 或 come 是从中心指示构式继承过来的。但是,在感知构式这样的非中心构式里,这些成分所表达的意义发生了一些细微的变化。Lakoff(1987)发现,感知指示构式里的这些意义是通过概念隐喻(conceptual metaphors)实现的。具体表示为:

看不见的感知空间比作实实在在的物理空间(physical space)。
感知到的事物比作实体。
意识到的事物比作是以前发生的(distal)。
马上要意识到的事物比作是即将发生的(proximal)。

根据这些隐喻,可以推知

1' = 看不见的感知空间里的一个位置
2' = 表示感知方位的述谓成分
2" = 表示激活意义的述谓成分
3' = 感知的事物
背景 3:感知的事物在说话人看不见的感知范围里。
手势:有时为食指向上指。

除了隐喻外,Lakoff(1987)发现,感知指示构式的意义实现还用到了转喻,具体表示为:

感知到的事物代表感知物

这些感知物有声音、气味和疼痛感等;而感知到的事物是那些能够联想起感知物的实体,如闹钟、化学元素和受伤的膝盖等。因此,下列 a、b 两句同义,alarm clock(闹钟)转指 beep(闹钟发出的报时声)。

(18) a. There goes the beep.
　　　b. There goes the alarm clock.

需要说明的是,这样的转指只能发生在感知的过程中(the perception is in progress)。试比较,

(19) a. Here comes the pain in my knee.
　　　b. *Here comes my knee.

Lakoff(1987)对感知指示构式的研究表明,感知指示构式用来表示对

看不见的事物的感知和体验。感知指示构式继承了中心指示构式的一些句法、语义/语用特征,借助隐喻和转喻模型,把中心指示构式里表示物理空间的 there 和 here 影射到心智感知到的或即将感知到的空间位置上;把中心指示构式里表空间移动的 come 和 go 影射到它们所激活的运动状态上。从发生学角度讲,如果把"(12) There's Harry with the red jacket on."这样的指示构式比作"母构式",感知指示构式、话语指示构式、递送指示构式等(13a-j)10类非中心指示构式则为"子构式"。子构式是在母构式的基础上生发出来的,母构式是子构式的"生态位置",子构式与母构式之间为"基础关系"。母构式在上;子构式在下;子构式继承了母构式的一些形式和意义参数特征。这就是依据"基础关系"对感知指示构式的生态定位(ecological location)。

3.1.3.2 中心存在构式

首先来看两个例句,

(20) THERE's a new Mercedes across the street.
(21) There's a new MERCEDES across the street.(Lakoff 1987: 540)

(20)和(21)分别为英语指示 there-构式和存在 there-构式。指示构式和存在构式看起来非常相似,但二者之间也存在着一些细微差别。指示构式的 there 是指一个真实世界里具体的某个方位;存在构式的 there 本身标示(designate)一个概念空间,是指概念上的存在,不一定和真实世界的客观存在相对应。指示构式里既可以用 there,又可以用 here;存在构式里只可以用 there,不可以用 here。指示构式的 there 离开指示构式可以出现在简单句里;存在构式的 there 只可以出现在存在构式里,不可以出现在简单句里。指示构式的 there 是一个方位副词;存在构式的 there 不是方位词。指示构式的 there 不是语法主语;存在构式的 there 可以看做是句子的主语。指示构式的 there 通常带有重音;存在构式的 there 从来不重读。

尽管如此,指示构式和存在构式二者之间仍存在着一些"中间类型"(intermediate types)、一些相互交叉的地方。Lakoff(1987)发现,指示构式中的感知指示构式和话语指示构式两次类中的 there 比较接近存在构式的 there,指代感知和话语中的比较抽象的位置,不是指某一具体空间的位置。存在指示构式从语义上更加接近存在构式,因为这里的 there 是指表示存在的概念空间里的位置。音位上,递送指示构式的 there 不重读时和存在构就没有什么区别了。因此,Lakoff(1987:541)主张把指示 there-构式和存在 there-构式看成一个连续统。中心存在 there-构式是在中心指示 there-构式的基础上(is based on)产生的。据此,Lakoff(1987)做出如下推知:

推知 1:表示存在的 there 不是一个表示方位的副词。

推知 2:表示存在的 there 没有对应的 here,因为这样的 there 不标示方位。

推知 3:表示存在的 there 不是一个独立于存在构式的自由词项。

推知 4:表示存在的 there 不带重音。

推知 5:表示存在的 there 并不需要一个指向(某个方位)的手势,因为它不标示一个具体的方位。

推知 6:通常表示方位意义的动词 sit(坐)、stand(站)和 lie(躺)不能够出现在中心存在构式里,因为这些动词表示实在的物理空间方位或方向等,一般不适合用于心智空间。

推知 7:中心指示构式实施的言语行为是把听者的注意力集中在 there 或 here 所表示的具体位置上,存在构式的 there 标示的是心智空间,不能用来实施"把某物指给(pointing out)别人(看)"这样的言语行为。

推知 8:存在构式可以有疑问和否定形式,也可以作嵌入成分(embedded element)。

推知 9:存在构式里的谓语动词并不仅仅可以用一般现在时,可以和不同的助动词连用。

推知 10:中心存在构式和中心指示构式有同样的功能,把听者的注意力(awareness)集中在句中名词所指称的事物上。

推知 11:存在构式里的名词既可以是无定的,又可以是有定的,如 There was the usual argument in class today.

推知 12:存在构式里 there 出现在句首,句法成分 4(名词后面的补足成分)出现在句子末尾,如 There was no one *with his shirt on*.

推知 13:存在构式的谓语动词出现在名词短语之前,除非名词性成分是一个定指代词(definite pronoun)。

推知 14:存在构式的 there 是句子的主语(试比较:中心指示构式里是名词性成分作主语)。

推知 15:存在构式里句法成分 1 等于 there。

推知 16:和中心指示构式一样,中心存在构式里的句法成分 4 可以是动词短语也可以是动词 be,而且可以重复(例如,there's a man *standing at the front door mad as hell about to call the cops*.)。

推知 17：存在构式里的句法成分 3 是句法成分 4 的主语。
推知 18：中心存在构式里的句法成分 2 等于 be。
推知 19：0 是指句法成分 1、2、3 和 4 构成的句子。

根据以上推知，英语中心存在构式可以详细表征为：
中心存在构式
基础：中心指示构式
意义参数
语义成分
    1'：心智空间
    2'：表示心智空间里存在实体的述谓成分
    3'：实体
    4'：非继承性的述谓成分
    0'：命题（某实体存在某一心智空间）
    0"：命题（某实体和非继承性述谓成分构成的命题意义）
    S：说话人或言者
    H：听话人
功能
    把听话人的注意力集中在实体上
形式参数
句法成分
    0：由下列句法成分 1、2、3 和 4 组成的句子
    1：名词短语
    2：动词（常常是动词 be）
    3：名词短语
    4*：动词短语或像 2 那样的动词
词汇条件
    1 = there
    2 = be
句法条件
    句法条件 1：there 在句首
    句法条件 2：动词 be 在名词短语之前
    句法条件 3：句法成分 4 即句尾成分（final phrase）可以选择
    句法条件 4：句法成分 4 在句子末尾

句法条件 5：there 是句子 0 的主语

句法成分 6：名词短语 3 是句子的主语或者名词短语 3 是句法成分 4 的主语

句法条件 7：句法成分 1 和句法成分 3 在数（number）上保持一致，但是如果句法成分 1 统辖（govern）省略形式时，是可以选择的。

音位条件

句法成分 1 通常不重读

以上为依据中心存在 there-构式和中心指示 there-构式之间的"基础关系"对英语中心存在构式的形式参数和语义/语用参数之间的对应关系做出的分析和解释。仿此，依据中心存在 there-构式和非中心存在 there-构式之间的"基础关系"可以对英语中一些非中心存在构式的形式参数和语义/语用参数之间的对应关系做出合理的解释。

3.1.4 对 Lakoff 语法构式理论的认识

20 世纪 80 年代，Lakoff 和 Charles Fillmore 等一起在伯克利大学致力于语法构式理论的研究。Lakoff 语法构式理论的基本观点为：

（i）一个语法构式意义的描写和刻画应当参照心智空间、隐喻、转喻、理想化认知模型等认知语义。

（ii）语法构式是整体性的（holistic），其意义不是根据它们组成部分的意义，按照一般规则和原则计算出来的（compute）；而是根据它们的组成部分的意义推知的，是有理据的。语法中的许多规律（regularities）都可以用"理据"来解释。

（iii）语法构式不是生成规则运作过程中产生的副现象（epiphenomena），而是有真正的认知地位的（cognitive status），是语言的基本单位。

（iv）语法构式可以看做是辐射状的、有组织的范畴（radially structured categories）。语法构式之间为"基础关系（based-on relation）"，即次范畴构式是在原型范畴构式的基础上生发出来的，非中心构式是在中心构式的基础上生发出来的，一个范畴构式也可能是在另一个范畴构式的基础上生发出来的。

（v）语法构式的句法特征都是由这些构式的语义/语用条件决定的；句法特征里包含有语义/语用因素。

（vi）句法范畴不是自足的，也不是百分之百可以从语义中推知的。一个句法范畴的中心范畴是可以从语义中推知的，非中心范畴都是中心范畴有理据的延伸(motivated extensions)。

（vi）语法和词库是一个连续统。

（vii）语法构式研究的最终目的是要将其理论置入普通的象征理论模型（a general theory of symbolic models）。象征模型是形式模型和认知模型的对子，能够对具有认知现实性的、各种各样的形式—意义对应关系的理解（understanding）做出解释。

以上七点总结来讲：Lakoff 的语法构式思想和 Fillmore 等人的语法构式理论（参见第二章）都坚持，句法不是自足的，一个语法构式的句法研究必须考虑相关的语义和语用因素，语用因素直接参与一个语法构式的句法构建。语法构式是形式和意义的结合体①。语法和词库是一个连续统。Lakoff 的语法构式理论更加强调语法是人类认知的一个次系统，突出了语法构式的认知地位。Lakoff 的语法构式理论主要是借助心智空间、隐喻、转喻和理想化认知模型，探讨语法构式的形式参数和语义/语用参数之间的对应关系，解释一个语法构式语义生成的认知机制。不难看出，Lakoff 的构式语法思想与乔姆斯基的生成语言学理论存在着重大分歧，有些地方可以说是针锋相对，比如后者坚持句法是自足的，句法和语义分属不同的模块，等等。另外，虽然 Lakoff 的语法构式思想与乔姆斯基的生成语言学理论都承认语言与认知的关系，但我们认为二者还是有较大区别的。前者所说的"认知"主要是指一般的认知规律和特征，是人们普通认知能力的一部分；后者所说的"认知"主要是指人们先天的、与生俱有的语言习得机制或普遍语法知识。

Lakoff (1987: 582 – 583)认为，他的认知语法②理论是从生成语义学（generative semantics）和格语法理论中演变过来的。认知语法的一些基本原则也是生成语义学的基本原则。例如：1)语言是普通认知的一部分。2)语言的主要功能是表达意义。因此，语法应当尽可能直截了当地显示形式参数是怎样和意义参数连接在一起的。3)语法的主要功能是表意(meaning)和交际(communication)；语法应当以意义参数和交际功能为基础对形式参数做出详尽的解释。4)语用应当看做是交际语义(semantics of communication)。

---

① Lakoff 所说的"语法构式"与词项、有理据的习语和词素是并列的，因为他曾经这样讲到，"普通的语言理论应当包括对词项、有理据的习语、语法构式和词素的解释"（Lakoff 1987: 467）。

② 通常我们把 Lakoff 看做认知语义学理论的主要代表。这里所说的"认知语法(cognitive grammar)"与"生成语法(generative grammar)"相对，是指从认知角度研究语法，或者说是将语法看做是认知的一个次系统。

同时，Lakoff（1987：583）认为，认知语法理论和生成语义学也存在着一些不同的地方。在句法上，生成语义学推崇古典的转换语法思想，试图把逻辑形式当做潜在的句法结构将形式和意义连接在一起；认知语法拒绝接受转换语法思想，提出了语法构式理论，认为象征模型（形式和意义的直接对应关系）是语法的根本所在，语法构式是运用辐射结构构式范畴通过原型理论建构（organize）起来的。在语义上，生成语义学相信，逻辑学的模型理论（model theory）可以用来解释语义和语用现象；认知语法认为，模型理论对大部分语义和语用现象都不能做出解释，而基于经验的认知模型能够对此做出解释。Lakoff（1987：292）认为，意义不是一种事物（thing），事物本身是没有意义的，意义是对我们来说有意义的东西（Meaning is not a thing; it involves what is meaningful to us. Nothing is meaningful in itself）。意义性（meaningfulness）来自我们的体验，即将某一事物体验为某一环境中的一种存在（a being of a certain sort in an environment of a certain sort）。比如，我们说一些基本概念（basic-level concepts）是有意义的，因为这些概念代表着我们用部分—整体结构观察事物整体形状的方式，代表着我们用自己的身体体验事物的方式。我们说意象图式是有意义的，因为这些图式也是用来组织（尽管是非常粗略地）我们的感知活动和身体运动的。自然隐喻概念是有意义的，因为它们是以直接有意义的概念和与我们的经验相互关联为基础的。一些上指（superordinate）和从属概念是有意义的，因为它们植根于一些基本概念，是以这些概念的意义和目的为基础的延伸。

3.2 Goldberg 的构式语法理论

Goldberg 的构式语法理论认为，语法是由构式组成的（Goldberg 2005）。构式是业已习得的形式和意义或话语功能的对子（learned pairings of form with semantic or discourse function），包括词素、词、习语以及一般的语言结构形式（general linguistic patterns）（Goldberg 2006：6）；任何语言结构形式，只要其形式和功能的一些方面不能够从其组成部分或业已存在的构式中完全推知，都可以看做是构式。构式是一个有组织、有理据的网络系统，这样的网络系统代表着我们头脑里语言知识的总和。一种语言中的构式与构式之间是继承关系，通过这种继承关系可以发现语言中构式的普遍性。

Goldberg 的构式语法强调人们观察事件和事态方式的细微差别。构式语法研究是以看得到的（what is seen）句法结构形式为依据，不考虑深层的句法或零形式/语音成分(phonologically empty elements)。构式语法认为，构式是在输入(input)和普通认知机制的基础上习得的；不同语言中的构式有不同的习得方式。

3.2.1 构式

Goldberg (1995)在她的构式语法理论的奠基之作 *Constructions: A Construction Grammar Approach to Argument Structure* 中是这样定义构式的：

> 构式是形式和意义的对子(pair)。假如说 C 是一个构式，当且仅当 C 是一个形式和意义的对子 $<F_i, S_i>$，而且形式或意义的一些方面不能从 C 这个构式的组成部分或其他先前已有的构式中完全推知(strictly predictable)。
>
> (Goldberg 1995:4)

Goldberg 这里界定的"构式"涵盖非常宽泛。从表层结构形式(surface form)上看，任何一个语言表达形式(pattern)，不管是一个语素(如 anti-, pre-, -ing)、词汇(如 avocado, anaconda, and)、习语(如 jog someone's memory)，还是一个句子，不管是一个普通的结构形式(如 Chris gave Pat a ball.)，还是一个特殊的、复杂的短语或句子(如 The more you think about it, the less you understand.)，只要其形式和意义的一些方面不能够从构式的组成部分或现有的构式中完全推知，都可以看做是一个构式。这样，语言中存在着大大小小的、简单、复杂的构式。几乎可以说，我们在语言运用中所使用的表达形式都是由若干不同的构式结合而成的。例如，

(22) What did Liza buy the child?

这样一个语言表达式(linguistic pattern)，可以看做是由 Liza、buy、the、child、what、did 六个词汇构式组成的一个复杂构式；可以看做是由 what 和短语 Liza buy the child 构成的双及物构式；还可以看做是由疑问词 what 和一个主谓倒装小句 did Liza buy the child 构成的疑问句构式；等等。

Goldberg (2006)在她的新作 *Constructions at Work* 里对"构式"是这样定义的：

> 语法分析的所有层面都涉及构式；构式是业已习得的形式和意义或话语功能的对子，包括词素或词、习语、部分由固定词汇填充的短语结构(如 The Xer, the Yer)以及像 Subj aux VPpp(PPby)这样的常见的结构形式。
>
> (Goldberg 2006:5)

值得注意的是,和Goldberg(1995)的定义相比,这里将构式解释为习得的(learned)形义对子,强调语言中的构式是习得的,不是与生俱有的;将意义(semantics)和话语功能(discourse function)视为可替代物,或者说在构式里增添了话语功能这一语用因素;将Subj aux VPpp(PPby)这样的抽象结构形式明确包括在构式范畴里。

按照Goldberg对构式的这一定义,从语义和话语功能上看,同一个构式可以表达不同的意义。试比较:

(23) Sam joked his way into the meeting.

(23)可以表达"Sam got into the meeting by joking.(萨姆笑着进入会场。)";还可以表示"Sam went into the meeting (while) joking.(萨姆一边笑,一边进入会场。)"。前者表示萨姆进入会场的方式(means);后者表示萨姆进入会场的方法(manner)。(23)的"方法"义是从"方式"义延伸而来的。历时研究证明:(23)这类构式的"方式"义比"方法"义早400多年。

进一步观察发现,一个构式是一个有机的整体,表达一定的意义。不同组织形式的构式可以表达不同的语义和话语(discourse)功能。例如,

(24) a. Liza bought a book for Zach.
　　　b. Liza bought Zach a book. (Goldberg 2003)

(24a)为"主语+动词+宾语1+for+宾语2"构成的带for短语的双及物构式。(24b)为"主语+动词+宾语2+宾语1"构成的典型的双及物构式。在本族人的语感里,(24a)可以表示"Liza替Zach(给第三方)买了本书,可能是因为Zach太忙没时间亲自去买"。(24b)只能理解为"Liza买了本书送给Zach"。两句中,除了(24a)多一个介词for外,其他组成部分都相同。但是二者表达的意义存在着细微的差异。Goldberg(2003)认为,不同的表层结构形式象征着(are typically associated with)不同的语义和话语功能。正如Bolinger(1968:127)所说的,"不同的句法结构形式常常表示不同的意义。"

我们认为,在Goldberg的构式语法里,每一个构式都是一个独立的(separate)形义结合体。每一个构式的语义和话语功能并不是其组成部分的语义和话语功能的简单加合,而是大于其组成部分的语义和话语功能之和。每一个构式都是一个有机的整体(an integrated whole)。构式的一些句法、语义或话语功能是不能从其组成部分和其他现成的构式中完全推测出来或预知的。

3.2.2 动词和构式

3.2.2.1 动词的语义

Goldberg(1995,2006)的构式语法思想认为,一个动词所表达的意义通常是一个由若干参加者(participants)构成的语义框架①,一个五彩缤纷的大千世界和文化知识构成的背景框架。比如动词"买"表示"拿……换取……"这样一个语义框架。动词"买"的语义框架通常由购买者、购买物、卖者和计价等成分构成。在易货贸易时代,动词"买"的语义框架可能是由购买者、购买物、卖者和换取购买物的物品等构成;货币出现以后,动词"买"的语义框架可能是由购买者、购买物、卖者和货币等构成,没有换取物;随着商业经济的发展,动词"买"的语义框架可能是由购买者、购买物、卖者和支票构成;随着电子商务的兴起,动词"买"的语义框架可能是主要由购买者、卖者和网络销售等部分构成,货币、支票都没有了。

此外,Goldberg(1995)提出,一个动词的语义框架知识还包含有一些句法因素,限制和制约着名词、副词、介词或其他附加成分的使用和出现;而且还可以对一些语用推理做出解释。试比较:

(25) a. Sally, playing a child's game, avoided touching the crack by skipping over it.
  b. ?? Sally, playing a child's game, avoided touching the crack by crawling over it.　　　　　　　　(Goldberg 1995:31)
(26) a. Joe walked into the room slowly.
  b. ?? Joe careened into the room slowly. (Goldberg 1995:29)

(25)里,根据动词 skipping(蹦、跳)和 crawling(爬行、蠕动)的语义框架内容,skipping 表示从裂缝上面蹦过、跳过,可以推断这样的移动身体不与裂缝接触;而 crawling 表示从裂缝上爬过,可以推断这样的移动身体一般会与裂缝接触。所以,(25a)可以使用介词短语 over it;(25b)则限制介词短语 over it 的出现。同样,(26a)里动词 walk 表达可控制的身体移动,在 walk 语义框架里,walk 可以是有方向的身体移动,速度可以有快有慢,所以,walk 可以与介词短语 into the room 和副词 slowly 搭配使用。(26b)里动词 careen(歪

---

① 语义框架指意义通常是与某些特殊的背景框架(frame)或场景(scene)有关(Fillmore 1977)。

歪斜斜地疾驰)表达快速的、不能控制的身体移动,在 careen 的语义框架里,介词短语 into the room 可以出现,而副词 slowly 的出现就要受到限制了。

3.2.2.2 构式的语义

如上所述,一个动词所表达的语义是一个内容丰富的语义框架。与此相对,Goldberg(1995,2006)的构式语法将一个构式所表达的语义看做是一个复杂的、密切关联的意义家族(a family of closely related senses)。所以,Goldberg(1995:33)认为,构式是多义性的(polysemous),同一结构形式对应的是一组不同但又相互关联的意义。这一组意义往往有一个中心意义(central sense),代表着这个意义家族的典型成员。这个意义家族的其他成员所表达的意义都是从这个中心意义中延伸(extend)出来的。例如①,

(27) a. Chris baked Jan a cake.
  b. Bill promised his son a car.
  c. They bequeathed him a lot of money.
  d. Joe allowed Belly a popsicle.
  e. Joe refused Bob a raise in salary.
  f. Joe gave Pat a book.

(27a-f)同属英语双及物构式——"主语+动词+宾语1+宾语2"家族,但它们所表达的语义存在着细微的差别。(27a)表示,主语 Chris 烤了一块糕点,打算将这块糕点送给 Jan,但并不意味着 Jan 就一定收到了这块糕点,表达的是一种"意图传递"。(27b)也不表示一个严格意义上的传递,只表示 Bill 承诺给他的儿子一部车,是一种"有条件的(condition of satisfaction)传递"。(27c)表示一种"将来的传递"。(27d)表示一种"有能力的传递",即主语有能力使这种传递发生。与此相反,(27e)表示一种"否定或拒绝传递(negation of transfer)",即主语否定或拒绝使这种传递发生。(27f)表示一种"实实在在的成功传递",即主语 Joe 成功地把书传递给了 Pat,Pat 的确收到了书。(27f)是这个"传递"意义家族的典型成员。

(27a-f)分别表示"意图传递"、"有条件传递"、"将来传递"、"有能力传递"、"否定或拒绝传递"和"实实在在的成功传递"。这些不同的意义说明,英语双及物构式相对应的是一个系统性的、相互关联的意义家族。Goldberg(1995:33)发现,在这一组相关的意义中,(27f)所表达的"实实在在的

---

① 本节所引例句大都出自 Goldberg(1995),除非另有说明。恕不一一注出。

成功传递"是英语双及物构式的中心意义,概括为主语致使某人收到某物(X CAUSES Y to RECEIVE Z)。(27a-e)所表达的意义都可以看做是这一中心意义的延伸。

Goldberg(1995)认为,一个构式的中心(原型)语义常常是对人类经验中最基本的事件类型的编码。语言中基本的句子构式或叫论元结构构式(argument structure construction)①常常标示(designate)人类经验中的基本事件类型。这一认识Goldberg称之为"场景编码假设(scene encoding hypothesis)"。例如,"He taught me English."这样的SVOO构式常常标示"某人给某人做某事";"He has a lot of money."这样的SVO构式标示"某人拥有某物";"He is angry."这样的SVC构式标示"某人或物经历了状态的变化"一类事件;"The boy painted the door yellow."这样的SVOC构式标示"某人致使某事(发生)";等等。正如Langacker(1991:294-295)所指出的,语言是描写人类经验的工具。语言是围绕一些概念原型(conceptual archetypes)组织起来的。我们经验中的一些概念原型自然就成了一些基本语言结构(linguistic patterns)的中心意义。由于这些中心意义可以有不同方式的延伸义,结果一个具体语法结构形式如SVOO等对应的就是一个相互关联但又稍有差异的意义家族。

3.2.2.3 动词与构式的互动

一个动词的语义是一个丰富的语义框架;与动词对应的是由高度规约化的、具体的动作参加者角色(participant roles)组成的框架。一个构式的语义是一个相互关联的多义性的语义家族;与构式相联系的是由施动者、受动者之类的普通论元角色(argument roles)构成的论元结构(argument structure)。

那么,动词是怎样与构式互动的呢?Goldberg(1995)发现,动词与构式的互动表现为动词与构式的融合(fusion)。如果一个动词是与一个构式相联系的一类动词的一员,那么动词的参加者角色就有可能在语义上和论元结构构式的论元角色相融合(fuse)。这里意思是说,动词和构式的融合实际上是指动词被用在某一构式里,或者说动词出现在某一构式里。在这样的构式里,动词被看做是能够出现在该构式里的某一动词家族的一员,动词的参加者角色与该构式的论元结构的论元角色相融合。比如,动词send(送)与双及物构式的

---

① Goldberg(1995)的构式语法理论主要是建立在对论元结构构式的研究之上。因此,本章里的"构式"主要是指论元结构构式或句子构式,除非另有说明。

融合表现为：动词 send 可以看做是双及物构式 give 类动词的家族成员，send 的参加者 sender（施送者）和 sendee（被送物）所表达的语义可以和双及物构式的论元结构的施事论元和受事论元相融合。因此，我们可以说动词与构式的融合主要表现在动词的参加者和构式的论元结构的论元之间的融合。

　　Goldberg（1995）提出，动作参加者与论元结构论元的融合和动词与构式的融合有两条原则：语义连贯（semantic coherence）原则和对应（correspondence）原则。

　　语义连贯原则是指，角色 1（动词参加者角色）和角色 2（构式论元角色）的语义是连贯的，如果角色 1 可以识解为角色 2 的一个实例（instance）。这里，对角色 1 与角色 2 之间的语义连贯的识解取决于一般的范畴化原则。比如，当动词 kick 进入双及物构式"Joe kicked Bill the ball."时，动词 kick（踢）的语义框架里的参加者"踢者"与双及物构式里的施事论元连贯，二者便可以融合，因为"踢者"即实施"踢"动作的人可以识解为施事论元的一个实例（instance），或者说"踢者"被范畴化为施动者范畴的一个次范畴（subcategory）。构式语法认为，动词 kick 的参加者"踢者"只能与施事论元融合，不能与受事或接受者论元融合，因为"踢者"仅与施事的语义连贯或一致（Goldberg 1995：54）。所以，语义连贯原则坚持，只有那些语义上相互连贯或能够保持一致的参加者角色和论元角色才能够融合在一起。

　　另一条原则是对应原则。该原则是指由动词凸显的、实现为一定的语言表达形式的每一个参加者角色必须和构式凸显的一个论元①相融合。对应原则强调，动词语义凸显的参加者角色应当由构式凸显的论元来编码。比如，在 He sneezed. 这一不及物构式（X ACT）里，动词 sneezed 凸现一个参加者 sneezer（打喷嚏者），编码为构式的施事论元，换句话说，He sneezed. 里的参加者 sneezer 与不及物构式（X ACT）凸显的施事论元融合。

　　除了以上两条原则，Goldberg（1995）还发现，动词的参加者和构式的论元结构的论元融合的过程中，构式的论元结构的论元与动词的参加者有不对称现象；构式对动词的参加者角色有限制和选择作用，即构式不但可以给动词增添一个（些）参加者角色，还可以压制（suppress）动词的一个（些）参加者角色，或将动词的两个参加者合并为一个。具体有以下几种情况：

　　第一，如果一个动词有三个凸显的参加者角色，其中一个就可能要与构

---

① 构式的论元凸显。一个构式里有直接语法关系（主语、宾语 1、宾语 2）的每一个论元角色（施动者、受动者、接受者）都是由构式凸显的。

式的非凸显论元角色相融合。这种不对称被称为角色匹配错位（mismatch of roles）。具体来看动词 put 凸显的参加者角色和致使—移动构式凸显的论元结构论元的融合：

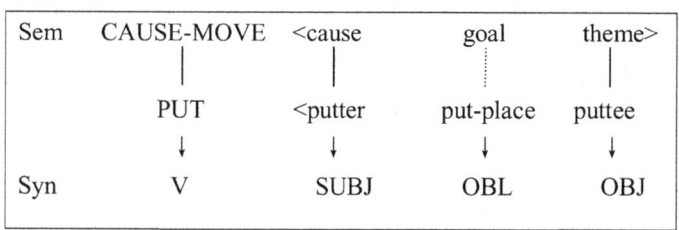

致使—移动构式与动词 put 的融合结构

当动词 put 出现在一个表示"致使—移动"义的论元结构＜使因，目标，客体＞里时，动词 put 的语义凸显有三个参加者角色：放置者（putter）、放置（某物）的地方（put-place）和放置物（puttee）。动词 put 凸显的方位参加者 put-place（放置某物的地方）与致使移动构式的非凸显论元——目标论元（goal）融合，如图中虚线所示。这样的角色匹配错位实际上是凸显的不对称匹配，即动词的一个凸显成分与构式的一个非凸显成分的匹配。

第二，动词的参加者和构式的论元结构的论元融合还有角色数量的不对称匹配，动词语义框架里的事件参加者角色数量少，构式论元结构里的论元（argument）数量多。构式可以给进入该构式的动词添加一个参加者。例如，动词 kick 框架里常常有踢者和被踢者两个参加者，当 kick 进入双及物构式后，双及物构式的论元结构（CAUSE — RECEIVE＜agent，recipient，patient＞）里有施动者、受动者和接受者三个论元，可以赋予动词 kick 一个接受者论元，或者说动词 kick 进入双及物构式时从构式那里获得了一个接受者论元。例如，

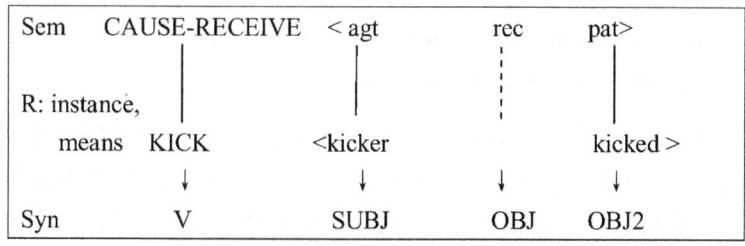

双及物构式与 kick 的融合结构

其他如，动词 sneeze 进入致使—移动构式 He sneezed the napkin off the table. 时，构式和动词的融合表现为，构式的论元结构 CAUSE — MOVE

<cause, goal, theme>赋予动词 sneeze 一个目标论元和一个客体论元,或者说动词 sneeze 从致使—移动构式里获得了两个论元,如下图所示:

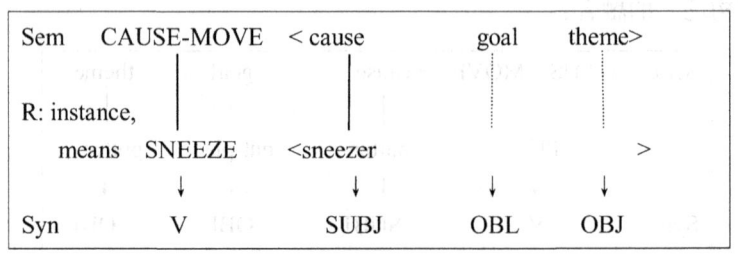

致使—移动构式与 sneeze 的融合结构

第三,动词的参加者和构式的论元结构的论元融合的过程中,构式的论元结构对动词的参加者有选择作用。比如,当动词 send(送)进入双及物构式时,双及物构式的论元结构 CAUSE — RECEIVE<agent, recipient, patient>要求送达的目标(send-goal)必须是一个表示有能力接受某物的人(们),不能够是一个地点等。试比较:

(28) a. Bill sent Joyce a walrus.
　　 b. They sent the zoo a pair of pandas.
　　 c. ?? They sent the station a pair of pandas.

(28b)里的送达目标 the zoo 可以理解为一个由若干人组成的单位,有能力接受 pandas;但是将(28c)里的 the station 理解为有能力接受 pandas 的单位或部门就比较勉强。

第四,动词的参加者和构式的论元结构的论元融合的过程中,构式还可以把动词的一个参加者放在"暗处",遮蔽(shade)起来,不予凸显。例如,

(29) a. The book was written by Tom in 1987.
　　 b. The book is easy for him to read.

(29a)为英语被动语态构式,施事 Tom 置于介词 by 后遮蔽起来,充当介词 by 的宾语。(29b)的 for him to read 里,不定式 to read 的施事 him 置于介词 for 后遮蔽起来,充当其宾语。这里的介词短语分别为句子的状语和补足成分,均处于非凸显位置,所以 Goldberg (1995:57)将这样的遮蔽现象称之为"去焦点化(deprofiling)"。

第五,动词的参加者和构式的论元结构的论元融合的过程中,构式的论元结构对动词的参加者有限制作用,可以把动词的某一个参加者切除掉

(cut)。例如，

　　（30）a. The book sells well.
　　　　　b. Tigers only kill at night.
　　　　　c. Pat gave and gave, but Chris took and took.

（30a）切除了动作的施事；（30b）和（30c）都是切除了动作的受事。这里说的"切除"和上面的"遮蔽"的区别为，被切除掉的成分一般情况下是不能复原的，如不可以说*This bread cuts easily by Sarah；而被遮蔽的内容常常在句子中用作附加性成分（adjunct）。Goldberg（1995）认为，"遮蔽"与乔姆斯基的"管约论"以及词汇功能语法（Lexical Functional Grammar）所说的压制（suppression）有相同之处。

　　第六，动词的参加者和构式的论元结构的论元融合的过程中，构式还可以把动词的两个参加者合并（merge）为一个，与论元结构的一个论元融合，如罗曼语里的反身构式（reflexive construction）。我们发现，汉语里的连动句"他做饭吃。"也可以看做是一种"合并"，即动词"做"的受事与动词"吃"的受事合并为一个参加者。

　　另一方面，动词与构式的互动还表现在：构式应当标定动词与构式整合（integration）的方式；应当对动词标示的事件与构式标示的事件之间的整合方式做出明确的规定。Goldberg（1995：59-65）发现，在一个句子构式里，动词和构式是通过所标示的事件类型（event type）整合在一起的。具体有以下几种方式：

　　（一）动词事件可以是构式事件的一个次类（subtype）。构式标示的是比较普通的、抽象的一类事件；而动词标示的是构式标示事件的一个具体的次类。例如，

　　（31）She handed him the ball.

（31）是一个双及物构式。双及物构式（CAUSE — RECEIVE＜agent, recipient, patient＞）标示"X成功地将某物传递给Y"，是一类比较抽象的事件。动词hand（传递）标示"用手来实施的一种传递"，是一个比较具体的事件。"用手传递"是"传递"的一个次类。

　　（二）动词事件可以标示构式事件实施的一种手段（means）。例如，

　　（32）Joe kicked Bob the ball.

（32）也是一个双及物构式，标示"X成功地将某物传递给Y"。很明显，动词kick（踢）标示Joe采用"脚踢"的手段把球传递给了Bob。"用脚踢传递"也

可以看做是"传递"的一个次类。

（三）动词事件可以标示构式事件的结果。例如，

(33) The fly buzzed out of the window.

(33)是一个不及物构式，这样的构式标示一类"移动"(motion)事件。动词 buzz（嗡嗡叫）标示苍蝇向窗外移动产生的结果，即发出嗡嗡叫的声音。动词标示的事件"嗡嗡叫地飞到窗外"是构式标示的事件"移动"的一个次类。

（四）动词事件可以标示构式事件的一个预件(precondition)。例如，

(34) Chris baked Mary a cake.

(34)是一个双及物构式，标示"X 成功地将某物传递给 Y"。动词 bake（烘烤）标示的事件是构式事件"传递"实现的一个预件，即构式所标示的"传递"这一事件是以动词所标示的事件的实现为先决条件的。动词事件"烘烤糕点"先实现，构式事件"把糕点传递给 Mary"才能够实现。"给 Mary 烘烤糕点"可以分析为"把糕点传递给 Mary"的一个次类。

（五）有时，动词标示的事件可以是构式标示的事件实现的方式(manner)或目的(intended result)。例如，

(35) They were clanging their way up and down the narrow streets.

(36) Mary knitted Tom a sweater.

(35)这样的句子构式称之为 way-构式，这样的构式标示"移动"事件。动词 clang（哐当哐当响）标示构式事件"他们在狭窄的街道上颠簸"实现的方式，即他们是哐当哐当地在狭窄的街道上移动。"哐当哐当地移动"是"移动"的一个次类。(36)是一个双及物构式，标示"X 成功地将某物传递给 Y"。动词 knit(织)标示的事件和构式事件是一种目的关系，即 Mary 织运动衫的目的是送给 Tom 一件运动衫。"给 Tom 织运动衫"可以分析为"送运动衫给 Tom"的一个次类。

可见，在一个构式里，动词与构式的整合是通过二者标示的事件之间的逻辑联系实现的。由此不难看出，在一个构式里，能够出现的动词数量越多(the larger the number of verbs that occur in a particular construction)，构式的能产性就越高(the higher the productivity of the construction)。反之亦然。Goldberg (1995)发现，英语双及物构式能产性较高、结果构式和 way-构式能产性较低，因为能够出现在双及物构式的动词（如表示"给与"、"制造"、"允许"、"致使"意义的动词，等等）比能够出现在后两种构式的要多。因此，动词是构式语义建构的重要因素，是推知句子意义的重要因素(a good predictor of sentence meaning)(Goldberg 2006：104)。

3.2.3 构式与构式的互动

构式是一个有组织的(structured)、有理据的(motivated)网络系统。构式与构式之间是通过继承关系(inheritance relations)实现连接的。这样的继承关系能够对构式的句法、语义和话语功能特征的理据或动因做出合理的解释。如下图所示：

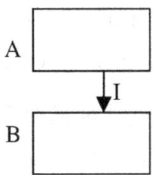

("I"代表"继承"；箭头表示继承关系)

Goldberg(1995:72)指出，"构式 A 是构式 B 的理据或动因(motivation)①，当且仅当，构式 B 是对构式 A 的继承。""构式 B 继承构式 A"具体是指这样一种关系，构式 A 控制(dominate)构式 B；构式 A 是构式 B 存在的理据或动因。换句话说，构式 A 能够对构式 B 做出解释或预测(prediction)(对比本章前一部分 Lakoff(1987)所说的 ecological location)。所以，继承关系能够使我们发现两构式的相同和相异的地方，能够对一些特殊构式的句法、语义和话语功能特征做出合理的解释或预测。

构式与构式之间通过继承关系实现的连接称之为继承连接(inheritance link)。Goldberg(1995)把继承连接概括为 4 种：多义性连接(polysemy links)、次部分(subpart)连接、实例(instance)连接和隐喻连接。

(一) 多义性连接

多义性连接是指一个构式的中心意义和中心意义的延伸义(extensions)之间的语义关系。中心意义构式和延伸义构式之间的关系是多义性连接。

---

① 英语 motivation 一词是索绪尔引进语言学的，常译作"动因"或"理据"。"动因"的意义介于可预测性(predictability)和任意性(arbitrariness)之间，通常包括解释(explanation)。寻求语言的动因或理据可以理解为溯因推理(abductive inference)在语言研究和学习中的运用；而可预则性就是溯因推理使用的结果(Goldberg 1995:69；沈家煊 2004)。认知语义学认为，语法里的动因是指，一个构式是有动因的，其结构形式是从语言中的其他构式里继承下来的(Lakoff 1987)。认知语法认为，我们不能够对语言中使用的结构形式做出预测，并不蕴含语言运用的选择是没有语义基础的(Langacker 1987)。

以双及物构式为例,延伸义构式(27a-e)和中心意义构式(27f)之间即为多义性连接。其他如,英语致使移动构式的中心意义是"X 致使 Y 移动 Z"。这一构式的中心意义的延伸为:

(37) a. Pat pushed the piano into the room.
b. Pat ordered him into the room.
c. Pat allowed Chris into the room.
d. Pat locked Chris into the room.
e. Pat assisted Chris into the room.

(37a)为中心意义构式,表示"成功地致使移动",即 Pat 成功地致使 the piano 移动到房间里。(37b-e)为其延伸义构式。具体来讲,(37b)表示"有条件地致使移动",即 Pat 通过命令使 him 移动到房间里;(37c)表示"有能力使移动",即 Pat 允准 Chris 移动到房间里;(37d)表示"使不移动",即 Pat 将 Chris 锁在房间里,使其不移动;(37e)表示"帮助移动",即 Pat 帮助 Chris 使其移动到房间里。可见,英语致使—移动构式是一个可以表示"成功地致使移动"和"有条件地致使移动"等多个意义的构式。表示"成功地致使移动"的构式是中心意义构式。表示"有条件地致使移动"和"有能力致使移动"等致使—移动构式可以看做是这个中心意义构式的延伸义构式,因为前者是对后者的继承。因此,可以说(37)里这些构式之间的关系是多义性连接。

在多义性连接的构式中,每一个延伸义构式都是一个以中心意义构式为动因的,并与其又略有不同的构式;每一个延伸意义都是由一个与中心意义构式略有不同的构式来表征的。Goldberg(1995)发现,双及物构式和致使移动构式虽属两类不同的构式,但它们在多义性连接方面存在着一些相同的地方:中心意义"传递"或"致使移动"与延伸意义之间的关系都表现为"有条件地传递/致使移动"、"有能力传递/致使移动"、"拒绝/使不传递/移动"。这些经常出现在语法里的连接方式可以视作一种高频现象,具有能产性(productivity),即可以作为一种生产方式对语言中的一些新的构式的出现做出合情合理的预测或解释。

(二) 次部分连接

当一个构式是另一个构式的一个部分(a proper subpart)而又可以独立存在时,两构式之间的关系可以看做是一种次部分连接。比如,不及物移动构式(intransitive move construction)和致使移动构式之间就是一种次部分连接,因为不及物移动构式的句法和语义内容是致使移动构式的句法和语义内容的一个部分。例如,

(38) Pat pushed the piano into the room.
(39) The piano moved into the room.

(38)为致使移动构式,(39)为不及物移动构式,二者之间的关系是次部分连接。(39)里的主语 The piano 是(38)里的宾语,(39)里的状语 into the room 和(38)里的状语相同。这里,(39)里的受动成分 The piano 和(38)里的受动成分对应;(39)里的旁格(oblique)成分 into the room 和(38)里的旁格成分对应。用简图表示为:

Pat pushed the piano into the room.

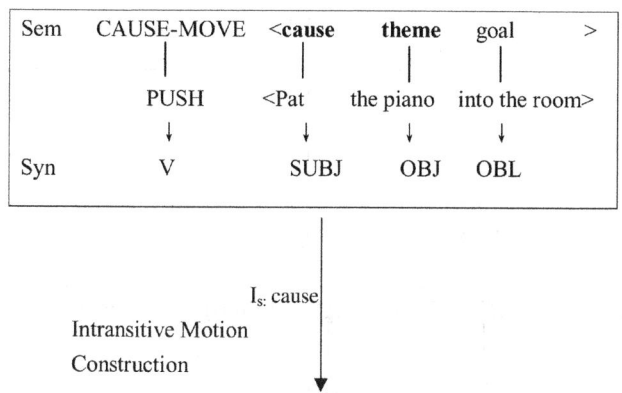

The piano moved into the room.

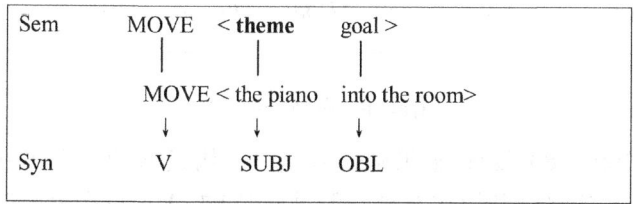

(I_s表示"次部分连接")

(三) 实例连接

当一个构式可以范畴化为另一个构式的一个次范畴或一个具体实例(a special instance)时,两构式之间的关系为实例连接。仅出现在某一特殊构式中的具体词项(lexical items)可以看做是该构式的实例,因为它们继承了该构式的语法和语义特征。例如,当动词 drive 用于结果构式(resultative construction)里时[1]表示一种特殊的意义,即限制结果构式中的目标论元

---

[1] 例如,Going on holiday with these horrible kids will drive me mad. (《COBUILD 英汉双解词典》)

(goal)表示 crazy(发疯)的意思。动词 drive 的这一语义特征范畴化为结果构式的一个实例,继承了结果构式的目标论元、表示结果和置于动词之后这样的语义和语法特征。如下图斜体部分所示:

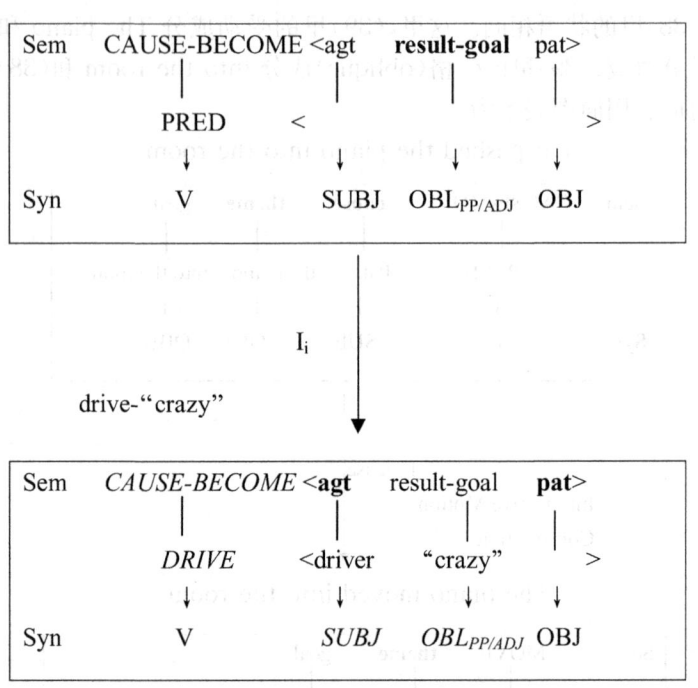

(I_i 表示"实例连接")

Goldberg(1995:80)发现,如果构式 A 是另一构式 B 的一个实例,那么,构式 A 通过实例连接受到构式 B 的控制,同时构式 A 通过次部分连接又控制构式 B。所以,上图不但表示 drive 这一词汇构式是结果构式(如 He roared himself hoarse.)的一个实例;同时还表示结果构式是 drive 词汇构式的次部分,如注释①中的 mad 等。这就意味着,构式与实例之间互为理据,即一个构式的实例可以是该构式的句法、语义和话语功能特征的动因或理据;反之亦然。

(四) 隐喻连接

隐喻连接是指一个构式和另一个构式之间的关系是通过隐喻实现连接的。换句话说,一个构式所表达的语义解释,是通过隐喻的方法由另一构式的语义延伸而来的。如下面(41)这样的结果构式可以看做是(40)这样的

致使—移动构式的隐喻延伸。试比较,

(40) Pat threw the metal off the table.
(41) Pat hammered the metal flat.

(40)表示,Pat 采用投掷或扔(throw)的方式致使 the metal(从某一地方)移动到了桌子下面。这里,介词补足语 off the table 表示 the metal 的方位的变化(physical change of location)。(41)的意思是,Pat 采用锤子击打(hammer)的方式致使 the metal(从一种状态)"移动"到"很平滑"(flat)的状态,即结果成为很平滑。这里,形容词补足语 flat 表示 the metal 状态的变化(change of state)。这样,结果短语 flat 通过隐喻投射到结果构式里的目标论元成分上,或者说是与结果构式的目标论元对应(Goldberg 1991);像(41)这样的结果构式和像(40)这样的致使—移动构式之间的关系就是一种隐喻连接,即将**表示状态变化的补足成分比喻为一种实际的方位变化**。我们可以把(40)和(41)之间的隐喻连接图示为:

Pat threw the metal off the table.

Sem	CAUSE-MOVE	<**cause**	goal	**theme** >
	THREW	<Pat	off the table	the metal>
Syn	V	SUBJ	OBLpp	OBL

I_m: change of state as change of location

Pat hammered the metal flat.

Sem	*CAUSE-BECOME*	<**agt**	result-goal	**pat** >
	HAMMERED	<Pat	flat	the metal>
Syn	V	SUBJ	OBL$_{PP/ADJ}$	OBJ

(I_m表示隐喻连接)

结果构式和致使移动构式的隐喻连接是通过将一个状态的变化比喻为一个实际的方位的变化来实现的。在这里,如果一个论元指称一个实际的事物,那么一个句子只能表述这个论元的一个移动路径(path)。这一唯一路径有两个含义:一是这个论元不能够表述为在同一时间移动到两个不同的位置;一是这个论元应当是在一个区域沿着同一条路径移动的。Goldberg(1995)将此称之为"唯一路径限制(unique path constraint)"。

Goldberg (1995)发现,"唯一路径限制"不但可以用于实际的移动还可以用于隐喻移动,可以对结果构式和双及物构式中大量不同的同现限制(co-occurrence restrictions)做出解释。

首先,结果构式一般不能够和表示方向的短语同现。试比较,

(42) *Sam kicked Bill black and blue out of the room.

(42)的 out of the room 是一个表示方向的介词补足语,不能够和结果构式同现,因为方向短语表示实际的方位变化,方位变化和结果构式的状态变化(black and blue)为两个不同的路径。

第二,结果成分不能够和双及物构式的受动论元(theme)同现。例如,

(43) *Joe kicked Bob a suitcase open.

因为双及物构式和结果构式表示的是两个不同路径的变化,而根据唯一路径限制,同一个句子只能表述一个路径,所以结果成分 open(表示状态的变化)不能够和双及物构式 Joe kicked Bob a suitcase(a suitcase 的传递)同现。

第三,两个不同的结果成分不能够出现在同一个构式里。例如,

(44) *She kicked him bloody dead.

这里,一个结果是 bloody(血淋淋的),一个是 dead(死亡),分属不同的路径,不能够同时出现在一个构式里。

最后,结果成分不能够和表示实际方向移动的动词同现。例如,

(45) *She ascended sick.

因为像 ascend(登高)这类表示实际方向移动的动词隐含一个具体的路径,而结果构式隐含的是一个不同的路径——患病。表示实际方向移动的路径应当是由受动论元(theme)来表述的,如"She ascended the ladder.",不能够用结果成分 sick 来表述。

3.3 对 Goldberg 构式语法理论的评述

3.3.1 Goldberg 构式语法理论的继承和创新

首先，Goldberg 的构式语法理论继承了 Fillmore & Kay 和 Lakoff 的"构式观"，从形式和意义两维度之间的对应关系出发，将语法构式看做是形式和意义结合的对子。Fillmore 等人(1988)基于对英语 let alone 习语的研究，将语法构式定义为，任何在语言中被赋予一种以上规约性的句法结构形式，包括这种句法结构形式的规约性意义和用法。Kay and Fillmore (1999)基于对英语 WXDY 构式的研究，将构式定义为"允准语言中一类实际构件①(a class of actual constructs)的一组条件(a set of conditions)"。Lakoff (1987:467)在对英语 there-构式个案研究的基础上，主张将构式看做是形式和意义的对子。"形式"是指一组句法和音位条件；"意义"是指一组意义和用法条件。Goldberg (1995:4)从论元结构出发，将任何形式或意义的一些方面不能从其组成部分或其他先前已有的构式中完全推知的语言表达形式都看做是构式，强调构式的形式和意义的部分不可推知性。按照Goldberg 的"构式观"，一种语言里的语素、词汇、短语、句子等任何层面都可以描写或分析为形式和意义的对子(pairings)，都可以看做是一个构式。构式是语言运用的基本单位(primary unit)。人们的语言知识的总和表现为一个由构式组成的网络系统。相比之下，Goldberg 的"构式观"是一种比较激进的构式观。我们认为这样的"构式观"是 Goldberg 构式语法理论的创新点之一。

第二，Goldberg 的"构式观"继承了 Lakoff 关于"构式是一个完整的格式塔"的思想，把构式定义为形义结合的整体，凸显了构式的整体性。Lakoff 提出，一个构式的意义大于其组成部分的意义之和，强调其语用意义和话语功能。Goldberg 认为，作为一个整体，一个构式有其具体的意义(即构式义)，这个意义不能从其组成部分完全推知。除此之外，构式的整体性(holistics)还表现在：

(i) 一个构式不但有明显的句法结构特征，而且还包含有丰富的语义特

---

① Construct 一词在认知语言学著作里比较常见，这里主要是指语言中的词汇、短语、句子等，我们这里译为"构件"。

征以及话语功能特征、信息结构特征等语用因素。构式集语法、语义和语用特征于一身。

（ii）构式可以区分为中心（或原型）构式和非中心（非原型）构式、核心构式和边缘构式以及一般构式和特殊构式。非中心构式与中心构式、边缘构式与核心构式以及特殊构式与一般构式之间为继承关系；非中心构式的一些句法语义特征是可以从中心构式中推知的；对一些特殊的、边缘构式的研究能够对一些一般的、核心构式做出合理的解释和说明。显然，Goldberg对构式的类型学研究，旨在说明构式的多义性，非中心构式不能弃之不顾，非中心构式的研究与中心构式的研究具有同等重要的理论价值和实际意义。

（iii）构式是一个复杂的、有组织的网络系统。对一些特殊的词汇、语素或短语结构的语义/语用功能和复杂的形式限制的说明和解释可以延伸到比较普通的、简单的、规则的结构形式中（Goldberg 2003）。

第三，Lakoff 将构式与构式之间的关系分析为"基础关系"，强调构式语义之间的延伸（extension）关系和生态系统；Goldberg 将构式与构式之间的关系分析为继承关系，强调的是构式的多义性（polysemy）和网络系统。

第四，Goldberg 继承了 Lakoff 关于"构式的理据性"的思想，提出"构式是一个有组织、有理据的网络系统"。Lakoff（1987）认为，语法构式的意义不是根据规则计算出来的，而是可以根据其组成部分的意义推知的，是有理据的。比如，英语存在 there-构式是指示 there-构式有理据的延伸；英语表示意愿传递、拒绝传递的构式是"X CAUSES Y TO RECEIVE Z"构式的有理据的延伸。Goldberg（2006）认为，理据性旨在解释为什么某一语言里存在着这样一种形式对子至少是可能的，甚至是自然的。比如，英语 trousers（裤子）、pants（裤子、衬裤）、shorts（短裤）都用复数形式，一般不以单数形式出现。这样的复数形式使用的理据是它们的指称都是由相同的两部分组成的（bipartite structure）。

第五，Goldberg 继承了 Lakoff 关于"构式的意义的可推知性（predictability）"的思想。Lakoff（1987）对英语 there-构式的个案研究表明，非中心指示 there-构式的一些句法和语义/语用条件是可以从中心指示 there-构式中推知的。Goldberg 的构式语法思想既承认构式的句法和语义/语用可推知性的一面，如 3.2.3 提到的动词 drive 对结果构式语义的影响和贡献；又不否认构式的句法和语义/语用同时存在着一些规约性的、不可完全推知的一面（强调构式义（constructional meaning）），并且将其作为定义"构式"的重要参考。

第六,Goldberg 构式语法理论的创新突出表现在从构式语法角度研究论元结构。按照 Goldberg 本人的看法,这一研究视角的优势在于:可以解释一些不合情理的动词意义;可以避免循环论证;可以对动词出现在不同构式中所带来的意义上的细微差别做出非常经济的解释,而无需罗列出繁杂的动词意义;保留了语义的合成性(compositionality),即句子层面的构式包含有独立于动词和其他词项的规约性的抽象意义。

第七,Goldberg 构式语法理论的创新还表现在对语言的普遍性(generalization in language)本质的研究。Goldberg(2006:229)认为,语言是习得的(Language is learned.)。语言的普遍性和其他认知域的普遍性一样,是在现有的实例基础上概括、抽象出来的。在自然语言中经常发现的不规则输入的促动下,儿童很快就能学会和掌握这些普遍性。

第八,Goldberg 的构式语法理论的另一个重要创新之处表现在对构式的重新界定。Langacker(1987)的认知语法将构式定义为,由复杂的象征结构组成的单位,包括一个复杂的词汇、由一个以上自由语素构成的短语或句子,都是构式。一个构式的主要成分或者说全部成分,包括组成结构、这些结构在音位极和语义极的整合以及整合而成的合成结构,都是象征性的(Langacker 1987:409)。我们认为,认知语法对构式定义的核心是"象征性(symbolization)"。Goldberg 的构式语法理论对构式的定义,核心在"预测性(predictability)"。一个成分的形式或意义的任何方面只要被证实是不能从其组成部分的特征中推知的,这个成分就可以看做是一个构式。Goldberg 认为,任何复杂词汇、短语或句子只有当它们的意义或形式有不可预测的方面时,才可视为构式。

3.3.2　Goldberg 的构式语法理论与 Chomsky 的生成语法理论

Goldberg 的构式语法理论与主流生成语法理论存在着重大的分歧。主要有:1)生成语法认为,通过研究语言的形式结构,不考虑语义和话语功能,就能够揭示语言的本质。构式语法将"构式"看做是形式和语义/话语功能结合的对子,通过构式的形式可以推知(准确说部分推知)构式的语义/话语功能,反之亦然。语言研究不能将形式和意义割裂开来。离开形式,意义研究成了"无源之水";离开意义,纯粹形式的研究成了"空中楼阁"。2)生成语法认为,句法结构的意义来自词汇的心智词典(mental dictionary of words),也就是词库(lexicon);不同的句法结构形式有其相同的深层结构(deep structure),忽视了一些句法结构(patterns)的语用和话语功能的差别。Goldberg 认为,一个构式的意义和其形式是对应的,不同结构形式的构式表达不同的意义。Goldberg 的构式语法不严格区分语义和语用,将信息焦点、主题性、语域等语用因素都归入语义信息。3)生成语法把半规则的(semi-regular)和不同语言中的一些特殊句法结构看做是边缘成分,一小部分看做是核心成分。核心语言的复杂性是不能够通过一般的认知加工学会的,学习者必须掌握语言的硬件知识(hard-wired knowledge)即普遍语法。构式语法理论认为,如果构式能够对语言的一些边缘现象做出解释,我们就没有理由不承认构式同样能够对语言的一些核心现象做出解释(Goldberg 2006)。

尽管如此,二者也存在着一些共享的内容。构式语法和生成语法 1)都将语言看做是一种认知系统,尽管二者对"认知"的界定是不同的;2)都相信语言中一定存在着一种方法把一些结构(structure)组织起来创造出新的话语(utterances);3)都承认语言习得研究是必要的,尽管生成语法强调语言是通过普遍语法习得的,而构式语法强调语言是通过频繁的使用或输入学会的。

3.3.3 对 Goldberg 构式语法理论的质疑

Goldberg 将构式看做是形式和意义的对子,而且形式或意义的一些方面不能从构式的组成部分或其他先前已有的构式中完全推知。认知语言学家 Langacker (2005)质疑,这样的定义是否算是提出了一个人为的分界呢?根据这一定义,语言系统里不包括那些言者习得的表达式,也排除了一个语言社团里的规约性用法,只有那些规则的用法(regular use)。如果这些都是习得的、规约性的,又是语言运用中使用的,为什么不能算做是语言的一部分呢?另一点,Langacker (2005)发现,与认知语法相比,Goldberg 的构式语法虽然对凸显(profiling)和参加者的显著性有所提及,但忽略了认知语法中提到的识解问题(construal),没有对此做出全面系统的阐述。还有一点,Langacker (2005)认为,构式语法不愿意承认动词的语义和构式的语义之间的相互联系是不合适的。Goldberg (1995:13)谈到,当动词出现在不同的构式里时,整个构式表达不同的语义。但是,构式的语义差别不能归结于动词的语义,而应当归于构式自身。Langacker (2005)认为,像"He sneezed the napkin off the table."里的 sneeze(打喷嚏)可以说是缺乏通常的"引起移动"的意思,这个句子构式里"引起移动"的意思应归于构式本身。但是,"Mia kicked the ball into the stands."里的 kick 是否有"引起移动"的意思并引发了由 into the stands 所表达的路径图式呢?Langacker 认为,与动词 sneeze 不同,动词 kick 表示"引起移动"是一种沉淀在语言中的规约性用法。

构式"Mia kicked the ball into the stands."表示"引起移动"的意思与动词的规约意义有关。

除了 Langacker 外,Iwata(2005)对 Goldberg 严格划分动词意义和构式意义以及对动词意义研究的不足,提出了一些改进方案。Iwata(2005)研究了"John loaded bricks onto the wagon."和"John loaded the wagon with bricks."这样的"位置交换句(locative alternation)",发现 Goldberg(1995)仅仅把动词意义标示为一组参加者(loader,container,loaded-theme)是不够的,因为它不能告诉我们为什么只有动词 load,而不是动词 pour 或 fill 可以与两个不同的构式融合,尽管动词 pour 和 fill 也有类似的参加者。Iwata(2005)的形义对应模型(form-meaning correspondence model)一方面认为,像"X affects Y"和"X causes Y to move Z"这样的题元核(thematic core)是句法结构和语义结构之间的对应关系的媒介。另一方面,Iwata 将构式里动词的意义区分为中心词意义(Lexical Head Level Meaning)和短语层意义(Phrasal Level Meaning)。中心词意义独立于任何句法框架,可以看做是动词的框架语义知识。短语层意义是与特定的句法框架相联系的,是与那个句法框架相应的题元核融合的结果。第三方面,Iwata 的模型将动词的框架语义知识看做是一个整体,展示中心词意义的本质特征。根据 Iwata 的形义对应模型,当凸显"装载/传递"活动时,动词 load 可以用于[V NP onto NP]句法结构中。当凸显活动的完成时,动词 load 可以用在[V NP with NP]句法结构中。可见,Iwata 的分析模型是对 Goldberg 构式语法理论的补充。

赫尔辛基大学的 Jan-Ola Östman(2005)在对芬兰语里的菜谱、讣告、说明书等语篇研究的基础上,提出构式语法受传统语法的影响主要关注的是词汇和句子,忽略了对高一层次的语篇的研究;认为语篇模式(discourse patterns)和语篇类型都可以从构式角度进行研究,语篇构式是一个抽象的实体,是一种理想化的认知模型;主张构式语法的语篇转向,即从对词汇和句子的构式研究拓宽到语篇的构式研究。

在国内,沈家煊(2000)运用构式语法理论解释了汉语的"偷"和"抢"的语义凸显差异。他认为,动词的语义凸显差异与动词的"理想化认知模型(idealized cognitive model or ICM)"有关。比如,动词"偷"的 ICM 包括"偷<偷窃者,被偷者,失窃物>";"抢"的 ICM 包括"抢<抢劫者,被抢者,抢劫物>"。"偷"的 ICM 凸显的是"偷窃者"和"失窃物";"抢"的 ICM 凸显的是"抢劫者"和"被抢者"。张伯江(2000)研究了汉语"把"字句的构式意义,认为构式本身是一个完整的图式,其间各个组成成分的次序、远近、多寡都是造成构式意义的重要因素。陆俭明(2004)用构式语法理论解释汉语的问题。他提出,为什么相同的词类序列、相同的词语、相同的构造层次,而且相同的语法结构关系,甚至用传统的眼光来看还是相同的语义结构关系,会造成不同的句式,表示不同的句式意义呢？Goldberg虽然注意到了这个问题,但没有深入论述。陆俭明认为,要解决这样的问题,必须考虑词语的语法多功能性和词语的语义多功能性。显然,陆俭明试图用词语的语法、语义的多功能性解释语言中多种构式的形式与存在。

王黎(2005)从"人对客观事物的感知所得最后怎样用言辞表达出来"这一认知角度出发,主张用构式理论来解释多功能性,而不是用多功能性理论来解释构式。王黎(2005)提出,当一个客观事物需要被表达出来时,就要借助语言这个媒介物。起点是客观事件,终点是语言的句子。顺序为"事件→认知域图式→深层语义框架→表层语言构式→表层语言句子"。在语言层面,意义最终地被凸现出来。王黎(2005)的结论是：在语言层面,每一个词项的语义要求与限制,均是由构式决定的——语义表达框架决定语言表达构式,而构式决定其组成成分的数目、性质和组合方式,并规定具体的词项。

徐盛桓(2007)在生成整体论思想指引下,从相邻关系视角对无"给予"义(动词的词典义)的双及物构式进行了深入探讨,认为 SV(NON—GIVE) O (HUMAN)O(THING)所具有的"给予"构式义并非无源之水,不能绝对地说"给予"构式义不能归因于所涉及的词项。徐盛桓发现,所谓 V(NON—GIVE)动词,不是指随便的任何一个及物动词,它们所表示的动作应该是蕴含了"给予"过程的;由 V(NON—GIVE)这样的动词固化下来的构式 SV(GIVE)OO 的谓元结构,为蕴含"给予"过程的这些动词进入这一构式提供了可能,即这一构式所形成的"给予"事件的特定的语境使进入这一构式的动词能够将原来已经蕴含的"给予"过程释放出来。

熊学亮(2008,2009)把复合结构"构式"定义为"句法形式和基本认知经验的配对";把通过"系统传承"衍生的"构式变体"即义元组合看成是"由构式到构式"的复合结构的增效现象;构式可以分为"增效"和"非增效"两类。熊学亮认为,Goldberg 的"形式与意义配对"构式定义涉及面太宽;把"构式"和"论元结构"简单联系,混淆了"构式"的部分运作规律。

除了运用构式语法理论分析和解释一些汉语和英语现象外,国内也有对构式语法理论进行深入探讨的。邓云华和石毓智(2007)讨论了构式语法理论产生的背景,指出了构式语法研究取得的主要进展以及存在着的一些局限性。他们认为,构式语法理论进一步印证了认知语言学的基本原则：语法形式和意义之间存在着——映射关系。构式语法理论主张从大量经验事实上归纳其结构,概括其语义值,具有建立在经验事实上的直观性。构式语法将核心和边缘结构视为具有同样的理论价值,不同使用频率的结构形式得到了同样的重视。除此之外,构式语法理论研究的对象明确而具体,可以成功地解释语法化的诱因。构式语法主张,不论是高度能产的结构还是高度限制的结构,人们只有通过模仿和记忆才能掌握其形式和意义之间的关系,而不可能是靠一些规则推出的。这一认识符合儿童的语言习得过程。同时,他们认为构式语法理论也存在着明显的局限性。首先,构式语法对构式的定义把构式等同于语言单位,结果对复杂的语法结构、词甚至语素一视同仁,掩盖了本质上极不相同的两类语言现象,也不利于对语言的深入探讨。其次,构式语法尚未解决语法结构的多义性问题;无法解释一个构式的跨语言的差异;适用的结构类型有限;确立语法结构的标准不明确;语言观模糊不清。陈满华(2009)针对国内一些学者对构式语法理论的质疑提出,构式语法承认构式与词项有互动关系;构式语法实际形成了句法、语用相融观;Goldberg 所说的"形式—功能配对"里的"功能"不单指句法功能;构式语法提出的构式语义网络体系是客观存在的。严辰松(2006)也提出过三点质疑:(1)构式语法能否对语言做出全面的描述和解释?(2)构式分属不同的层次,它们的抽象程度不一,所谓的不可预测性也不可同日而语。实体构式,如 red tape、white elephant 等毕竟不同于抽象句型类的图式构式,构式与构式之间的复杂程度迥异。语言中到底有多少构式,能否穷尽?词库如何建立?组合法则如何确定和描述,即便是构式的组合?(3)语言的词、习惯用语、搭配、句型都有自己的独特之处。就词汇而言,Bolinger 就认为语言中没有真正意义上的同义词,由于风格、语域、修辞等各种原因,词都有自己的个性。这些个性如都属于不可预测性,那就是说所有的词都分别是构式,这样语言中有多少个词就有多少个构式。这岂不是影响了语法分析的简约性和概括性?

第四章
Langacker 和 Taylor 的认知语法对构式的研究

美国加州大学圣地亚哥分校的 R. W. Langacker 教授于 1987 年和 1991 年先后出版了两卷本巨著 *Foundations of Cognitive Grammar*(《认知语法基础》),在语言学研究,尤其是认知语言学研究领域,引起了广泛的关注,被誉为认知语言学研究的"圣经"。《认知语法基础》对语法构式(grammatical construction)的定义、分类和组成(constituency)等进行了非常深入的探讨,形成了独特的构式思想。在这里,Langacker 将构式定义为"象征结构的汇集";将构式分为原型和非原型构式;认为构式的组成是通过其组成部分或象征结构之间的对应关系实现的。

Langacker 认知语法的追随者 J. R. Taylor 2002 年在牛津大学出版社出版了 *Cognitive Grammar*(《认知语法》)一书。该书最后一章对构式与构式图式、构式习语和构式的生境等问题进行了专题讨论。作者采取了比较激进的态度,认为任何可以分析为若干组成部分的语言结构都可以看做是构式,并从图式角度对构式的生成机制进行了比较深入的研究。

下面我们先来谈 Langacker 的构式理论。

4.1 Langacker 的认知语法对构式的研究

Langacker(2005)指出,构式语法和认知语法两种认知语言学理论并行发展,在一些理论问题上观点基本相同。Langacker 的认知语法对构式的研究基于"语言的象征性"这一思想,对构式做出了明确的界定,对构式的生成机制进行了富有见地的探讨。Langacker 在 2008 年出版的 *Cognitive Grammar: A Basic Introduction* 一书第二部分第六、七两节详细论述了认知语法的构式思想。其要义大致可概括为:一个构式是按照一定的语法配价关系联结而成的复杂的象征结构。一个构式组成部分的联结是通过这些组成部分的语义凸显之间的对应关系(correspondence)实现的。一个构式的核心语义是由其组成部分的语义凸显(semantic profile)决定的。这一思想主要包括认知语法的"语法观"、"构式观"以及构式的生成机制等。

4.1.1 认知语法的"语法观"

认知语法研究将"语法(grammars)"分为两种：一种是语法学家们撰写的语法；一种是语言学理论家们设想的语法。语法学家们的语法在许多方面是含糊的(inexplicit)、选择性的，比如教学语法、交际语法、口语语法和书面语语法等。语言学理论家们的语法是清晰的、穷尽性的(exhaustive)，而且具有心理现实性(psychologically accurate)。认知语法属于语言学理论家们设想的语法(Langacker 1987：56)。

在认知语法里，语言是一种认知实体(cognitive entity)；言语符号(speech signal)既是物理性的，又是心理性的符号。Langacker(1987：78)认为，一种语言的语法是一种语言能力(linguistic abilities)，包括心智能力、感知能力和实际运用语言的能力。具体来说，语法就是语言运用者对现成的语言规约性的理解和把握的认知组织能力。因此，认知语法将语言系统的心理表征作为其描写的对象，把语法定义为："规约性的、有组织的语言单位的清单"(a structured inventory of conventional linguistic units)(Langacker 1987：78)。这一定义里有两个关键词：语言单位和清单。

首先来谈"语言单位(linguistic unit)"。认知语法所说的"语言单位"是一种认知结构(cognitive structure)，是指语言运用者不用考虑其构成成分及分布，就可以成功地用于表达思想、交流感情的结构形式。这样的结构形式或语言单位有两极：语义极(semantic pole)和音位极(phonological pole)。来自音位极的音位结构或成分与来自语义极的语义结构或成分之间是象征关系。在一个语言单位里，一定的音位结构或成分象征着一定的语义结构或成分；音位结构或成分和对应的语义结构或成分组成一个象征单位(symbolic unit)。因此，语言单位是具有象征意义的认知结构。由此而论，语法从本质上讲是象征性的。

语言单位的另一个特征是"规约性(conventionality)"。从客观上讲，一个规约性的语言单位就是一个语言社团共享的一种语言表达形式。例如，开封人管没结婚的年轻女子叫"妞"、没结婚的未成年男子叫"孩(hao)"，"妞"和"孩(hao)"就是这个语言社团里的规约性语言单位。从主观上讲，规约性还包括语言运用者从社会语言学角度对这样的语言单位的认识(the conception of the sociolinguistic status)。比如，英语sir(先生)一词的使用显示了说话人和听话人之间社会地位的不同。所以,英语 sir 是一个规约性的语言单位,不但是说语言运用者知道这是普遍使用的一种结构形式,而且还表明语言运用者从社会语言学角度认识到这个语言单位暗示说话人和听话人社会地位的差异。概括来讲,语言单位的"规约性"实际上是指语言运用者大脑里贮存的、现成的语言知识(linguistic knowledge)。

接着来谈"清单(inventory)"。语法是规约性的语言单位的"有组织的清单"。语法是一个"清单",是指语法的非建构性本质(nonconstructive nature)。语法既不是对生成一种语言里所有的合格句子的规则(rules)的描写;又不是一种生成方式,通过一系列操作,即可输出完全合格的句子。一个新的语言表达形式或者说语言运用中所使用的语言单位,不是直接来自语法或语法规则,而是来自语言运用者头脑里的语言规约性知识。这样的规约性知识给语言运用者提供了大量的语言单位,或者说是一个包括语素、词汇、短语、句子等语言单位以及现成的句型模式(established patterns)的清单。因此,从一定意义上讲,语法清单就是语言运用者在大量的语言运用(use)实践中积淀下来的、储存在语言运用者大脑里的语法知识。

认知语法研究发现,开列有大量的语言单位的语法清单并非是一盘散沙,杂乱无章地储存在语言运用者的大脑里,而是有组织的(structured)。按照我们的理解,所谓"有组织的清单",一方面是指语言运用者把储存在大脑里的语言单位按照现成的句型模式组织在一起,比如,按照 SVO 这一句型模式,可以把能够充当 S、V 和 O 的语言单位有次序地组织在一起;另一方面是指语法清单里的较大的语言单位是由较小的语言单位组织起来的,较具体的语言单位是从较抽象的语言单位派生出来的。比如,SVO 这样一个较大的语言单位是由 S、V 和 O 这些较小的语言单位组织起来的,"I love you."这样一个具体的语言单位是由 SVO 这样的较抽象的语言单位派生出来的。

因此,语法是语言单位的有组织的清单实质上是说,一种语言的语法就是语言运用者运用自己所掌握的语言规约性知识来组织语言单位的能力。这些组织起来的语言单位不是像零售商摆在货架上的、装有不同商品的一个个不相干的盒子,而是一个庞大的、有组织的(structured)清单,一些语言单位是另一些语言单位的组成部分。例如,音位单位[d]、[o]和[g]是高一层的音位单位[[d]-[o]-[g]]的组成部分;音位单位[[d]-[o]-[g]]结合语义单位[DOG]构成一个象征单位[[DOG]/[[d]-[o]-[g]]],音位单位[[d]-[o]-[g]]和语义单位[DOG]分别又是象征单位[[DOG]/[[d]-[o]-[g]]]的组成部分;如果再加上一个复数词尾,象征单位[[DOG]/[[d]-[o]-[g]]]又是象征单位[[DOG]+[PL]/[[d]-[o]-[g]]+

[z]]]的组成部分;……显然,一个单位可以是无数个高一层单位的组成部分。语法就是这样一个由不同层级的语言单位组织起来的庞大的清单。

4.1.2 认知语法的"构式观"

构式是象征结构的汇集。在认知语法框架里,语法就是把词素或简单的表达式组合起来构成复杂的象征结构(more elaborate symbolic structures)。这样的象征结构称之为"语法构式(grammatical construction)①"。一个象征结构,简单来讲,就是语义结构和音位结构的配对(pairing)②。构式就是由若干这样的音位结构和语义结构结合的对子汇集(assemble)而成的复杂的象征结构。以英语 pins 为例,pins 是由象征结构[[PIN]/[pin]]和象征结构[[PL]/[-z]]汇集而成的构式,记为[[[PIN] + [PL]]/[[pin] + [-z]]]。具体来讲,象征结构[[PIN]/[pin]]是语义结构[PIN]和音位结构[pin]的配对。象征结构[[PL]/[-z]]是语义结构[PL]和音位结构[-z]的配对。这两个象征结构汇集在一起就是 pins 构式——[[[PIN] + [PL]]/[[pin] + [-z]]]。如下图所示:

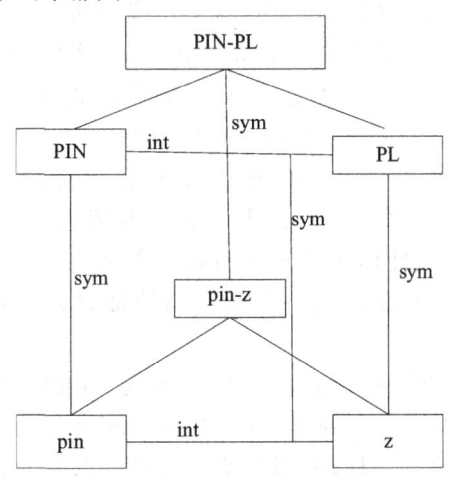

(sym 表示"象征关系";int 表示"整合")

---

① 本书里 grammatical construction 和 construction 不予区别,因为据我们观察,这两个术语在不同研究者的笔下含义基本相同,对应的汉语"语法构式"和"构式"可替换使用。
② Langacker 这里将一个象征结构看做是语义结构和音位结构的配对。所谓"配对",我们认为主要是指语义结构和音位结构的对应关系(correspondence relation)。语义结构和对应的音位结构之间的对应关系是通过象征关系连接实现的,即一定的音位结构象征着一定的语义结构。

如上图所示,构式 pins 是由象征结构[[PIN]/[pin]]和象征结构[[PL]/[-z]]汇集而成的,其中包括 4 个象征关系:1)最上面的语义结构[PIN-PL]和中间的音位结构[pin-z]之间是象征关系;2)语义结构[PIN]和音位结构[pin]之间是象征关系;3)语义结构[PL]和音位结构[-z]之间是象征关系;4)语义结构[PIN]与语义结构[PL]之间的整合(integrate)和音位结构[pin]与音位结构[-z]之间的整合也是一种象征关系。因此,我们认为认知语法"构式观"的核心思想是"象征关系(symbolic relation)";构式的本质是象征性的。

从简单构式到复杂构式是一个构式连续统。认知语法研究发现,构式有像上面所说的 pins 这样较小的、简单的词汇构式(lexical construction),还有像英语"under the table"这样的短语构式以及像"From the pitcher's mound to home plate, the grass has all been worn away."这样的比较复杂的句子构式。从简单的词汇构式到复杂的短语构式或句子构式是一个构式连续统(constructional continuum)。构式是语言运用的基本单位。

构式可以分为抽象构式和实例构式。按照认知语法的"构式观",像英语 pins 这样的构式是比较具体的(specific)实例构式(instantial construction);相对实例构式,还有比较抽象的图式性构式(constructional schema or schematic construction),如 NP 构式。NP 图式性构式是从众多像 pins 这样的实例构式(如 apple/teachers/desks/the football under the table 等)中抽取出来的、能够代表这类实例构式共同特征的抽象构式。实例构式和图式性构式之间为图式—实例关系(schema-instance relation),即图式构式表征实例构式的共同特征,实例构式是图式构式的具体例子。

构式还可以分为原型构式和非原型构式。Langacker(1991:294-295)指出,语言是围绕基本的概念原型(conceptual archetypes)组织起来的。语言中的构式也是一样,根据其整合方式可以分为原型构式和非原型构式。原型构式通常是由两个象征结构整合而成的合成象征结构(composite symbolic structure)。用 A 代表一个原型构式,B 和 C 代表两个象征结构,原型构式 A 是由 B 和 C 整合而成的合成象征结构(composite symbolic structure)。B 和 C 在音位极的整合象征着 B 和 C 在语义极的整合。这样的整合是通过两象征结构的组成部分之间的对应关系(correspondence)实现的。两象征结构的对应部分并入(merge)合成象征结构,生成合成象征结构。以英语 smart woman 为例,这一原型构式是由象征结构 smart 和

woman 整合而成的。如下图所示：

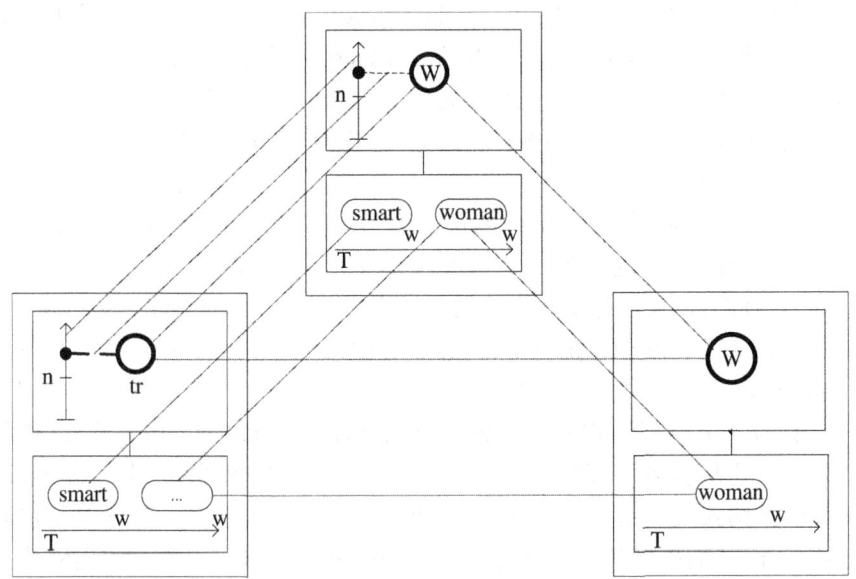

左下角的小方框代表象征结构 smart；右边的小方框代表象征结构 woman；上面的小方框代表二者合成的原型构式 smart woman。每个小方块里下方的方框代表音位结构；上方的方框代表语义结构；中间的竖线代表象征关系（symbolic relation）。

首先，在语义极，形容词 SMART 凸显一种关系，其中竖直向上的箭头表示智商，n 点表示中等智商，SMART 凸显的关系中的射体位于 n 点之上，意即高于一般智商；右边的名词 WOMAN 凸显一个实体，用粗体圆圈表示，其中的 W 代表名词 WOMAN 凸显的实体的语义特征，比如女性、有智商等。由于形容词 SMART 凸显的关系中的射体和名词 WOMAN 凸显的实体对应，两成分整合为合成语义结构[SMART WOMAN]，即一个由 woman 凸显的、智商高于一般人的女性实体，如原型构式里上方的小方块所示。在音位极，象征结构 smart 里下面方框的箭头代表语流的方向，先发出 smart，紧接着发出 woman，二者整合为合成音位结构[smart woman]，如原型构式下方的方框所示。这一音位结构的整合象征着语义极上 smart 凸显的关系中的射体和名词 woman 凸显的实体之间的整合，如原型构式中上下两方框中间的竖线所示，合为合成音位结构[smart woman]象征着合成语义结构[SMART WOMAN]。

第二，在一个原型构式里，其中一个象征结构凸显一个图式性成分，这一成分被另一个象征结构的语义凸显阐释(elaborate)。这一象征结构的语义凸显相当于提供了一个阐释位(elaboration site or e-site)(参见牛保义2008a)。比如,在 smart woman 中,形容词 smart 凸显的射体是一个图式性的成分①,名词 woman 的语义凸显是一个比较具体的实体,对 smart 凸显的图式性射体做出了具体的阐释。因此,形容词 smart 的语义凸显相当于提供了一个阐释位。

第三,原型构式的合成结构的语义凸显是对其中一个象征结构语义凸显的继承(inherit),这一象征结构被叫做"凸显限定成分(profile determinant)",意即其语义凸显决定合成结构的语义凸显。如在 smart woman 中,名词 woman 为凸显限定成分,因为合成结构 smart woman 的语义凸显继承了名词 woman 的语义凸显,表示一个实体。

第四,一个原型构式有一个构式义(constructional meaning)。这样的构式义不是从其组成部分——象征结构——中推知出来的。如 smart woman 的构式义表示一个智商高于一般人的女性实体。这一意义是不能够完全从 smart 的语义凸显(一种关系)或 woman 的语义凸显(一种实体)中推知出来的。

以上几点综合来看,认知语法构式理论所说的原型构式通常具有以下典型特征:

(i)　一个原型构式由两个象征结构整合而成;
(ii)　两个象征结构常常是一个凸显实体,一个凸显关系;
(iii)　一个象征结构凸显的实体与另一象征结构凸显的关系中的焦点成分(射体或界标)对应;
(iv)　象征结构凸显的关系中的焦点成分是图式性的,提供了一个阐释位,通常由另一象征结构凸显的实体对其做出具体详细的阐释;

---

① 按照我们的理解,在 smart 与 woman 整合的过程中,smart 凸显一个智商高于一般的、图式性的射体,因为在 smart 的图式里必须有一个实体来表明 smart 的特征(比如 smart woman 和 smart boy 里"smart"的含义可能是不相同的);名词 woman 的语义凸显是一个具体的实体,这个实体的语义特征包括人、有智商、女性等。名词 woman 凸显的实体对形容词 smart 凸显的图式性射体做出了具体阐释,二者整合而成的合成结构 smart woman 表示一个智商高于一般的女性实体。事实上,原型构式 smart woman 整合的过程就是象征结构 smart 提出一个阐释位、象征结构 woman 对这个阐释位做具体阐释的过程。二者之间的整合是通过这样的阐释—被阐释关系实现的。

（v）象征结构凸显的实体成分是具体的、详细的,能够对象征结构凸显的关系中的焦点成分做出阐释;
（vi）合成结构的语义凸显继承了其中一个象征结构的语义凸显;这个象征结构为凸显限定成分。

非原型构式是指在许多方面偏离原型构式或与原型构式存在着一些细微差异的构式。常见的有:

（一）光杆词素构式。在认知语法里,原型构式是由两个象征结构整合而成的。像 student 和 smart 这样的由单个词素组成的词素构式仅有一个象征结构,不存在合成结构,认知语法将其称之为非原型结构归入构式。

（二）复合象征结构构式。还有一些非原型构式是由三个或三个以上象征结构组成的复合象征结构构式。例如,smart woman with a PhD 是由 smart、woman 和 with a PhD 三个象征结构组成的复合象征结构构式。

（三）无凸显限定成分构式。无凸显限定成分构式常见的有:同位语构式（appositional construction）、网状方位构式（nested locative construction）和离心构式（exocentric construction）。

同位语构式。例如,sailor boy 是一个同位语构式。两个名词成分 sailor 和 boy 表达的是同一个实体。名词 sailor 凸显的是一个实体;名词 boy 凸显的也是这个实体。它们两个凸显的实体与合成结构凸显的实体对应。合成结构的语义凸显既可以说继承了 sailor 的语义凸显,又可以说是继承了 boy 的语义凸显;sailor 和 boy 都可以说是凸显限定成分,用简图表示为:

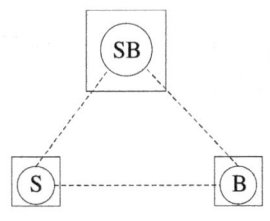

（S 代表 sailor；B 代表 boy）

认知语法将这样的同位语构式称做无凸显限定成分构式（Langacker 2003）。其他如,pussycat, Billy the Kid, my son the doctor, his strange belief that chickens are immortal,等等。

网状方位构式。例如,"The hammer is in the garage, on the workbench, behind the electric saw."是一个包含有三个方位短语 in the garage

（车库里）、on the workbench（在工作台上）和 behind the electric saw（在电锯后面）的网状方位构式。这三个方位短语组成了一个网状方位短语"in the garage on the workbench behind the electric saw（车库里工作台上电锯后面）"，作为三个不同的界标（landmark），同时对射体 The hammer 的方位做出了具体的阐释，但都不能单独阐释。换句话说，合成结构的语义凸显继承了整个网状方位短语"in the garage on the workbench behind the electric saw"的语义凸显，不是继承了 in the garage 或 on the workbench，或 behind the electric saw 一个方位短语的语义凸显。所以，这样的网状方位构式也是一种无凸显限定成分构式。为简便起见，我们仅以"in the garage, on the workbench"为例，其对应关系可以图式为：

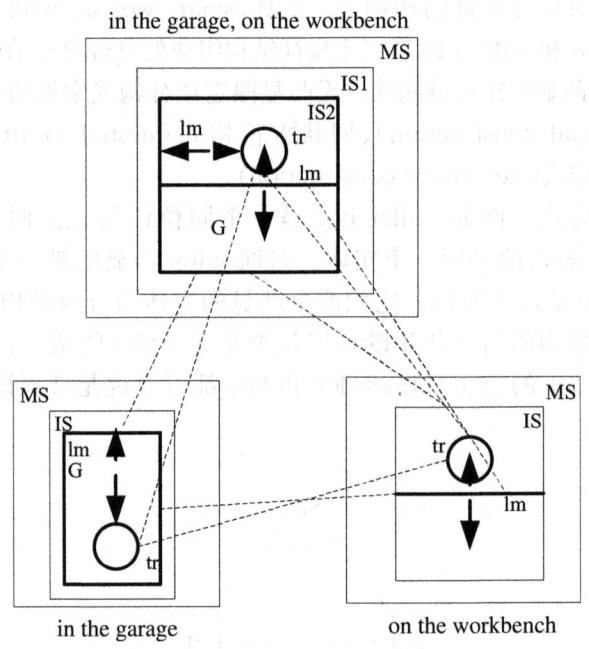

（MS 代表最大辖域；IS 代表直接辖域；lm 代表界标；tr 代表射体；G 代表 garage；右下角小方框里的粗体横线代表 workbench；虚线代表对应关系）

离心构式。这样的非原型构式的合成结构的语义凸显不是继承了其组成部分的语义凸显，而是继承了该构式之外的一个成分的语义凸显。例如，pickpocket 是一个离心构式。象征结构 pick 是一个动词，在 pick someone's pocket 里，pick 的射体施力，致使某一物品从原位移动到射体处

（或置于射体的控制之下）；名词 pocket 相当于一个容器，标示物品原来所在的位置。在 pickpocket 构式中，pocket 里盛的物品与移动的物品对应；pocket 的语义凸显（物品被掏空的容器）与 pick 凸显的关系中的焦点成分界标对应。用简图表示为：

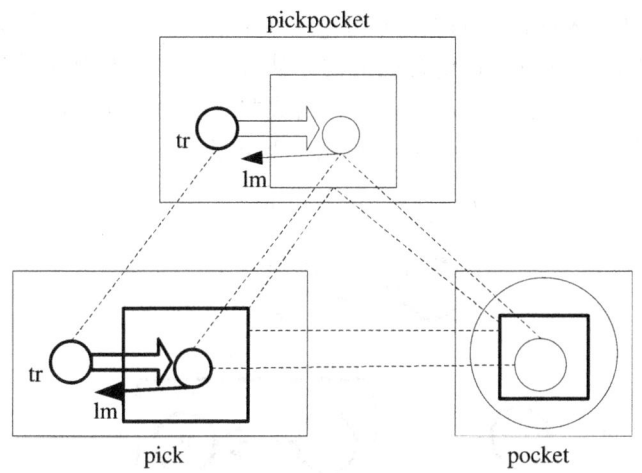

事实上，构式 pickpocket 的合成结构的语义凸显，既不是继承了 pocket 的语义凸显，也不是继承了 pick 的语义凸显，而是继承了该构式之外的 pick 的射体，即实施 pick 动作的人这一实体的语义凸显。因为 pickpocket 的两个象征结构都不是决定该构式合成结构语义凸显的成分，所以这类构式也是一种无凸显限定成分构式。

4.1.3 构式的生成机制

Langacker 认知语法的构式研究主张，构式的组构是层级性的。构式组构成分的整合常常呈现出语义重叠特征。一般来讲，一个构式的生成是通过其组构成分之间的语义重叠或对应关系实现的。对一个构式的分析，人们一般是将构式看做是一个由若干组成部分整合而成的整体，把整体作为组成部分概念的一个成分。整体概念是从组成部分概念中派生出来的；整体的概念化为组成部分的概念化的定位和辨识（location and identification）提供了一个参考框架（a frame of reference）。

4.1.3.1 构式的组构（constituency）

根据认知语法的"构式观"，一个构式是若干象征结构的汇集（assembly）。这些象征结构是怎样汇集起来，组构一个构式的呢？Langacker

(1987:86-90)认知语法对构式的组构研究发现,一个复杂构式是由若干简单构式汇聚(assemble)而成的;一个复杂构式可以分解为若干简单的、较小的构式。构式组构的认知基础表明:构式是一个整体;其概念意义是从其组成部分的概念意义中派生出来的。

首先,我们来谈构式的整合(integration)。如前所述,一个复杂的构式是由若干比较简单的构式整合而成的。认知语法的组构研究发现,同一个构式可能有不同的整合方式。以句子构式"Jennifer likes that boy."为例,这一构式的整合可以有三种方式,如图 a、b、c 所示:

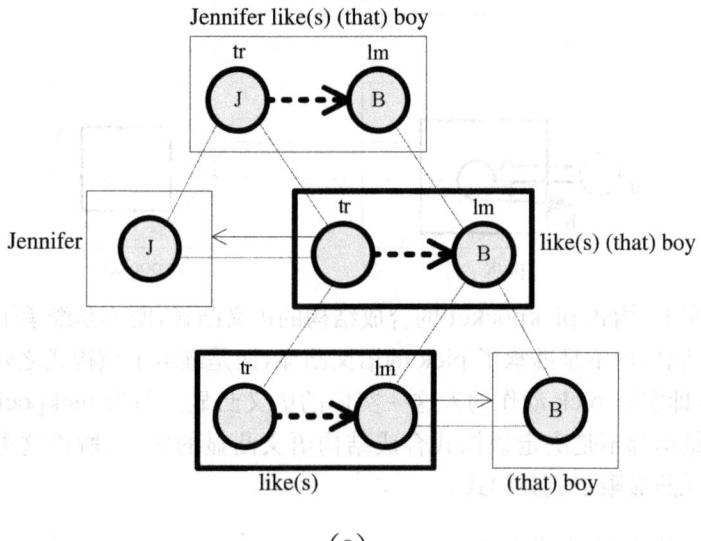

(a)

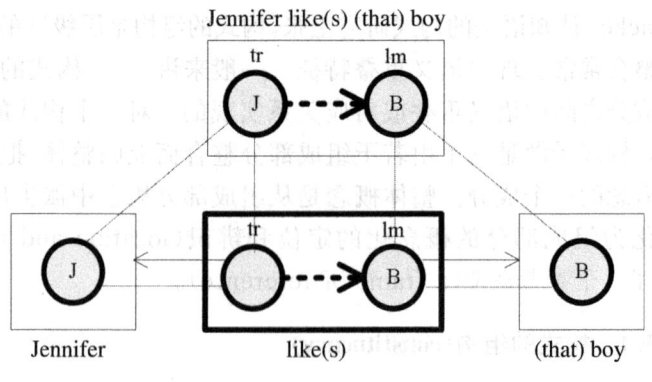

(b)

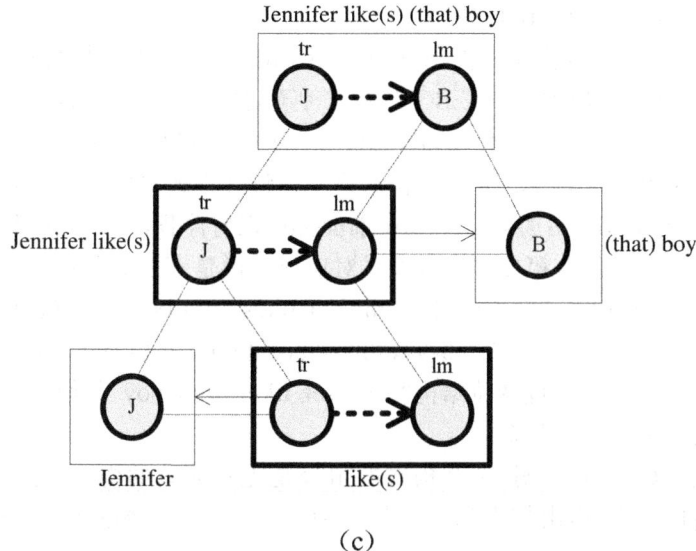

(c)

如图(a)所示,构式"Jennifer likes that boy."的整合,先有动词 like[①]和 boy 的整合,然后 like boy 与 Jennifer 整合。前者动词 like 凸显一个图式性界标,boy 凸显一个实体,对动词 like 凸显的界标做出了具体阐释,二者整合为合成结构[LIKE BOY]。后者 like boy 合在一起凸显一个图式性的射体,名词 Jennifer 凸显一个实体,对 like boy 凸显的射体做出了具体阐释,二者整合为合成结构[JENNIFER LIKE BOY]。

第二种整合方式如图(b)所示,构式"Jennifer likes that boy."的整合是动词 like 与 Jennifer 和 boy 的整合,like 同时凸显两个图式性的次结构"界标"和"射体"。名词 Jennifer 凸显的实体对 like 凸显的射体做出了具体阐释;名词 boy 凸显的实体对 like 凸显的界标做出了具体阐释。三者整合为合成结构 [JENNIFER LIKE BOY]。

还有一种整合方式,如图(c)所示,构式"Jennifer likes that boy."的整合,先有动词 like 和名词 Jennifer 的整合,然后 Jennifer like 合在一起与 boy 整合。前者动词 like 凸显一个图式性射体,名词 Jennifer 凸显一个实体,对动词 like 凸显的射体做出了具体阐释,二者整合为合成结构[JENNIFER LIKE]。后者 Jennifer like 合在一起凸显一个图式性的界标,名词 boy 凸显一个实体,对 Jennifer like 凸显的界标做出了具体阐释,二者整合为合

---

① 在认知语法(Langacker 1987:277-327)里,组成部分整合分析一般忽略冠词、连接词、曲折变化形式等。

成结构[JENNIFER LIKE BOY]。

以上是从语义域对构式"Jennifer likes that boy."的组构特征的分析,合成结构[JENNIFER LIKE BOY]有三种不同的组构方式。这一分析可以得到音位域的支撑。在音位域,Jennifer后面可以有停顿(用"/"表示),Jennifer/likes that boy,这一音位结构与第一种整合方式对应或者说是象征关系。有时,Jennifer后面和that boy前面都可以有停顿,Jennifer/likes/that boy,这一音位结构与第二种整合方式对应或者说是存在着象征关系。另外一种情况,动词likes后面有停顿(Jennifer likes/that boy),虽然这种音位结构不常见,但也是有可能的。例如,"That boy Jennifer likes(,this boy she doesn't)。"因此,可以说音位结构"Jennifer likes/that boy"与第三种整合方式对应或者说是象征关系。

总之,以上分析表明:一个构式的组合是先由简单的构式之间整合,然后像滚雪球一样,再由较大的构式整合为复杂的构式。构式的组构表现出层级性(hierarchy)。

再来看个更为复杂的构式"The boy that Mary likes finally called."。第一层级Mary likes和The boy整合为合成结构[MARY LIKE BOY],第二层级由The boy Mary likes和finally called整合为合成结构[BOY MARY LIKE CALL]。为清楚起见,图示如下:

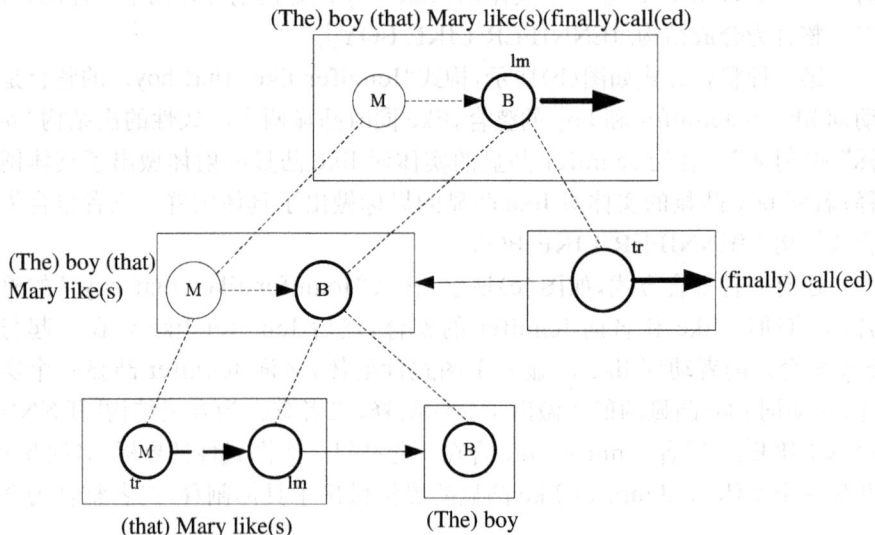

认知语法对构式组构的研究有一个非常有意义的发现。有时,一个构式整合的过程中有语义相互重叠的(overlapping)地方。例如,在构式

"throw a rock into the pond"整合的过程中,动词 throw 凸显一个图式性的界标,名词 rock 凸显一个实体,对动词 throw 凸显的界标做出了具体阐释,二者整合为合成结构[THROW ROCK]。在第二层级,throw a rock 与 into the pond 整合的过程中,into the pond 凸显一个射体,throw a rock 中的名词 rock 的语义凸显对 into the pond 凸显的射体做出了具体的阐释,整合为合成结构[THROW ROCK INTO POND]。在这里,动词 throw 凸显的界标与 into the pond 凸显的射体得到同一个名词 rock 语义凸显的具体阐释。也就是说,动词 throw 凸显的界标与 into the pond 这一介词短语凸显的射体语义重叠,如下图粗体圆圈里的 R 所示:

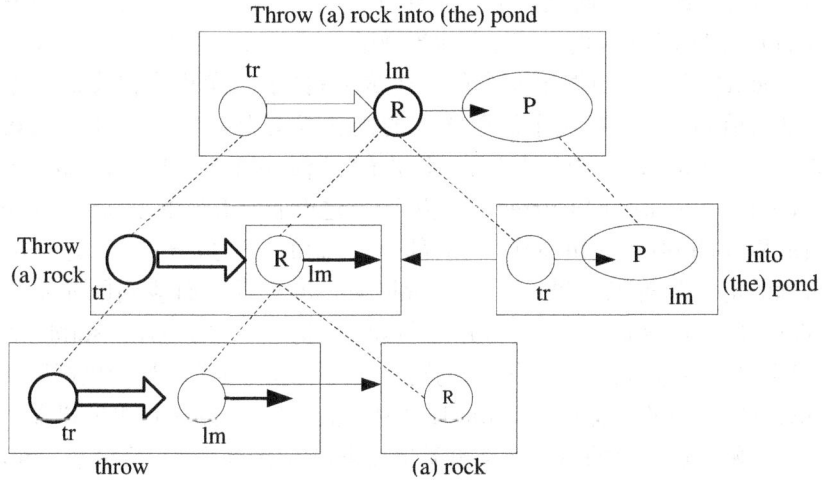

以上分析可见,构式是由若干组成部分整合而成的。一个构式组成部分的整合是层级性的,即先由简单构式整合,然后一层一层整合为较为复杂的构式。从认知角度来看,构式的整合是从构式这个整体来认识其组成部分的,或者说是把构式这个整体依次分解(decompose successively)为若干个简单的构式或组成部分。这些部分都被视为构式的一个部分,如上图中 throw 被视为这个 VP 构式的动词,rock 为这个 VP 构式的名词,into the pond 为这个 VP 构式的补足成分。

认知语法认为,虽然部分可以在复杂构式内辨认出来,但这并不是说,这些部分穷尽了复杂构式的所有特征。一个复杂构式所拥有的特征要超出其组成部分的特征[①]。以英语 stapler(订书机)为例,虽然可以把 stapler 看

---

① 这一认识与部分/整体关系不同。

做是由 staple(用订书机订)和-er(用于……物)两部分组成的简单构式,但是 stapler 的语义除了表示"订书用的工具"(两组成部分的语义特征)外,还包含有"形状、大小、颜色"和"由什么原料制成的"等语义特征。显然,stapler 的语义特征要比从 staple 和-er 两组成部分推知的语义具体得多,丰富得多。因此,认知语法认为,在分析一个构式的过程中,人们一般是将构式看做是一个由若干组成部分整合而成的整体,把整体作为组成部分概念的一个成分。整体概念是从组成部分概念中派生出来的;整体的概念化为组成部分的概念化的定位和辨识(**location and identification**)提供了一个参考框架(**a frame of reference**)。比如,人体这个结构是由头、上肢和下肢组成;上肢是由胳膊等部分组成;胳膊是由手等部分组成;手是由指头等部分组成;……。在我们的认识过程中,我们是把人体当做胳膊概念的一个成分(a conceptual component);把胳膊当做手概念的一个成分;把手当做指头概念的一个成分。如英语 arm(胳膊)这个简单构式的概念意义为 either of the 2 upper limbs of a human body(人体两上肢的任何一个)(*Oxford Advanced Learner's Dictionary of Current English*)。这里非常有趣的是,arm 是 limb 的组成部分;limb 为 arm 这个(组成部分)概念的一个成分;limb 为 arm 这一概念的定位和辨识提供了一个参考框架。再来看上面谈到的简单构式 stapler(订书机),stapler 是由 staple 和-er 两部分组成的整体。staple 表示"用订书机订",-er 表示"用于……的物",这两个组成部分的概念里都蕴含着 stapler(订书机)的概念意义。Stapler 的概念意义——用于订书的机器——显然是从两组成部分的概念意义里派生而来的(derivative);反过来,stapler 的概念意义也为这两个组成部分的概念意义的辨识提供了参考框架,即 staple 表示 stapler 的功能、-er 表示 stapler 的品质特征。

4.1.3.2 构式的对应关系(correspondence)

认知语法把构式看做是一个由音位结构和语义结构之间的对应关系来表示的象征结构的汇集。构式的对应关系,具体是指该构式的音位结构或组成部分(component part)与语义结构或组成部分之间的对应关系;是指两结构或组成部分之间的语义重合(semantic overlapping)。一个构式的对应关系研究就是比较和发现相关的音位结构或组成部分与其对应的语义结构或组成部分之间的共同点(identity)和相似之处(similarity)。认知语法研究发现,要比较这样两个复杂的结构,光有整体对应关系(global correspondence)是不够的,还应当把整体对应关系化解为两结构的组成部分之间的局部对应关系(local correspondence),同时对局部对应关系中各对应部分的相同或相似程度做出评估和概括。

一个构式的组成部分之间的对应关系主要有三种：象征关系（symbolic relation or symbolization）、范畴关系（categorizing relation）和组合关系（syntagmatic relation）。

象征关系。语言从本质上讲是象征性的（Langacker 1987：11）。我们在语言运用中所使用的词、短语、句子乃至篇章都可以看做是一个象征单位。象征关系就是指一个象征单位的语义域结构（structure in semantic space）和音位域结构（structure in phonological space）之间的对应关系。换句话说，一个象征单位的音位域结构象征着语义域结构。在一个构式里，语义结构和音位结构之间的对应关系为整体对应关系（global correspondence relation），如"[PIN-PL]/[pin-z]"。这一整体对应关系可以化解为语义成分[PIN]和音位成分[pin]之间的对应关系、语义成分[PL]和音位成分[-z]之间的对应关系、语义成分[PIN]和语义成分[PL]之间的整合与音位成分[pin]和音位成分[-z]之间的整合之间的对应关系，以及语义结构[PIN-PL]和音位结构[pin-z]之间的对应关系这样几对局部对应关系（local correspondence relation）。

范畴关系。范畴关系是一种垂直（vertical）对应关系。在认知语法里，范畴关系比较突出的是图式—实例（schema-instance）关系，也可以说是图式范畴与实例范畴之间的关系。一个图式范畴是一个比较粗略的表征，表示比较抽象、概括的音位/语义特征。一个实例范畴是一个比较精细的表征，表示比较具体、详细的音位/语义特征。一个实例范畴的音位/语义特征与图式范畴的音位/语义特征之间存在着许多对应关系。实例范畴提供了更多有关图式范畴的具体信息（specifications），丰富了图式范畴的音位/语义特征内容（Taylor 2002：124）。比如，[ANIMAL]和[DOG]是图式—实例范畴关系，即前者是一个图式范畴，后者是一个实例范畴。实例范畴[DOG]是一种[ANIMAL]，具有哺乳的、四条腿的、食肉的、行走很快的、受人宠爱的等特征。[DOG]的这些特征和[ANIMAL]的特征是对应的。Langacker（1987：91）认为，图式—实例关系是在比较的基础上对范畴进行区分，可以区分为范畴、次范畴和次次范畴等。[ANIMAL]和[DOG]可以看做是范畴—次范畴关系，[BORZOI]可以看做是次范畴[DOG]的次次范畴。在构式分析里，以象征结构 pins（别针）为例，在词根 pin 和后缀-s 联结的过程中，后缀-s 的语义凸显了一个图式性的次结构，即一个表示事物（thing）意义的实体成分；词根 pin 的语义凸显为一个具体事物的实体成分。词根 pin 的语义凸显对后缀-s 凸显的次结构做出了具体阐释，也就是将其阐释为 pin 这样的事物(thing)。这里,后缀-s 凸显的次结构和词根 pin 的语义凸显之间是图式—实例关系,后者是前者的次范畴。

从另外一个角度分析,英语复数名词形式 X-(e)s 和象征结构 pins 是图式—实例关系[[THING/...]-[PL/-z]-[[PIN/pin]-[PL/-z]]("..."表示名词 X 的音位结构)。比较可见,实例中的[PIN/pin]比图式中的[THING/...]更加具体详细,如[PIN](别针)比[THING](物品)具体、[pin]和[...]相比为非常具体的读音。整体来讲,实例[PIN/pin]是图式[THING/...]的一个次范畴,因为实例[PIN/pin]是对图式[THING/...]的具体阐释;二者之间为整体阐释关系(global elaborative relation)。这一整体阐释关系可以化解为两极的局部阐释关系(local elaborative relation),即在语义极[PIN]是对[THING]的具体阐释,在音位极[pin]是对[...]的具体阐释。整体阐释关系就是对局部阐释关系的概括或抽象。

组合关系。组合关系是一种水平(horizontal)对应关系,即根据组成部分之间的对应关系,把语义域、音位域或象征域的组成部分整合(integrate)成一个合成结构(composite structure)。组成部分之间的对应关系是说这些部分之间存在着一些重合的地方(some point of overlap)。以语义域为例,语义域组成部分之间的组合关系就是把一个语义结构的一个组成部分看做是和另一个组成部分相对应的,这两个组成部分被识解为标示同一个实体。正是由于拥有这样一个相同的实体,两组成部分才能够整合在一起,形成一个合成结构。比如,在构式"The cat is out of the bag."里,组成部分[CAT]和[BAG]分别标示(或者说是语义凸显)两个具体的实体;组成部分[OUT-OF]标示(或者说是语义凸显)一种关系,即某物从某地出来。这样的关系是由两个焦点成分或者说关系体(Croft & Cruse 2004)标示的一种空间构架(spatial configuration);一个焦点成分为界标(landmark),标示地点(location),一个焦点成分为射体(trajector),标示移动者或者说是从某地出来的某物。组成部分[BAG]这一实体与[OUT-OF]凸显的关系中的焦点成分界标对应,对其做出了具体的阐释([BAG]这样的地点)。[OUT-OF]的界标和[BAG]标示同一实体"地点",所以二者可以整合成一个合成结构[OUT-OF BAG]。同样,组成部分[CAT]与[OUT-OF]凸显的焦点成分射体对应,对其做出了具体阐释(从 BAG 出来的是 CAT)。[OUT-OF]凸显的焦点成分射体与[CAT]标示同一实体"移动物",加上[BAG],三者整合成一个合成结构[CAT OUT-OF BAG]。

认知语法认为,一个构式的组成部分之间的整合(integration)取决于对应关系。比如,两个语义结构要整合在一起,二者必须有一些重合的地方

(points of overlap),意即一个语义结构凸显的次结构(substructure)与另一语义结构凸显的次结构之间恰恰对应,或者说是在这些地方重合,这两个次结构被识解为标示同一实体。凭借两语义结构共享的这些实体,二者整合为一个连贯的、意义丰富的场景概念(Langacker 1987)。

4.2 对 Langacker 的认知语法构式思想的认识

我们对 Langacker 的认知语法的构式思想的认识有以下几点：
（一）认知语法的构式研究采用组构[①]分析法(constituency analysis)。首先,从音位和语义两极,把一个构式看做是由一系列合成结构(composite structure)组合起来的。这些合成结构是由构成部分(component structure)整合起来的。然后,根据象征关系,把这些构成成分整合成合成结构,合成结构再整合成构式。打个比方,就好像组装一台机器,先把一个个小零件组装成较大的部件,再把这些部件组装成机器。所以,我们把认知语法分析构式的方法称之为"组构分析法",即通过分析一个构式的内部组织结构之间的整合关系来解释一个构式的音位结构和语义结构之间的象征关系。与结构主义(Bloomfield 1984)的直接成分分析法相比,认知语法继承了直接成分分析法[②],把一个构式依次分为合成结构和构成成分。正如 Langacker (1986)所指出的,构式这一概念适合对"成分组构的变异性"(variability of constituency)的描写。所不同的是,结构主义的直接成分分析里的意义(meaning)是"言者说出一个语言形式的环境(situation)和在听者中引起的反响(response)"(Bloomfield 1984:139);认知语法把一个构式的意义看做是概念化,一定的音位结构象征着一定的语义结构。认知语法把语法关系分析为一种认知模型或结构,把一个句子的主谓宾关系分析为由射体和界标组成的过程关系,把介宾关系分析为介词和界标关系等。比如把介词短语"above the table"里介词"above"的宾语"the table"分析为"above"的"界标"(landmark),把名词短语"the lamp above the table"里的中心语"the

---

[①] 组构(constituency)是一种序列(sequence)。在这个序列里,象征意义的构成成分逐步聚合成越来越大的组构成分(composite expressions)(Langacker 1986)。
[②] 按照直接成分分析法,"Poor John ran away."这样一个句子可以分析为"poor John"和"ran away";"poor John"还可以分析为"poor"和"John","ran away"还可以分析为"ran"和"away";"away"还可以再分析为"a"和"way"(Bloomfield 1984:161)。

lamp"分析为"above"的"射体"(trajector)。最重要的差别是,结构主义里一个表达式(construction)的意义是这些直接成分意义的简单相加;认知语法里一个语法构式的意义大于这些组成部分意义的加合。

另外,认知语法里构式组构分析基本上与句子规约性的线性序列关系相吻合,没有所谓句子的深层结构(deep structure)向表层结构(surface structure)的转换或表层结构里的提升等规则,所以,认知语法的构式分析和生成语言学的转换规则存在着重大分歧。同时,我们还应当看到认知语法的构式研究把一些构式与构式之间的关系分析为图式—实例关系,这种分析方法和形式主义的普遍语法存在着一些相同的地方,或者说,在某种意义上讲,是对普遍语法的继承。Chomsky(1957:50-54)认为,我们应当首先用普通的、清楚的方法去描写语法的形式特征,然后才能真正总结出一些语言里这种形式的语法规则。对某种语言而言,我们可以把这种语言的结构分析为普遍语法里的结构的一个实例。

(二)认知语法的构式研究发现,一个构式生成的过程中表现出组构成分的语义重叠特征。我们认为,这一认识具有一定的普遍意义。比如,"小王打小偷"这个句子构式,"小王"的语义凸显与"打"凸显的动作过程的射体有重叠;"小偷"的语义凸显与"打"凸显的动作过程的界标有重叠。如果离开这些组构成分的语义重叠,我们似乎就无法将这三个成分组构成一个句子。像"我叫他来"这样的兼语式也是如此。"叫"和"来"这两个动作的组构是通过"叫"凸显的动作过程的界标与"来"凸显的动作过程的射体之间的语义重叠实现的。

(三)按照复杂系统研究的生成整体论思想,在以生成的复杂网络为基础的世界图景中,我们看到的是系统整体的诞生(涌现)、生长与完成的过程,以及各层次复杂网络的生长,整体结构与模式。生成整体论的世界图景只有整体没有部分;系统生成过程是从整体到整体,而不是从部分到整体。(李曙华2006)在认知语法里,一个构式是由若干象征结构整合而成的,换句话说,一个构式是由若干小的、简单的象征结构整合而成的大的、复杂的象征结构。象征结构是一个形义结合的整体。所以,构式是一个整体;构式组成部分的象征结构也是一个整体。构式与其组成部分之间的关系与其说是整体—部分关系倒不如说是整体—整体关系,或者说是大整体—小整体关系。

以上构式的组成分析显示,构式整合的过程是从一个象征结构(整体)到一个象征结构(整体)。一个象征结构的形式和语义的整合为象征关系,即一定的形式象征着一定的语义;一个象征结构与另一个象征结构之间的整合也是象征关系,即音位极的整合象征着语义极的整合。进一步来讲,简单构式与简单构式之间的整合也是象征关系,即简单构式之间音位极的整合象征着其语义极的整合。这样构式整合的过程也是从整体到整体的象征关系建构的过程。

此外,构式组成部分之间的对应关系是从构式整体对其组成部分的定位和辨识,整体的概念意义是其组成部分概念意义的一部分,组成部分的概念意义携带着整体概念意义的信息。比如在构式"Tom loves China."中,将组成部分 loves 分析为构式所表征的关系;China 和 Tom 分析为构式表征的关系中的界标和射体。这些组成部分所承载的都是构式整体的信息。反过来,我们可以说,这些组成部分也是一个个带有某一完整意义的整体。

(四)与 Lakoff 和 Goldberg 对构式的定义(参阅第三章)相比,Langacker 对构式的定义虽然凸显了构式的象征本质,但过于笼统,不够详细、具体。从其定义很难分出哪些是构式哪些不是构式;或者说,我们语言活动中使用的表达形式都是构式。如果说一个形义结合体都是构式,那么一形多义的情况该是算做多个构式,还是一个构式,很难从定义中找到答案。此外,从其定义中也很难区分出哪些是原型构式,哪些是非原型构式,且对原型和非原型构式都缺乏深入细致的探讨。正如 Östman and Fried(2005:95)所说的,认知语法存在的问题是,缺少对语言结构的适切标注(adequate notation for linguistic structure)。

(五)认知语法对构式的分析缺少一个系统的理论框架,虽然 Langacker 在 2003 年曾撰文梳理了自己的构式思想。认知语法从组构(constituency)、对应关系和语法依存(grammatical dependence)等维度对构式的整合特征进行了深入探讨,但还没有把这几个维度的分析统一到一个框架里。

我们以上提到的几个问题也可以说是我们进一步研究、发展 Langacker 认知语法构式思想的一些进路。

4.3 Taylor 的构式研究

John R. Taylor 在 2002 年出版了他的专著 *Cognitive Grammar*(《认知语法》),比较系统而又深入地解释和分析了 Langacker 认知语法的主要观点和思想。该书长达 600 多页,分 7 个部分、28 章。在第 7 部分"成语和构式"里,Taylor 专章介绍了他对构式的研究。在这里,作者按照 Langacker 的认知语法理论,对构式做出了明确的定义;探讨了构式与构式之间的关系;深入分析了构式的图式性和习语性;对构式在语言系统中的地位做出了详细阐释。

Taylor 主张,语言中的任何构式既有其个性特征,又有一些习语性的地方。构式与构式之间是图式—实例关系。对于构式特征的推知和解释不但要考虑其个性特征,还应当考虑同其他雷同或相似构式之间的普遍联系,仅凭几项基本原则是不能够对构式的特征做出推知和解释的。Taylor 认为,构式的图式性和习语性能够对一些语言表达式的合语法性做出合理的推知和解释。

4.3.1 构式与图式构式(constructions and constructional schemas)

Taylor(2002:561)把构式定义为"任何能够分析为若干组成部分的语言结构形式(any linguistic structure that is analysable into component parts)"。① 按照认知语法的思想,构式可以分为音位构式(phonological constructions),如[blæk kæt];语义构式(semantic constructions),如[BLACK CAT];象征构式(symbolic constructions),如[BLACK CAT]/[blæk kæt]。音位构式[blæk kæt]可以进一步分析为音位构式[blæk]和音位构式[kæt];其中音位构式[kæt]还可以分析为 k、æ、t 三个音素成分。[BLACK CAT]是一个语义构式,可以分析为由[BLACK]和[CAT]两语义部分组成。[BLACK CAT]/[blæk kæt]是一个象征构式,可以分析为由两个象征部分[BLACK]/[blæk]和[CAT]/[kæt]组成。

如上所述,[kæt]是一个音位构式,同类的还有[sæt]、[kæp]和[kɪt],等等。从这些无数个具体的音位构式中,可以抽象出一个图式构式[CVC]σ,表明出现在该类构式中的辅音(C)和元音(V)以及它们的结构信息。(详见4.3.2.1)图式构式是一个用来概括和抽象一些语法构式的音位或/和语义

---

① Taylor(2002:567)认为,他这里对构式的定义和 Goldberg(1995:4)的定义(参看本书第二部分)是不相同的。Goldberg 对构式的定义主要是指象征关系,即把构式定义为音位结构和语义结构的对子,只有那些不能够从其他音位结构和语义结构对子里推知(predict)的象征关系才能够叫做构式。例如,英语 dog 可以理解为音位结构[dɔg]和语义结构[DOG]对应的构式,因为这一对应关系不能够从其他象征关系推知。Taylor 认为,Goldberg 的定义强调形式和意义之间的对应关系;而他对构式的定义仅考虑一个语言表达式的内部结构(internal structure),不考虑构式的图式性(schematicity)和对构式的推知。Taylor 发现,按照 Goldberg(1995:4)的定义,像 The farmer shot the rabbit. 这样的句子不能够看做是构式,因为该句的特征是从英语及物句的特征派生而来的。Taylor 这里将音位结构和语义结构都叫做构式,即音位构式和语义构式,强调的是一个语言表达式的内在结构(internal structure),不考虑构式的图式性(schematicity),也不考虑构式的可推知性。

内在结构特征的图式。图式构式是一个复杂的象征结构,表征一组按照一定的结构形式建造起来的构式的共同特征。比如,[pp[P][NP]]是一个介词短语图式构式,表征像 under the table/in the world/outside the meeting/at the end 等介词短语构式共同具有的音位或/和语义结构特征;[vp[V][NP]]是一个动词短语图式构式,表征像 kill the rabbit/see a bird/write a letter 等动词短语构式共同具有的音位或/和语义结构特征。

4.3.2 构式与构式之间的关系

一个构式凭借雷同点(identities)或相似处(similarities)与另一个构式联系起来。构式与构式之间存在着图式—实例关系与部分关系等。图式—实例关系是指,一个构式是另一个构式的图式(schema),同时后者又是前者(在这里可以是"图式构式")的一个实例(instance)(也可叫做"实例构式")。部分关系是指,一个较小的或简单的构式可以是一个较大的或复杂的构式的一部分。

4.3.2.1 图式—实例关系(schema-instance relation)

在认知语法(Langacker 1987,1991;Taylor 2002)里,"图式(schema)"是一个比较概括的、抽象的语义或音位概念,如"动物"、"元音"。相对来讲,"实例(instance)"是一个比较详细的、具体的音位或语义概念,如"猫"、"[i]"。我们说"动物"和"猫"之间是图式—实例关系是指,"猫"这一概念具体例示了"动物"这一概念,换句话说,"猫"是"动物"的一个实例,并且丰富了"动物"这一概念的内涵,使之具体化;另一方面,"动物"这一图式概念概括了"猫"等实例概念的共同特征(commonalities),或者说是对"猫"等的共同特征的抽象和概括。

构式与构式之间的图式—实例关系是指,一个构式是另一个(些)构式的图式,后者是前者的一个(些)实例,因为这些构式之间存在着诸多雷同或相似的地方。比如,有这样一组音位构式[sæt]、[kæp]、[set]、[kɪt]……。这些具体构式的内部结构基本雷同,都是由一个元音(V)和两个辅音(C)组成;而且元音都是在中间,辅音在两端。根据这些雷同或相似的地方,我们概括出一个图式性的构式——[CVC]σ;并且把这些雷同或相似的一个个音位构式都看做是[CVC]σ的实例构式。[CVC]σ和[sæt]、[kæp]、[set]、[kɪt]都是图式—实例关系。

构式的图式—实例关系是一种垂直关系(vertical relation)。图式构式(C schema)和相关的实例构式(C instance)之间的垂直关系可以用简图表示为:

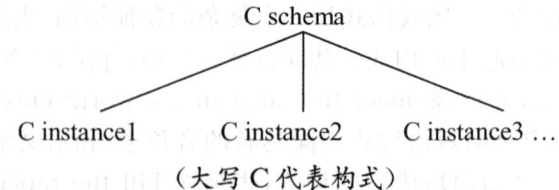

（大写 C 代表构式）

如图所示，一个图式构式可以和许多或无数个具体构式之间是图式—实例关系（如上图 C instance3 后的省略号所示），这样的图式构式为高层图式构式（high-level constructional schema），如上图中的 C schema。有时，一个构式可能和几个或一个具体构式之间是图式—实例关系，这样的图式构式为低层图式构式（low-level constructional schema）。像[CVC]σ 这样的图式构式可能有许多具体实例构式，所以为高层图式构式。但是，按照[CVC]σ，可能推出 *[ŋæh]这样的错误音节构式，因为这里的辅音音素 ŋ 只能出现在音节末尾，h 只能出现在音节开头。这样，就需要根据这些音节单位的具体特征，概括出一个稍微具体一点的图式构式——[Conset V Ccoda]。与[CVC]σ 相比，[Conset V Ccoda]将 V 前面的 C 具体化为出现在音节开头的辅音；将 V 后面的 C 具体化为出现在音节末尾的辅音。[Conset V Ccoda]的实例构式就相对少一些，所以称之为"低层图式构式"。

再来看一个短语的例子，像[PREP＋NP＋OF＋NP]这样的高层图式构式，by the side of the river/under the surface of the water/on the bank of the sea 等等都可以是它的实例构式。试比较，英语 under the auspices of NP（在……保护下）这一短语构式是[PREP＋NP＋OF＋NP]这一高层图式构式的一个实例构式，但同时它自己又可以有 under the auspices of Tom/my father/the state/the policy 等实例构式。这里的 under the auspices of 不能用其他的成分来替换，其实例构式是相对可数的，所以 under the auspices of NP 是一个较低层的图式构式。

4.3.2.2 部分关系

就其复杂程度而言，有的构式相对简单（simple），有的构式比较复杂（complex）。Taylor（2002）认为，一个相对简单的构式可以是一个比较复杂的构式的一部分，构式与构式之间可以是部分关系（constructions as parts of constructions）。在英语里，一个音节（syllable）构式可以是一个音步（foot）[①]

[①] 在英语里，一个音步由一个重读音节和若干弱读音节组成。

构式的一部分。例如,/ðiz is ð /haʊs ðæt/dæk/bilt/里有四个音步构式,每一个音步构式(用斜线分开)里都有一个重读音节(strong syllable)构式和一个(以上)弱读音节(weak syllable)构式。音节构式和音步构式之间是部分关系。同样,一个短语构式可以是一个句子构式的一部分。例如,一个[NP]构式可以是一个句子构式[NP+V+NP]的一部分。

有时,同类构式之间也可能是部分关系。例如,一个名词构式可以是另一个名词构式的一部分,像名词构式 hat 可以是名词构式 the man's hat 的一部分;名词所有格构式可以是另一个名词所有格构式的一部分,如 the boy's 是 the boy's father's boat 的一部分。

4.3.3 图式构式的能产性(productivity)

图式构式的能产性是指一个图式构式的音位和语义结构信息能够为符合这些规定的实例构式提供支撑(sanction)的能力。这样的支撑能力,一方面表现在,图式构式的音位和语义结构信息是对实例构式共享的音位或/和语义结构特征不同程度的概括和抽象,所以图式构式规定和限制出现在构式里的单位(units)范畴以及这些单位之间相互结合的方式。符合图式构式规定和限制的构式就是可以接受或认可的构式。例如,

(1) [HEAD MODIFIER]

这一图式构式的音位和语义结构信息表明,适合出现在该构式里的单位应该是 HEAD(中心语)和 MODIFIER(修饰语成分)关系,二者的结合方式是中心语在前、修饰成分在后。按照(1)的规定,people old and young 符合该图式,可以接受,而 old and young people 虽是可接受的构式,但不符合该图式的规定,不能视为这类图式构式的实例构式;the top of the tree 和 to run quickly 都符合(1)的规定,都可以看做是该类图式构式的实例构式。

另一方面,一个图式构式能够为许多个具体构式的产出提供支撑[①]。[pp[P][NP]]这样的图式构式,其音位结构和语义结构信息就能够为 under the table/in the world/outside the meeting/at the end 等许多个介词短语构式提供支撑,即表明这样的构式都是一个"介词+名词"构成的介词短语构式。[NPsubject Vintransitive]这样的图式构式能够为 He arrived./The

---

① 注意,Taylor 所说的支撑与生成语言学所说的"生成(generate)"有点相近。比如,生成语言学说,有限的规则可以生成无数的句子(Radford 1988:128)。认知语法认为,有限的图式性构式可以为无数个实例构式提供支撑(Taylor 2002:565)。

man is coming. /The train roared. 等许多句子构式提供支撑,即表明这样的构式都是一个由"主语+不及物动词"构成的不及物构式。根据提供支撑能力的不同,认知语法将能够给大量实例构式提供支撑的图式构式看做是高度能产性的构式,能够给较少实例构式提供支撑的图式构式看做是低能产性的构式。例如,英语的及物句图式构式[NPsubject Vtransitive NPobject]可以为许多及物句实例构式提供支撑,所以是一个高能产性的图式构式。下列句子都能够得到及物句构式图式的支撑:

(2) a. Tom hit Jack.
　　b. Tom kicked the ball.
　　c. Tom saw Jack.
　　d. Tom remembered his father.
　　e. Tom won the election.
　　d. Tom lost his way.
　　...

上面提到的[pp[P][NP]]介词短语图式构式、[NPsubject Vintransitive]不及物句图式构式都是属于高能产性构式。相对来讲,英语结果图式构式[NPsubject Vtransitive NPdirect object ADJ]能够给较少的构式提供支撑,是一个低能产性的图式构式。例如,

(3) a. Tom made me angry.
　　b. Tom broke the door open.
　　...

4.3.4 构式习语(constructional idioms)

英语 construction 在传统语法里是指把一些较小的单位结合成较大的句法构型(syntactic configurations)。结构主义把没有任何粘着形式(bound form)的直接成分看做是构式或句法结构(syntactic construction)(Bloomfield 1984:184)。生成语言学把构式看做是"类型学研究的附带产品(taxonomic epiphenomena)",是一些基本原则(more basic principles)的产物①(Chomsky 1991:417)。与此相对,Fillmore et al. (1988)(参看本书

---

① 这一看法常常被称为"缩约论(reductionist)",因为把一些语法特征都缩减为一些基本的原则或参数。缩约论主张,语言中的各种各样的表达形式都是从一些基本原则或参数中派生出来的。习得一种语言只需掌握这些很少的原则和参数就行了。这些原则和参数就是与生俱有的普遍语法(universal grammar)。

第二章)从大量的英语构式中发现,一些语言表达形式的特征不是来自少数基本原则,而是来自构式,并把这样的构式叫做"形式习语(formal idioms)"。根据上文定义的图式构式和对构式能产性的分析,Fillmore 等人所说的形式习语应当看做是一种图式构式。这样的图式把对构成单位的规定限制形式化为"填充槽(slots)"。例如,习语[the X-er, the Y-er]这样的图式构式里的 X 和 Y 就是两个填充槽。这个习语构式规定,适合出现在该位置的词项必须是形容词或副词的比较级形式。Taylor(2002)接受了 Fillmore et al.(1988)的构式思想,研究了英语中"不相信反响构式(incredulity response construction)",证明这样的构式的特征是无法根据一般原则推知的。例如,

(4) (What?!) Him write a novel?! (You must be joking.)

Taylor 发现,这样的构式不但有特殊的表达形式,还有独特的语义/语用价值。从形式上看,这一构式是一个没有被植入情景成分的小句(ungrounded clause),作主语的名词采用宾格形式,谓语动词没有时态标记和主谓人称、数一致标记,主语和谓语动词中间有语音停顿,阅读时都读升调,整个句子读起来常带有轻蔑的口吻。这些独特的句法特征无法得到一般的语法规则和原则的支撑,所以 Taylor 将其称做"没有被植入情景成分的小句"。从语义和语用上看,这样的没有被植入情景成分的小句表现在,常常用在句中所涉及的事实(如这里的"他写小说")是上文已经提及或暗示到的信息内容;说话人的反响是,这一信息内容是荒唐的、不可相信或不可接受的(如上例括号内容所示)。根据这样的语义和语用特征,Taylor 将其称做"不相信反响构式",即这样的句子表示说话人对句子涉及事态所做出的一种不相信反响、所持的一种怀疑、不接受或不可思议的态度。

在对"不相信反响构式"的句法、语义和语用特征细致观察的基础上,Taylor 认为,"不相信反响构式"并不是和英语中的其他构式完全格格不入。句中动词的主语和宾语都是非常普通的名词性成分,分别标示没有被植入情景成分的过程的射体(tr)和界标(lm)。句子采用的轻蔑的语调和一般情况下我们对一个语言表达式的语义不接受时所采取的态度是一致的。尽管如此,"不相信反响构式"的特征大部分还是该构式所独有的(unique)。譬如,按照一般原则,说话人对句子命题的真实性不确信(uncertain)时用升调。但是,在英语"不相信反响构式"里,说话人用升调不是表示对句子命题的真实性不确信;而是表示,尽管句子命题内容是真实的,但说话人对句子命题内容感到不可接受、不愿相信,把命题内容当做是不期而遇、超出意料的事情。所以,按照一般原则无法推知和解释英语"不相信反响构式"这样

的没有被植入情景成分的小句可以表达说话人对先前提及的事实所持的不相信、不接受态度；也无法推知和解释这样的没有被植入情景成分的小句里主语和动词不在同一音段（phonological phrase）的现象。

那么，像英语"不相信反响构式"这样的习语构式是不是语言系统中的边缘现象（peripheral）呢？Taylor（2002：576）认为，这样的构式不是边缘现象，而是习语性的，是一个两面体，一面对的是词汇，一面对的是句法。首先，从词汇这一面来说，一个构式习语的图式里，明确规定了适合出现在该构式里的各类词项。例如，从词汇一面来说，"不相信反响构式"的图式规定适合出现在该构式的词项为名词性成分和动词短语。其次，从句法一面来说，习语构式和普通的表达形式并没有本质的区别。例如，

(5) a. What?! Him write a novel?!
b. He wrote a novel.

上例 a 句是"不相信反响构式"，为习语；b 句是规则的表达形式，没有明显的习语特征。但是，在 b 句里，write 标示一个有射体和界标的过程，射体和界标都由名词性成分充当，分别为动词的主语和宾语。b 句除了表示说话之前发生的一个事件命题外，没有其他特殊的语用价值。然而，Taylor 认为 a、b 两句的区别只是程度上的不同。两句都有一个及物小句图式构式（[NPsubject Vtransitive NPobject]）支撑。这样的图式构式被认为是"规则的（regular）"，因为这样的图式构式的音位和语义结构信息适合于许多实例构式（如本节(2)所示），而不是仅适合于某一个特殊的构式。但是，如果认为及物小句图式构式完全都是规则的，没有一点儿习语性，也不完全符合事实。一般来说，适合及物小句构式的动词常常是像 kill/hit/push 这样的原型（prototypical）及物动词，表示一个受事受到施事影响的事件，如 The police killed the suspect. 里受事 suspect 受到施事影响死掉了。不过，像 see/hear/know/remember 这样的表示感觉和认知过程的动词也适合出现在及物小句里；然而这些句子表示的事件里的施事并不对受事有什么影响，如 I saw a bird 里受事 bird 没有受到施事 I 的任何影响。Taylor 从这里发现，及物图式构式实际上是由一个原型"核心构式"和一个习语性不断增强的"边缘构式"组成的家族。

4.3.5 构式的生境（ecological niche）

Langacker（1987，1991）把语法看做是一个有组织的语言单位的清单（a structured inventory of linguistic units）。Taylor（2002：578）把"有组织

的"理解为：一个语言单位不可能是完全封闭起来的（totally encapsulated），与我们的语言知识毫无瓜葛。通常情况下，任何一个语言单位都会以各种各样的、复杂的方式与其他的语言单位相联系。用 Lakoff（1987：492）的比喻说法是，任何一个单位都会在复杂的单位网络中找到自己的"生境（ecological niche)"。先来看个例子，

（6） Bang goes my weekend.（就这样，我的周末计划一下子泡汤了。）

我们把这样的句子称之为 bang goes 构式。该构式表示，说话人因被迫放弃或取消周末计划而感到困扰、沮丧。这一构式与其他语言单位的联系表现在：该构式里名词性的主语成分出现在谓语动词后面，这样的主谓倒装现象也可以出现在指示构式、方位前置构式里。例如，

（7） There's Harry with his red coat on.
（8） Away ran the children.
（9） Up on the hill used to stand the governor's residence.

以上例子表明，英语里有一种主语位于句末的图式构式——[X V NPsubject]。以上几种构式都是[X V NPsubject]这一图式构式的实例构式。但是，这些实例构式又有其各自独有的特征。指示构式和方位构式表示不同的意义。适合用于 X 和 V 位置的词项也不同，Bang goes 构式明确规定出现在句首 X 位置的词项为 bang，V 位置用动词 go 的现在时，有时也用过去时形式。

根据对 bang goes 构式的研究，Taylor 认为，一个构式除了其独有的一些特征外，在许多方面，比如形式和意义方面，与语言中的其他构式存在着一些雷同或相似的地方。这些雷同或相似的构式是有组织的，体现为"图式—实例"关系。因此，语言中任何一个构式的出现、生长都是因为在语言单位的清单中存在着它的"生境"，即生长的环境。

4.4 对 Taylor 的构式语法研究的认识

根据 Taylor 的构式语法思想，我们可以把人们对现实世界的感知所得最后用言辞表达出来的过程表示为：

现实世界→认知意象→图式构式→语言表达式

"现实世界"既是语言运用的基础，又是语言表达的客体，感知的对象。人们对现实世界的感知表征为认知意象，认知意象激活图式构式，根据图式

构式的具体规定产出一个个具体的语言表达式。在这一过程中,"现实世界"和"认知意象"是人们对现实世界的感知;这一认知活动投射到语言中,激活了比较抽象的图式构式,进而实现为具体的语言表达式。前两步为人们对现实世界的感知;后两步为言辞表达。按照认知语法理论,现实世界感知表征为各种各样的意象[1]。言辞表达,按照 Taylor 的构式思想,是通过图式—实例关系实现的。比如,现实世界是"玻璃杯破碎为片状"这样一个事件;人们将这一现实世界感知为"玻璃杯破碎"这样的意象;这一认知意象激活了图式构式 [NPpatient Vintransitive];根据这一图式构式的规定,这样的构式必须有两个单位:一个是受事名词,一个是不及物动词,这两个单位的组合方式为受事位于句首充当主语,后面是不及物动词充当谓语;语言层面可以实现为英语作格句 The glass broke(牛保义 2005)。

另一方面,Taylor(2002)对构式的研究继承了 Langacker 认知语法的基本思想,同时对 Langacker 的构式理论有所丰富和发展。譬如,在 Langacker 将构式区分为原型构式和非原型构式的基础上,Taylor 对图式构式[2]和实例构式之间的关系进行了颇有启发意义的探讨。我们认为,Taylor 的图式构式和实例构式不但揭示了构式与构式之间的内在联系,而且从图式角度探讨了构式的生成机制。正如 Langacker(2005)所说的,图式构式是生成新构式的模板(templates),可以对一些新奇的表达式做出评判(evaluation)。

还有,Taylor 对构式生境的研究对认知语法的"语法观"做出了比较精辟的阐释。语法中的一个词、短语或句子都可以看成是一个构式,一个构式既有其独特的一面又有普遍性的一面,即与其他构式有些许雷同或相似的地方。这些雷同或相似的构式构成的网络是一个有组织的清单。任何一个构式的出现和生长都是因为在语言单位的清单中存在着它的生境。

但是,Taylor 的构式语法思想也有一些是值得商榷的,比如,将构式定义为"任何能够分析为若干组成部分的语言结构形式"。这里的"语言结构形式(linguistic structure)"没有明确的界定。如果是指语言运用中所使用的表达形式,那么像[NPsubject Vtransitive NPobject]这样的图式构式也是语言结构形式吗?

---

[1] 意象感知(imagery)是人们为了某种思维或表达活动,采用不同的方法或从不同的视角对某一事态的识解(construe)能力(Langacker 1987:110)。

[2] 虽然 Langacker(1991)多次谈到图式构式,但并没有像 Taylor(2002)一样将图式当做构式的生成机制。我们认为 Taylor 对构式的这一认识具有重要的理论意义和方法论意义。

第五章
Croft 的激进构式语法

牛津大学出版社 2001 年推出了 William Croft 的专著——*Radical Construction Grammar*(《激进构式语法》)。① 该书问世后,在认知语言学乃至语言学研究领域引起了比较强烈的反响。美国加州大学圣地亚哥分校的著名认知语言学家 Langacker 指出,William Croft 的《激进构式语法》从功能主义和类型学的角度对语法范畴的本质和地位的研究做出了重要的贡献,值得不同理论取向的语言学家们认真加以考虑。英国兰卡斯特大学著名功能主义语言学家 Siewierska 认为,该书无疑是语言学理论研究中的一座里程碑,对未来许多语言学理论研究有启迪作用。美国斯坦福大学著名语言学家 Tom Wasow 认为,William Croft 的《激进构式语法》对语言学研究的基本理念提出了质疑,一定会在语言学界引起强烈的反响。因为该书的论点是建立在翔实的论证和诱人的例句之上的,书中一些有争议的观点不容忽视。

《激进构式语法》在构式语法框架里探讨了语言中的类型(typology)和变异(variation)现象。作者在这本书里采用非经典范畴结构和 Lakoff-Goldberg 的以使用为基础(usage-based)的模型;将语言学研究看做是一门实证性的科学(Linguistics is an empirical science);摈弃了句法关系的自足性思想;提出了语义图(semantic map)理论、类型学的句法空间观点(notion of a syntactic space)以及构式组织原则(organizing principles for constructions);建立了一个具有普遍意义的句法最简模型(an extremely minimalist model of syntax)(Croft 2005)。

《激进构式语法》研究突破了先前句法理论的桎梏,建立了一种崭新的句法理论(a theory of syntax),宣布了其他句法理论的结束(to end all syntactic theories)(Croft 2001:1.1)。现行的句法理论对语法知识的表征基本上是采用形式模型(formal models),在句子分析的过程中提出了诸多复

---

① 该书的概览请参阅牛保义(2003)所作的述介。

杂的句法组织结构(syntactic structures),结果导致句法表征理论无休止地翻新和修订。William Croft 的《激进构式语法》认为,采用形式模型研究句法,与语言内部和跨语言之间所发现的语法变异(grammatical variation)是相悖的。因此,William Croft 在《激进构式语法》里提出了三个基本观点:

(i) 构式是句法表征的基本(primitive)单位,语法范畴只能用构式（不能用其他的方法)来定义。

(ii) 句法结构关系是指一个构式和组成该构式的句法成分(syntactic elements)之间的部分—整体关系(meronomic or part-whole relation)。

(iii) 不同的构式有不同的语法范畴;不同的语言有不同的构式。

5.1 构式是句法表征的基本单位

构式是语法中唯一的原始单位(primitive unit)。在结构上,构式有简单的(atomic)和复杂的(complex);在意义上,构式有具体的和抽象的。尽管如此,只有那些看得见的构式,比如一个独立的词汇,才被认为是最小的单位;而像动词、名词等词类范畴和主语、宾语等语法范畴在激进构式语法里都没有独立的地位。[①] 在这里,构式是原始单位;词类是副产品,因为它们来自构式。而在生成语言学的词汇和规则模型里,词汇是原始单位,构式是副产品。

"构式"包括从词如[this]和[green]到一般的句法和语义规则如[pull-TNs NP-'s leg]和[Subj be-TNs V-en by Obl],还包括词的内部结构[children]。概括地讲,"构式"是复杂的句法结构和复杂的语义结构的对子(a pairing of complex syntactic structure and complex semantic structure)。构式是句法表征的基本单位。Croft (2001:17)有句名言"The construction tail has come to wag the syntactic dog."意思是说,从词汇到最普通的句法和语义规则都可以用构式来表征。

激进构式语法摈弃"句法范畴是句法表征的基本单位"的猜想,主张"构式是句法表征的基本单位",首先是因为构式可以用来界定句法范畴。句法范畴实际上扮演的是构式组成部分的角色;句法范畴是从构式里派生出来的。譬如,界定一个动词范畴是及物动词还是不及物动词,要看该动词范畴出现在什

---

① 试比较本书所谈 Langacker 对构式的定义。

么样的构式里以及在这个构式里充当的角色,或者说是与构式之间的关系。出现在及物构式(transitive construction)里的动词是及物动词;而不及物动词只能出现在不及物构式里,不能出现在及物构式里。试比较下列句子,

(1) a. Jack devoured the doughnut.
    b. *Jack slept the doughnut.
    c. *Jack devoured.
    d. Jack slept.

像(1a)里 devoured(吞食)这样的及物动词范畴常常出现在带有宾语的及物构式里。而像(1d)里 slept 这样的不及物动词范畴常常出现在不能够带有宾语的不及物构式里。显然,不同的动词范畴出现在不同的构式里;动词范畴是由其所在的构式界定的。

那么,出现在不同构式里的成分就没有共性的地方吗?怎样解释及物动词范畴和不及物动词范畴有相同的时态变化形式(如过去时-ed 等)和主谓一致(如现在时第三人称单数主语,谓语动词+ -(e)s 等)等要求呢?首先,激进构式语法认为,交际中使用的句法范畴的次范畴的共性都必须回到语言中去验证。动词范畴的次范畴应当到动词范畴出现的另一个构式里去验证,比如标示动词时态一致曲折变化形式的词素构式(morphological construction of tense-agreement inflection)。这样的词素构式是及物动词、不及物动词以及其他动词范畴的上位范畴。它们之间的关系可以表征为:

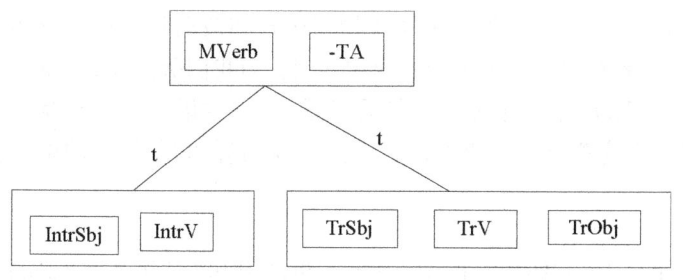

(构式的分类网状系统)

上图中,MVerb(morphology verb)表示"词素动词"。-TA(tense agreement)表示"时态一致曲折变化形式"。t 表示"类型学连接(taxonomic link)"。IntrSbj 表示"不及物构式主语"。IntrV 表示"不及物构式动词"。TrSbj 表示"及物构式主语"。TrV 表示"及物构式动词"。TrObj 表示"及物构式宾语"。网状箱式图表示"部分整体关系",即小箱子是部分、大箱子是

整体。每一个箱子都可以看成是一个构式。《激进构式语法》将其称之为构式的分类网状系统(taxonomic network of constructions)。

上图不难看出,最上面的词素构式是一个整体,由词素动词构式和时态一致曲折变化构式两部分(也可以说是两个小的构式)组成;下面左边的不及物构式也是一个整体,由不及物构式主语和不及物构式动词两部分(也可以说是两个小的构式)组成;下面右边的及物构式也是一个整体,由及物构式主语、及物构式动词和及物构式宾语三部分(也可以说是三个小的构式)组成。每一个整体的部分都是通过这个部分(小的构式)与(大的)构式之间的关系界定的①。最上面的箱子表示一个词素构式;下面左边的箱子表示一个不及物构式;下面右边的箱子表示一个及物构式。最上面的箱子是下面两个箱子的上位范畴;下面两个箱子是最上面箱子的下位范畴。换句话说,最上面的箱子和下面的两个箱子为上下位范畴关系。激进构式语法将这样的句法表征理论称之为"非归并理论"。②

另一个原因是,激进构式语法发现,出现在自然话语中的都是构式;话语交际中我们听到的不是一个个贴有句法范畴标签的单词,而是一个个具体的构式。按照语言习得研究者的观点,把听到的话语范畴化为具体的构式是对输入信息的一种抽象。

还有一个原因,对构式的界定基本来讲就是一种范畴化,就是把听到的话语范畴化为不同的构式类型。怎样定义一个构式或对一个构式范畴化呢?首先,输入信息是非连续性的,构式有不同的结构形式,不同的组成成分代表着不同的分布特征。比如,英语主动及物句构式和被动句构式有着非常明显的差异,所以二者可以区分为不同的构式类型。当我们听到 The book、was written 和 by Lu Xun 时,我们不是将其看做是一个"主语+谓语+状语"的句子,而是将其界定为英语被动语态构式,也就是将其范畴化为被动语态构式范畴

---

① 按照 Langacker (1987)认知语法的构式思想,整体作为感知部分的成分内容。这里 Croft 将动词分析为及物式动词和不及物式动词,也就是将及物动词构式这个整体感知为动词构式这个部分的成分内容。

② Croft (2001)将激进构式语法理论的句法表征思想称之为"非归并理论(nonreductionist theory)",指句法表征是从大单位开始,然后根据小单位(组成部分)与大单位之间的关系来界定小单位。同时,Croft (2001)将其他构式语法理论(如 Fillmore & Kay 的构式语法理论、Lakoff 和 Goldberg 的构式语法理论)称为"归并理论(reductionist theory)",意思是说,这些构式语法理论的句法表征是从小单位(组成部分)开始,然后根据这些小单位之间的结合(combination)来对大单位做出界定。

的一个实例。其次,许多构式都是由一些特定的词素成分结合而成的,如英语被动构式是由动词 be、动词过去分词形式和 by-短语结合而成的;而如我们所知汉语被动语态构式要有被动标记词"被"或"让"等。

最后,也是最重要的,一个构式的语义在构式的范畴化中起着十分重要的作用,因为一个构式是一个象征单位。比如,区别英语主动句及物构式和被动句构式主要看句子主语的语义角色,前者主语是施动者,后者主语是受动者。

5.2 激进构式语法的分析模型

按照传统构式语法的思想①,构式是由若干象征结构组成的。(Langacker 1987)一个象征结构是由句法结构和对应的语义结构组成的。句法结构是由句法成分整合而成的;句法成分之间是句法关系。语义结构是由语义成分整合而成的;语义成分之间为语义关系。在一个构式里,句法成分与相应的语义成分之间是象征关系(如下图中 1 所示);句法成分之间的整合(句法关系)与相应的语义成分之间的整合(语义关系)之间是象征关系(如下图中 2 所示);句法结构与语义结构之间也是象征关系(如下图中 3 所示)。

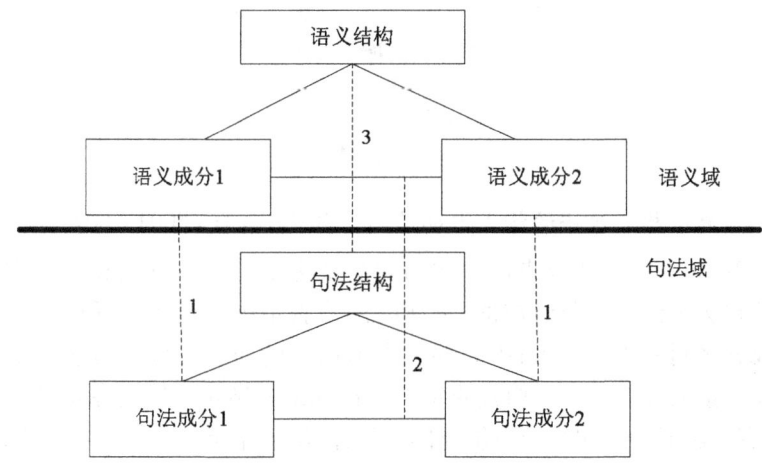

(传统构式语法的构式内部结构。此图参考 Langacker(1987:84),有改动)

---

① Croft 将其构式语法思想称之为"激进构式语法"。据此,我们试将 Croft 以前的构式语法理论,包括 Langacker 认知语法的构式语法理论、Lakoff 和 Goldberg 的构式语法以及 Fillmore & Kay 的构式语法理论,统一称之为传统构式语法理论。

上图虚线表示"象征关系",虚线1表示句法域的句法成分与语义域的语义成分之间的象征关系,虚线2表示句法域的句法成分之间的关系或整合与语义域语义成分之间的关系或整合之间的象征关系,虚线3表示句法域的音位结构和语义域的语义结构之间的象征关系。

激进构式语法认为,一个构式内部根本不存在虚线2所表示的句法关系与语义关系之间的象征关系;构式语法无需考虑句法关系(dispense with syntactic relations)(Croft 2001:175)。构式是句法表征的基本单位。一个构式的句法结构表征不应当包括任何组成该构式的成分之间的句法关系。构式里不存在主语、谓语、宾语这样的句法关系。构式里唯一的句法结构就是构式和组成成分之间的部分—整体关系。构式的组成成分在句法结构中扮演一定的句法角色。构式的内部结构可图示为:

(1)

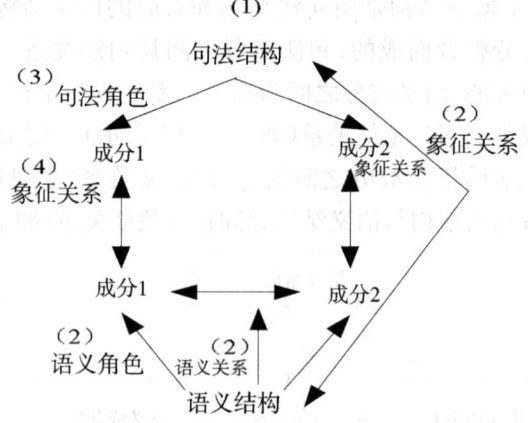

(激进构式语法的构式内部结构。参见 Croft(2001:204))

从图中看出,上面的部分表示构式的句法结构是由句法成分和这些成分所担任的句法角色两部分组成的;下面的部分表示语义结构包括语义成分和语义成分之间的语义关系;中间部分表示构式的句法成分和相应的语义成分之间为象征关系。一个构式的句法结构和语义结构之间是象征关系。这里,只有句法成分和句法角色组成的句法结构,没有句法关系。这一思想是激进构式语法与传统的构式语法理论相比,最具"激进性"的主要标志(Croft 2001)。

激进构式语法分析模型为什么要剔除构式的句法关系,或者说认为句法关系在句法表征中是不需要的呢?理由主要有:

第一,所谓的"句法关系"说到底仍然是语义关系。激进构式语法认为,传统的构式语法理论所说的"句法关系"无非有两类:搭配依存关系(collocational dependence relation)和有编码标记的依存关系(coded dependence relation)。

搭配依存关系是指一个句子里一个词对另一个词的选择限制。比如,在"The cherry trees burst into bloom.(樱桃树开花了。)"里,介词短语 into bloom 对名词 bloom 的选择受到动词 burst(绽放)的限制,即 burst 的应当是 flower(花)或 bloom(花,尤指菊花等),不会是"果实"。这一搭配关系表明动词和介词短语之间的搭配也是一种依存关系。同时,burst(绽放)对于其主语的选择也有限制,即能够 burst 的必须是一种开花的植物(包括花树)。这一搭配关系表明句首名词成分和动词之间也存在着一种依存关系(主语和谓语动词的关系)。这些依存关系表示,介词短语 into bloom 对名词 bloom 的选择、句首主语 The cherry trees 的选择都与动词的语义、名词 bloom 的语义和主语 The cherry trees 的语义有关。它们之间的搭配与其说是由主语、谓语、宾语句法关系决定的,倒不如说是由这些句法成分的语义和它们在这个句子里充当的句法角色决定的。因此,激进构式语法坚持把这样的搭配依存关系看做是一种语义关系,而不是句法关系①(Croft 2001:186)。

另一种句法关系是有编码标记的依存关系,即一句话的句法结构里显性部分所标示的句法关系。比如,在"She understands him."里,主格 She 和动词 understands 单数第三人称一般现在时形式标示出 She 和 understands 之间是主语—谓语动词关系;宾格 him 和 him 置于动词 understands 之后的线性序列标示出 him 和 understands 之间是动词—谓语宾语关系。显然,有编码标记的依存关系包括组构关系(constituency relation)和线性序列。句子里的组构关系几乎全部是以语义为基础的。这个语义基础就是镜像原则(principle of iconicity),即句法结构相邻的成分镜像地折射出它们的语义关系。同样,一个构式成分的线性序列能够对一个构式意义的语义角色进行编码。比如,在汉语里,线性序列就可以反映语义角色,不需要显性的编码依存关系。像"我爱他"和"他爱我","我"和"他"谁是被爱者,线性序列表达得清清楚楚、毫不含糊。因此,激进构式语法将这样的有编码标记的依存

---

① 激进构式语法认为,搭配依存关系有一些似乎应当看做是句法关系,有一些似乎最好看做是语义关系。事实上,句法搭配依存关系和语义搭配依存关系是一个连续统(Croft 2001:179)。

关系看做是象征关系(symbolic relation)。①

第二,语言交际不需要(unnecessary)句法关系。激进构式语法认为,在一个成功的语言交际活动中,如果听者拥有上图所示的语法知识,就一定能够理解话语传递的意义。Croft(2001:205)发现,通常对一个话语的理解可以有这样4步(参照上图括号及箭头标示):

(i)听者把接收到的话语识解为某一构式的一个实例(instance),即听者有能力辨识上图中所说的构式的句法结构(syntactic structure)。比如,当听者接收到的话语为"The window was broken by the neighbor's kid."时,听者根据现已掌握的句法结构知识,将其识解为被动构式的一个实例。

(ii)听者通过句法结构整体和语义结构整体之间的象征关系达致(access to)自己记忆里该构式的语义结构,理解构式语义结构的组成部分及各部分之间的关系。比如,听者将上例中的 The window 理解为被动构式的受事;the neighbor's kid 理解为被动构式的施事。

(iii)听者通过构式的句法角色辨识句法结构的组成部分。比如,听者将上例中的 The window 理解为被动构式的主语,the neighbor's kid 理解为被动构式里介词 by 的宾语②。

(iv)听者利用象征关系辨识每一个句法成分与其相应的语义成分,即听者理解言者的意思(详情可参考上一页的图)。

通常来讲,交际的目的就是理解话语的意义。以上4步(没有严格顺序)告诉我们,听者不必求助句法关系,利用一个构式的句法结构与语义结构之间的象征关系(整体—部分关系)就可以理解言者的话语,实现交际的目的。

但是,上述只是从逻辑上讲,言者掌握了构式语法所表征的语法知识,句法关系就没有必要了。但这并不能证明句法关系在交际活动中就不存在。根据"奥卡姆剃刀(Ockham's razor)"原理,如果一个理论的某一(些)部

---

① 但是,作者发现在许多语言里一个限定性分句的成分的语序并非是固定的。Ute 语里,主语可以出现在动词后(VS);也可以是主语在动词前,宾语在其后(SVO);还可以是主语和宾语都出现在动词前(SOV)。因此,线性序列不应当看做是一个普遍意义的形式组构理念。

② 激进构式语法的构式思想剔除了句法关系,取而代之的是句法角色。比如,这里将 The window 理解为被动构式的主语,the neighbor's kid 理解为被动构式里介词 by 的宾语,指的是句法角色,是部分—整体关系。如果将 The window 理解为动词 was broken 的主语,the neighbor's kid 理解为介词 by 的宾语,充当动词 was broken 的状语,指的是句法关系。

分在分析过程中没有必要，就可将其消除掉。上述推理就是运用"奥卡姆剃刀"原理消除了句法表征中不需要的"句法关系"。

第三，激进构式语法理论（如上图所示）优于成分模型理论（componential model theory）。成分模型理论认为，语法可以分为音位、句法、语义和词库几个自足的模块，可以用不同的成分来表征，每一个部分都是由制约音位、句法、语义和词库的基本成分的规则组成的。近来的成分模型理论研究认为，带有信息的唯一构件（construct）是词库（lexicon）。词库是音位结构、句法范畴和意义的规约性结合体。复杂的句法结构和它们的语义结构之间的连接是通过普通的连接规则（linking rules）实现的；句法关系和相应的语义关系之间的连接也是通过普通的连接规则实现的。成分模型理论可以表示为下图：

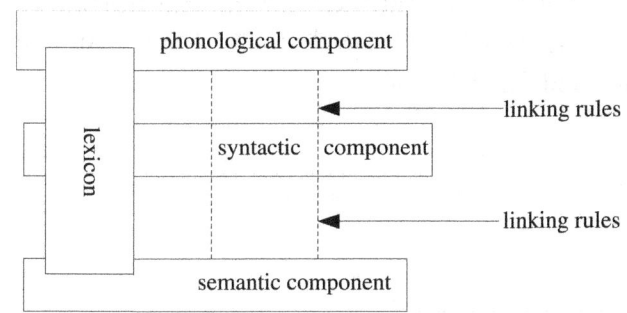

激进构式语法理论认为，成分分析模型将句法和语义区分为两个不同的部分，用普通的连接规则把句法和语义连接在一起。这里只有句法关系，没有象征关系。严格来讲，只有句法关系，没有象征关系，是不可能的。离开象征关系，言者和听者无法把听到的话语和要传递的意义连接起来。事实上，运用普通的连接规则无法对人类语言中复杂的形式—意义之间的映射（form-meaning mapping），尤其是一些形式—意义之间的非一致关系（anomalous agreement），做出合理的解释。在这样的情况下，句法结构中的成分与成分之间存在着一致关系，但是与这些句法结构对应的语义结构成分之间的关系倒是不够合理的，或者说是难以搭配得拢的。比如，跨语言的所有者提升（possessor ascension）现象，在 Tzotzil 这类语言里，一个指称的所有者（possessor of a referent）似乎与动词之间存在着一定的句法关系，而不是与被指称事物的名词有句法关系。

(2) l-   i-   k'as   -b   -at   j-   k'ob
    PF- 1SG.ABS- break -IO.APPL -PASS 1SG.POSS- hand
    My hand was broken.

另外，在一些 Caucasus 语言里，副词与绝对格名词之间在句法上存在着一致关系，然而它们之间的语义关系是不够合理的。例如，

(3) roq'o   = b   video   b =   ugo
    At. home   = N   video. N   N =   be. PRS
    There is a video at home.   （Croft 2001：210）

Croft（2001：211）提出，要搞清楚这些语言里的形式—意义之间的对应关系是很困难的。但是，如果去掉句法关系，句法成分之间是部分—整体关系，句法结构和语义结构是临摹性的（iconic），语义关系就很容易搞清楚了。

相比之下，激进构式语法理论去掉了句法关系，语言中形式-意义之间的映射简单明了，直截了当。以英语被动结构"The window was broken by the neighbor's kid."的理解为例，

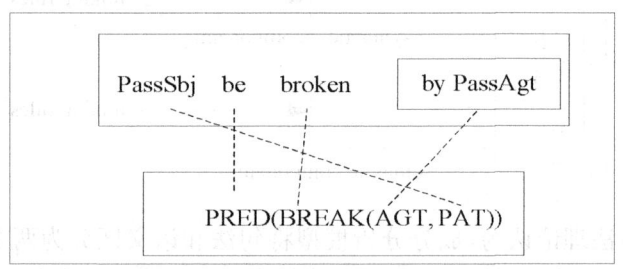

图中大箱子表示"The window was broken by the neighbor's kid."是一个构式。里面上边的小箱子表示构式的句法结构；下边的小箱子表示构式的语义结构。虚线表示该构式语义结构各语义成分和句法结构里相应的句法成分之间为象征关系。

这一分析模型首先是将"The window was broken by the neighbor's kid."识解为英语被动构式的一个实例，即一个由句法结构和语义结构结合的对子。根据其句法结构与语义结构之间的象征关系，将 the window 识解为被动构式主语，与语义结构中的受事对应；将 by 后面的 the neighbor's kid 识解为被动构式的施事成分，与语义结构中的施事对应；be 识解为被动构式的谓语成分；broken 对应的是语义结构里的动词 break。如图所示，通过象征连接，每一个句法成分都直接映射到相关的语义部分上。激进构式语法认为，这样的分析模型用于跨语言研究要比成分分析模型优越得多。

5.3 激进构式语法对构式的类型学研究

Chomsky(2002)在他的 *Syntactic Structures* 里指出,语法就是一套生成合语法句子的规则;语法研究的目的就是发现一套生成所有语言中合语法句子的规则;运用一套形式结构特征可以辨识普遍存在于不同语言中的构式。这一观点受到激进构式语法的严重挑战。Croft(2001)认为,语言事实证明,这样的一套形式结构特征只能把世界语言里相关构式的一部分剥离出来。构式的形式结构不是普适性的(universal),因为不可能找到一组形式结构特征来对不同语言中所谓"相同"的构式做出清楚的界定。"构式因语言不同而不同;不同语言有不同的构式。"不同语言里表达相同功能的构式在结构上有明显的差异。比如,表示被动意义,英语常采用"被动句主语(通常为受事者)+动词(be V-ed)+ by 被动句施事者";汉语常采用"被动句主语(通常为受事者)+ 被(被动句施事者)+ 动词";日语常采用"被动句主语(通常为受事者)+ 助词 + 被动句施事者 + 助词 + 动词的被动形式"。激进构式语法主张,应当从句法域和概念域的投射来进行构式的类型学研究。我们以世界语言里的语态构式(voice constructions)为例,重点谈一下被动语态构式和"倒置构式(inverse construction)"。

在《激进构式语法》里,语态构式可分为基本语态构式和派生结构(derived structure)构式。像英语里的主动语态属于基本语态构式,如"They took the boy to school."。这样的基本语态可以界定对主语的编码、对宾语的编码和对旁格(oblique role)的编码。具体来讲,主动语态里的施事编码为主语;受事编码为宾语;其他的参加者如上例的 to school,从定义上都采用旁格编码。

除了主动语态构式外,其他的语态构式都称为派生结构构式。意思是说,其他的语态构式不是依据功能来界定,而是根据结构来定义的。我们把英语"The boy was taken to school (by them)."这样的被动语态构式当做常规被动语态构式。英语被动语态构式的特征可描写为:
(i) 施事(如果表示出来的话)编码为旁格。
(ii) 受事编码为主语。
(iii) 动词与主动语态里的动词相比有形态上的差别。

Croft(2001:286)认为,英语被动语态被认为是普适性的构式;这三个特征可以作为描写不同语言里被动语态的一种模型和范式。

还有一种既不同于主动语态又不同于被动语态的构式,如 Algonkian 语言 Cree 语里的"倒置构式"(inverse construction)。与此相对的是直接构式(direct construction)。例如,

(3) ni-　wāpam　-ā　　-wak
　　I-　　see　　-DIR　-3PL
　　I see them.

与英语被动语态不同,Cree 语倒置构式里,施事成分仍然是动词的直接论元,充当句子的主语。这样的倒置构式里的受事论元在人称层级(person hierarchy)上高于施事论元,如上例中受事论元是第三人称、施事论元是第一人称。与直接构式相对的是倒置构式,如:

(4) ni-　wāpam　-ikw　-ak
　　I-　　see　　-INV　-3PL
　　They see me.

在(4)里,
　　(i)　　施事编码为直接论元,与直接构式中的受事一样。
　　(ii)　　受事编码为直接论元,与直接构式中的施事一样。
　　(iii)　　动词与直接构式①里的动词有形态上的不同。

除此之外,Croft 还发现,Welsh 语里,非人称被动语态构式里的施事编码为旁格,受事编码为宾语,动词有形态上的不同。在西班牙语的反身被动语态构式里,施事可以用旁格表示,受事同时可以表示为主语又可以表示为(反身)宾语,动词(至少与主动反身动词相比)无形态变化。在 Arizona Tewa 语里,被动/倒置构式的施事编码为旁格,受事编码为主语,动词与主动语态相比无形态上的不同。

对于以上情况,不同的语言学家对语态构式有不同的看法。Siewierska (1985:1, c.f. Croft 2001:310)认为,没有一个特征是语言里的被动语态构式所共享的。Thompson (1994:61, c.f. Croft 2001:310)断言,没有任何结构特征可以用来定义倒置构式,把倒置构式与被动语态区别开来。Shibatani (1985:821, c.f. Croft 2001:310)发现被动语态和主动语态构成一个连续统。Croft (2005)的结论是,根本没有普适性的被动语态和倒置

---

①　Cree 语里直接构式和倒置构式的不同除了动词形态差异外,倒置构式的施事和受事要颠倒位置。

构式。

激进构式语法主张,合适的类型学解释必须重视世界语言里语态构式的结构差异,找到一种对各种语言都有用的方法来对比语态构式的结构,解释语言的普遍性。Croft(2001:311)总结了29种语言里的语态构式的结构特征。从理论上讲,语言中构式的命名是任意性的(arbitrary);所有的语法构式都因语言不同而不同。但这并不意味着语态构式的结构特征就没有任何模式(pattern)可言,我们可以利用对语态构式结构特征的描写建立语态构式的句法域(syntactic space)。句法域包括受事的编码、施事的编码等内容。然后,句法域可以投射到表征施事和受事凸显或主题性(topicality)的概念域。

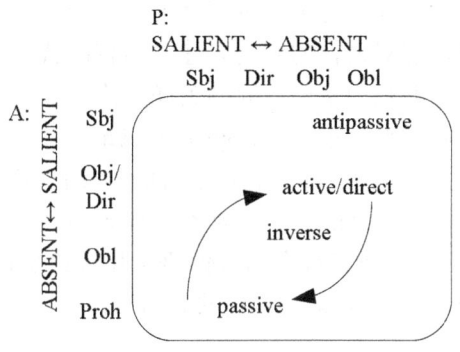

(参照 Croft(2005) Figure 5)

上图表示,语态构式是一个从主动/直接构式,通过倒置构式,到被动构式的连续统,可以记作:主动/直接构式→倒置构式→被动构式。语态构式的句法域对施事和受事的编码投射到概念域施事和受事的显著性(salience)上。当施事比受事更具主题性或显著性高时,常常使用无标记或标记性较低的语态构式(如主动/直接构式)。反过来,当受事比施事更具主题性或显著性高时,常常使用的是一些有标记或标记性较高的语态构式(如被动或倒置构式)。不难看出,虽然不同的语态构式结构上不存在普适性,但不同的语态构式对施事和受事的主题性或显著性的形式编码是跨语言的。

上图还表明,从主动到被动、再从被动回到主动(如曲线箭头所示)的句法结构演变是一条宽广的路径。激进构式语法认为,语言变化是一种渐变过程;一个构式的句法结构演变也是一种渐变过程。这个过程中的每一个中间状态从结构上讲都代表着一种构式类型。因此,跨语言研究发现中间

(intermediate)构式类型从结构上讲将会产生一个共时的构式类型连续统。另一点,语法结构的演变通常是多路径的。比如,跨语言研究证明:被动语态构式可以是从结果构式、第三人称复数构式或反身构式演变过来的。激进构式语法断言,对语法构式演变的多路径的发现无疑将会丰富我们对一个构式类型的句法域成分的认识。

这里,激进构式语法试图将语言类型学思想与以意义为基础的语言结构模型联系在一起进行跨语言探讨。全世界现存的语言大致有 5000－6000 种左右,这些语言无论是语音、词汇还是语法都有着独特的个性和表现形式。但是,这些形形色色的语言背后必然蕴含着一些共性规则。当代语言类型学的研究目标就是揭示这些表面千差万别的人类语言背后所隐藏的共性和规则。形式语言学是通过对个别语言的测试来建立普遍的语言规律。功能语言学是通过语境对语言的制约来建立语言的普遍规律。类型学则是通过大量的语言统计并从中发现普遍的蕴涵规律来证明语言普遍规律的存在。激进构式语法将类型学家(typologist)的思维方式运用到单个语言的语法分析中。类型学家的思维方式包括:语言的多样性(diversity)是基础;变异(variation)是我们要研究的语言的常态。变异在类型学里通常是指跨语言的变化,而类型学家的观点常常蕴含像语法化理论所说的历时变异(diachronic variation);激进构式语法是把共时的语言内部的变异和类型学思想整合在一起的。

类型学家们是在承认语言的任意性的同时发现语言的普遍性(universal)的。按照形式主义和功能主义的基本原则,语言中的各种现象不可能是、也不应当是都可以给出解释的。因为如果是这样的话,所有的语言都是一样的了,所有语言的内部结构都是一样的,语言也就成了"铁板一块"、一成不变。一个类型学家试图解释语言的普遍性,而语言的任意性是不同语言的个性特征。一种语言的语法是任意性和一些有理据的普遍规则的混合物。类型学家们还承认语法的所有内容都是变化着的(pass)。语言在微观层面(语言使用)和宏观层面(需要几代人才能够搞清楚的语法变异)都是动态的(dynamic)。一些共时的语言现象只是出现在语言运用长河中的瞬时状态。

激进构式语法的构式类型学研究除了要对句法进行解构(deconstruct)外,其主要目的是用某一语言的个体使用者的知识模型合理地表征人类语言的普遍性(universal)。

5.4 激进构式语法对句法范畴和语义相对论的研究

形式和意义的关系是构式语法研究的核心内容。语言类型学家们提出了形式和意义的相似性概念化假设(iconicity-conceptualization),认为句法结构和语义结构是平行的;语义结构决定句法结构,或者说是语义结构是句法结构的理据(Croft 1990;Haiman 1980)。语言学家洪堡特、萨丕尔和沃尔夫等提出了语义相对论的假设,认为语义的各个方面并非都具有普遍性,一个语言单位的语义至少有些部分是由句法结构来决定的。支持语义相对论观点的还有认知语言学家,他们认为大部分(如果不是全部的话)语法范畴都是有意义的;语法范畴表示的意义代表了语言对意义编码和解码过程中的概念化经验。Langacker(1987)融合了语义的普遍性和语言的特殊性,认为语言单位的句法结构镜像地决定(shape)其语义结构;语义结构代表概念结构的意象(image)。Langacker 的这一理论框架可图示为:

句法结构
↓
语义结构
↓
概念结构

激进构式语法(Croft 2001:110)认为,Langacker 的理论框架"没有考虑到语义结构的意象对概念结构的重要影响",所有的语言使用者都拥有大致相同的概念结构。概念结构是一种经验,在这种经验里同时存在着不同的、甚至相互抵触(conflicting)的概念化现象;这些不同的概念化现象实现为不同的语法成分,包括词汇(lexical items)和语法构式。Croft(2001:128)把句法结构、语义结构和概念结构之间的关系描写为:

句法结构
↓ ↑
语义结构
↓ ↑
概念结构

由于概念化的多维性,一个概念经验的语义结构允许有新的识解(novel construal),这个语义结构的新的识解可以使用非常规的句法结构来表示,如图中朝下的箭头所示。当这一非常规的、新的句法结构随着时间的推移常规化(conventionalized)后,概念经验的其他普遍性特征又表现出来了。这

些特征赋予构式的语义结构新的常规化的功能,从而导致句法结构形式的变化。这一过程如图中朝上的箭头所示。例如,

  (5)[SBJ AVOIR (très) STATE]
   a. J'ai froid.
   b. J'ai **très** froid.
  (6)[SBJ avoir OBJECT]
   a. J'ai une voiture.
   b. *J'ai **très** une voiture.

Croft(2001:129)发现,法语 avoir 最早用于表示身体状态(bodily state)的[SBJ AVOIR STATE]构式中。身体状态构式是人类自身体验的结果,可以有冷、有热等,如(5)。由于概念化的多维性,通过自身体验,我们可以体验到这所房子(拿钱去买,自己住等)或这台汽车(拿钱去买,亲自开一下等)是自己所拥有的。对这一概念空间新的识解可以使用[SBJ avoir OBJECT]非常规的句法结构,即拥有构式(possessive construction)来表示。身体状态构式可以有程度的变化(gradable transitory states),如比较冷、很冷等。拥有构式这一非常规的句法结构常规化后表现出了另外的普遍特征,即"拥有"语义没有程度的变化,如不说"比较有、很有"等。可见,身体状态语义和拥有语义的不同特征决定了用来编码身体状态和拥有语义的构式的语法结构,前者可以用表示程度的副词 très 来修饰,后者不能用表示程度的副词 très 来修饰。Croft(2001:131)把这种普遍性和相对性相互作用的分析称之为"常规普遍性分析(conventional universalist analysis)"。

  以上所述 Croft 的激进构式语法理论梳理为五个主要特征:
  (一)Croft(2001)曾断言,构式是语法中唯一的原始单位。在结构上,构式有简单和复杂的;在意义上,构式有具体和抽象的。从词汇到句法和语义规则都可以看做是构式。但是,在他的激进构式语法理论模型里,Croft 仅将那些看得见的(overt)构式,比如一个独立的词汇,看做是最小的单位;而像动词、名词等词类范畴和主语、宾语等语法范畴都没有独立的地位,可以根据它们与所在的构式之间的关系对其做出界定。在这里,构式是原始单位;词类是副产品,因为它们来自构式。
  (二)句法角色和组配结构。激进构式语法用句法结构与语义结构之间的象征关系取代了主语——谓语这样的句法关系。句法角色是指构式的组成部分与整个构式之间的整体—部分关系,如英语被动构式中句首的名词成分看做是被动构式主语(passive subject)。"组配"是指一些成分之间的组织

或聚合(syntagmatical combination),这样组织或聚合得到的是组配结构。语法单位看做是相邻的(contiguous)、有韵律的(prosodic)单位。中心语是主要的信息承载单位。语义成分和句法成分是通过构式特征(a property of constructions)实现连接的。

(三)象征关系。在激进构式语法里,象征关系包括一个构式的句法结构和语义结构之间的象征关系和句法结构的每一个成分与对应的语义结构的每一个成分之间的象征关系。此为构式角度研究语法的一个区别性特征。

(四)功能原型。不同语言之间的同异表现为功能类型原型(functional typological prototypes):指称构式与其指称的事物有关;修饰成分构式与其所修饰的事物的特征有关;述谓构式相关的是其表示的动作。事物、特征和动作都是语义或概念范畴,不同的语言会有不同的语义或概念范畴。

(五)对语言普遍性的解释。激进构式语法对语言普遍性的解释不是假设一套普遍性的语法单位,而是假设一个普遍意义的概念空间(universal conceptual space)[①]。激进构式语法认为,现存的跨语言的语法结构形式的理据是意义;意义来自概念结构。

5.5 对 Croft 的激进构式语法理论的认识

Croft 的激进构式语法与 Langacker 的认知语法虽然存在着一些差异,但在许多方面应该说是一致的。

首先,Croft 和 Langacker 所说的构式都是语言中看得见的(overt)语法结构形式。Croft(2001)将 is 或 book 和"This is the book written by William Croft."这样的形义对子都看做是一个构式。Langacker(1987:27)指

[①] 概念空间是指,人类交际活动的概念知识的一般结构。人类语言中用构式定义的范畴可能会有差别,但是这些范畴都会投射到同一个概念空间。概念空间代表共同的认知传承,为人类的心智所在。比如,在格标记(case-marking)系统里,及物动词的主语记作 A,宾语记作 O;不及物动词的主语记作 S。一个格标记系统只需要区别 A 和 O 就行了;S 和 A 不可能同现(co-occur),因为一个句子不可能既是及物又是不及物的;S 和 O 也不会同现,因为不及物句子不会有宾语。如果一种语言里 S 和 A 为同一格标记,O 为不同格标记,这就是一个主/宾格系统;如果一种语言里 S 和 O 为同一格标记,A 为不同格标记,这就是一个作格/绝对格系统(如 Basque 语)。

出,语法结构几乎全部都是看得见的;事物的确就是它们所表现出来的样子(what they appear to be),只要我们能够对其做出合理的解释。

第二,激进构式语法与 Langacker 的认知语法都将词库和句法(syntax)①看做是一个连续统;一些简单的词项(lexical item)里面包含有许多句法信息。激进构式语法认为,从词汇到最普通的句法规则和语义规则都可以用构式来表征(详见 5.1);从[this]这样简单而且具体的(specific)词汇构式到[Sub be V-en by Obl]这样的复杂而且抽象的(schematic)句子构式是一个连续统,称之为句法—词库连续统(syntax-lexicon continuum)(Croft 2001:17)。Langacker(1987)指出,传统的语法理论将词库看做是一些固定的表达形式,都是一些单个的词汇,无普遍规则可言,只有将其一一列出。在传统语法理论里,句法是指按照普遍规则组织起来的短语、小句(clauses)和句子(sentences)这样的表达形式,句法与词库和语义是截然分开的。传统的句法理论忽略了像 take it for granted that 和 hold ... responsible for 这样的大量存在于语言中的规约性的表达形式。认知语法(Langacker 1987)认为,一种语言的语法应当表征言者有关语言规约性的知识,而且这一知识大部分就在于言者对这些规约性表达方法的理解和把握。因此,Langacker(1987)声称,词库、词素(morphology)和句法形成一个象征单位连续统(a continuum of symbolic units),用来组织所要表达的概念内容。

第三,激进构式语法和认知语法都是以使用为基础(usage-based)的语法理论。以使用为基础的语法理论主要关注语言运用、语言习得和语言变化(language change)。与传统的结构主义和生成语法理论②不同,以使用为基础的理论认为,交际活动中话语运用的特征(properties of the use of utterance)也是决定储存在言者大脑里的语法知识的因素。影响语法知识表征的话语运用特征有两个:一是语法结构形式出现的频率;一是所使用的词汇和构式的意义(Croft & Cruse 2004:292)。Croft(2001:59)指出,激进构式语法坚持以使用为基础,把语言看做是实际说出的全部话语(a population of utterance),采用构式类型网络(taxonomic network of constructions)表

---

① Syntax 一词可以翻译为"句法"或"语法"。为避免混淆,我们这里从前者。实际上,有时 syntax 和 grammar 同义。

② 传统结构主义和生成语法理论认为,语法形式的组织结构(structure)是唯一决定储存在言者大脑里的语法知识的因素。比如,英语名词的复数形式,boys(boy + -s)是由一个高度普遍性的规则(为储存在言者大脑里的语法知识)派生而来的;而 feet (foot 的复数形式)不能从普遍规则里派生出来,因此需要在词库中单独列出。

征储存在言者大脑里的语法知识信息；构式与构式之间是一个类型关系网络(a network of taxonomic relations)；每一个构式都应当表征为构式类型网络中的一个独立的节点(node)。比如,[Subj kick the bucket]应当表征为一个独立的节点,因为这是一个具有独立意义的构式；[Subj kick Obj]也应当表征为一个独立的节点,因为这是一个标明论元连接模式的比较抽象的含有动词 kick 的构式；[subj verb obj]也应当表征为一个独立的节点,因为这就是构式语法所说的及物句构式。这三个构式是一个类型关系网络,这一信息即为以使用为基础的、储存在言者大脑里的语法知识。与激进构式语法一样,Langacker(1987:46)明确指出,生成语言学将语言看做是一个由普遍规则构成的系统,不能够对语言中的一些不规则的、独特的现象做出令人信服的解释。与此相对,认知语法是一种以使用为基础的理论。这一理论将语法定义为,储存在言者大脑里的、有组织的、规约性的语言知识的清单(a structured inventory of speaker's linguistic conventions)。语法罗列了表征言者规约性语言知识的全部的(the full set of)具体结构形式,包括解释这些结构形式的普遍规则,并且将普遍规则看做是从具体的结构形式中抽取出来的,换句话说,具体的结构形式是普遍规则的发源地(matrix)。比如,英语名词复数规则(N+-s)是言者从许多具体结构形式(如 toes, beads, walls 等)中抽取出来的。

第四,激进构式语法和认知语法都将构式的具体意义(specific meaning)和抽象意义(schematic meaning)看做是一个连续统。激进构式语法将"构式语法"看做是一个构式清单(an inventory of constructions)(Croft 2001:25)。这个清单里既有像[I didn't sleep]这样的表示具体意义的构式,又有像[Sbj Intr Verb]和[Sbj Aux-n't Verb]这样的表示抽象意义的构式。从具体意义构式到抽象意义构式形成一个类型层级(a taxonomic hierarchy)。具体意义构式为低层级构式,抽象意义构式为高层级构式。高层级构式一般只能够对低层级构式的语法结构做出部分描写和规定(partial specification)。比如,[Sbj Intr Verb]对[I didn't sleep]的主语和动词之间的组织关系做出了具体的描写和规定；[Sbj Aux-n't Verb]对[I didn't sleep]的动词与助动词和否定形式之间的组织关系做出了具体的描写和规定。Croft(2001:26)认为,低层级构式是高层级构式的实例(instantiation)。高层级构式是对其具体描写的低层级构式类型的普遍结构特征的抽象。比如,[Sbj Intr Verb]是对[I didn't sleep]的主语和动词之间的结构特征的抽象；[Sbj Aux-n't Verb]是对[I didn't sleep]的动词与助动词和否定形式之间的结构特征的抽象。与激进构式语法一样,认知语法认为,语言中的构式是一个有关言者语言规约性知识的有组织的清单(Langacker 1987：63-76)。在这个清单里,像"富士苹果树→苹果树→果树→树"这些构式所表达的语义是一个从具体意义到抽象意义的连续统,"富士苹果树"表达的意义最具体,"树"表达的意义最抽象。相比之下,"苹果树"表达的意义比"富士苹果树"表达的意义抽象一点,后者看做是前者的一个实例(instance),前者是一个意义比较抽象的图式(schema)。这个连续统里的构式所表达的意义之间的关系为"图式—实例"关系。

除此之外,激进构式语法和认知语法虽然都主张将语言中的构式看做是形义对子,但对构式的界定存在着一些差异。激进构式语法的"构式"包括从词到一般的句法和语义规则,还包括词的内部结构。构式是语法中唯一的原始单位(primitive unit)。构式是定义语法范畴的唯一方法。Langacker (1987)将构式定义为:由词素(morphemes)或/和较复杂的表达形式聚合起来的象征结构。构式包括一组组成结构(a set of component structures)、这些组成结构的整合方式(mode of integration)以及由此整合而成的合成结构(composite structure)。

最后,我们认为激进构式语法研究还存在着一些值得商榷的地方。首先,Croft (2001：286)认为英语被动语态是普适性的构式;提出(i)施事(如果表示出来的话)编码为旁格、(ii)受事编码为主语和(iii)动词与主动语态里的动词相比有形态上的差别,这三个特征可以作为描写不同语言里被动语态的一种模型和范式。我们认为,这三个特征很难对世界上所有语言的被动结构做出形式化的描写。其次,Croft 的激进构式语法一方面摈弃句法关系、强调语义在句法表征中的作用,一方面强调构式的象征性,不同句法结构形式象征着不同的语义功能。从这一点来看,Croft 对构式构建的论述还有待进一步探讨,避免一些似乎矛盾、不太一致的地方,应当"激进"得彻底一点。

第六章
体验构式语法

语言研究有不同的路径和方法,但大家有一个共同的信念或共识:语言知识的基本单位是形式和意义的结合体(pairing of form and meaning),即构式(construction)。但是,意义的本质到底是什么仍然未能完全澄清,因为主张任意性(arbitrariness)和抽象表征(abstract representations)者与主张感觉、运动系统表征(perceptuo-motor representations)者两派各持己见,长期争论不休。面对此种窘境,美国加州大学伯克利分校语言神经研究小组建立了一个新的语法研究框架——体验构式语法(embodied construction grammar)(Bergen & Feldman 2003;Bergen & Chang 2005;Bergen,Chang & Narayan 2005),试图将两种观点整合(integrate)在一起,提出了一种新的"意义观":意义是人类感觉和运动系统[1]体验的图式表征(casting meanings as schematic representations embodied in human perceptual and motor systems)。

意义来自心智模拟[2]。在这一意义观之下,日常语言理解就是对感觉和运动系统动态表征的心智模拟(mental simulation);语言表达式的意义就是一些心智模拟部分的参数化(parameterization)。参数化被看做是语言的不

---

[1] 从运动生理学角度来讲,人体运动系统由骨、骨连结和骨骼肌三种器官组成。运动系统主要的功能是运动。简单的移位和高级活动如语言、书写等,都是由骨、骨连结和骨骼肌的运动实现的。运动系统的第二个功能是支持。构成人体基本形态,头、颈、胸、腹、四肢,维持体姿。运动系统的第三个功能是保护。由骨、骨连结和骨骼肌形成了多个体腔,颅腔、胸腔、腹腔和盆腔,保护脏器。人体各部分的运动都是由许多肌肉共同工作的结果。在正常条件下,外界刺激作用于感觉器官,引起神经兴奋,由大脑的相应中枢把兴奋传导到协同肌和拮抗肌,使各肌肉协调一致,保证了动作的顺利完成。
[2] 心智模拟已被广泛地看做是语言表达式意义的重要组成部分,在语法和心智构造(mental construction)中扮演着主要的角色(Langacker 2008:582)。

同特征和心智模拟所需要的百科知识之间的一个界面(interface)。

本章内容主要包括体验构式语法产生的理论背景、体验构式语法的形式化模型、主要思想和观点,最后是我们对体验构式语法的一点认识。

6.1 体验构式语法产生的理论背景

许多语言学理论都将形式和意义的结合体当做是语言知识的基本单位,即索绪尔(1916)的"符号(symbol)"和认知语言学(Langacker 1987; Goldberg 1995)所说的"构式(construction)"。按照认知语言学的构式观,语言的功能就是用形式(form)来传递意义(meaning)。在语言接触的过程中,言者必须知道用适当的形式来编码自己意欲表达的意义;听者必须对接收到的声音或文字形式进行解码,才能够理解话语的意义。那么,究竟什么是语言表达的"意义"呢?

对一个语言表达式的意义表征有两种看法:一种是抽象意义观(abstract representations),认为意义表征是抽象的符号系统,包括特征结构(Pollard & Sag 1994)和逻辑表征(May 1985)。一种是比较具体的意义观(more concrete perceptual- or motor-based representations),认为意义表征是一种概念化,包括以感觉或运动系统为基础的表征(Langacker 1987; Barsalou 1999)。

以上两种"意义观"都面临着非常棘手的问题。抽象的意义观,不管是以特征(features)还是以逻辑(logic)为基础,都难以解释符号是怎样和人们的感觉、运动系统、情感和其他经验联系起来的。大量事实证明,人们的语言理解往往是自觉地、无意识地诉诸感觉、运动系统、情感以及通过体验得到的知识。语言运用者通常是以使用的语言为基础,自然地进行比较宽泛的联想和因果推理,这样的推理过程是无法用抽象的符号系统完成的。但是,仅凭人们的感觉和运动系统知识也难以理解一个语言表达式的意义。比如,"My pet chicken kissed me on the cheek."被理解为"我的宠物小鸡亲吻了我的脸颊",虽然感觉和运动系统知识告诉我们,小鸡是没有嘴唇的,是无法去亲吻人或别的动物的。另一方面,一个语言单位的结合方式是无法完全按照它们的语义特征推知的。比如,"Colorless green ideas sleep furiously."被认为是合语法的语言结构,尽管这些语言单位的语义特征是相互矛盾的,是搭配不拢的。

要解决以上两种"意义观"面临的问题,认知语言学(Fillmore 1982;

Langacker 1987；Lakoff 1987；Talmy 2000)提出，心智表征是对情态知识（modal knowledge）的图式化（schematization）。这一观点采取折中态度，既认为语言运用包括激活（activate）感觉和运动系统机制；又坚持语言单位本身仅是对这些机制的图式表征。不过，认知语言学的观点唤起一些研究者（Regier 1996；Bailey 1997）去积极探讨怎样运用语言处理的计算模型图式化来表征人们的感觉和运动系统结构。但是，他们的努力还没能将用来连接感觉、运动系统结构和语言表达形式的词汇、语法单位的本质搞得一清二楚，更谈不上对其进行计算处理和形式化。

加州大学伯克利分校的 G. Lakoff 教授建立的语言神经理论（neural theory），从神经科学和人脑的结构出发，对人类的理性思维和语言理解的机制进行了深层次的探讨。传统研究认为，理性思维（reason）和语言为人类所独有，概念作为两者的基础只能存在于人类特有的大脑机制中，不能存在于感觉运动系统这一所有动物都具有的机制中。概念是非体验性的（disembodied），与感觉和行动（action）不相关联。与其相反，Lakoff & Johnson (1999：497)认为，"概念是通过身体、大脑和对世界的体验（embodiment）形成的；概念只有通过身体、大脑和对世界的体验才能被理解。概念是通过体验，特别是通过感知和肌肉运动功能得到的。"加州大学伯克利分校的语言神经理论实验组对猴子的实验研究支持了这一理论。该实验表明如何用神经科学研究上的多感觉道（multimodality）、官能团（functional clusters）、模拟和参数来解释概念的普遍性、稳定性、内部结构性（internal structures）、可推理性（inferential）和意义性（meaningfulness）。神经科学研究发现，当我们实际看到某种事物时，大脑神经系统的一部分被激活；当我们想象（imagine）看到这种事物时，激活的是相同的神经系统部分。运动也是如此，用手抓起一个瓶子，大脑运动系统的一部分被激活；当我们想象用手抓起一个瓶子，激活的是同一运动系统部分。根据这些发现，Lakoff 认为，**只有当我们能够观察到或想象到一个概念（比如 grasp）相关的动作，我们才能够理解这一概念的意义。想象某一概念相关的动作的能力就是一种心智模拟能力，一种在头脑里实施这一动作的能力。这些能力是概念的意义性的基础。**因此，Lakoff 进一步指出，语言里一个概念的意义性，是指这个概念是可以想象的，可以在大脑里模拟的，可以实际做出来的。

在这样的理论背景下，美国加州大学伯克利分校和国际计算科学研究所的 Nancy C. Chang 博士与美国夏威夷大学马诺阿分校的 Benjamin K. Bergen 等学者建立了"体验构式语法（embodied construction grammar）"，旨在借助构式对语言分析进行形式化（formalization），建立一个以模拟为基础的语言理解模型(simulation-based model of language understanding)。该模型认为,日常的话语理解至少包括两个过程:分析过程(analysis process)和模拟过程(simulation process)。概念表征是以身体感觉和运动系统为基础,即运用这些系统对心智模拟参数化。

6.2 体验构式语法的形式化模型

体验构式语法是一种从构式视角研究话语理解的语言学理论模型,用于整合有根基的(grounded)、可以计算的(computationally implemented)、以模拟为基础的研究人类语言运用的理论。和 Fillmore & Kay 的构式语法理论(参见第二章)、Lakoff 和 Goldberg 的构式语法理论(参见第三章)、Langacker 认知语法的构式思想(参见第四章)以及 William Croft 的激进构式语法理论(参见第五章)一样,体验构式语法也将形式和意义的结合体看做是语言的基本单位,小到词素大到一个篇章,都可以看做是一个形式和意义的结合体,或者说是"构式"[①]。不同的是,体验构式语法的研究重心是探究听者的构式知识帮助和加深话语理解的方式。

从广义上讲,对一个话语的理解,不仅要搞清楚话语结构形式传递的语义内容,还要结合交际语境信息通过推理得到更多的语义信息,以达到对话语做出恰如其分的回应,如对问题做出合适的回答或针对说话人的请求实施某一行为等。对一个话语的理解常常包括五彩缤纷的百科知识、场景(scene)和交际语境信息三部分之间的相互作用,所以仅凭音位图式和语义图式之间的静态联系是不够的,需要借助动态的语义推理。为此,体验构式语法将理解一个话语的概念或意义看做是激活内在的体验图式(embodied schemas)[②]。体验图式根据经常性的感觉和运动系统经验抽象得到的认知结构,运用交际语境表征的心智模拟进行详细的推理,进而得到话语的意义信息。基于这一认识,体验构式语法建立了以心智模拟为基础的话语理解模型。

---

① 构式是基本的语言单位;是形式和意义的对子(pairing)。这些对子既可以是实体(entities)也可以是关系(relations)。构式用来为心智模拟提供参数。
② 体验图式是指,体验构式语法用做语言和模拟的界面,包括用体验结构来表征意义体验结构(embodied structures)。体验构式是用来描写模拟参数以及与体验构式相连接的构式表征。

6.2.1 体验构式语法的以模拟为基础的话语理解模型

如上所述,体验构式语法旨在整合出一个以模拟为基础的(simulation-based)、有关话语理解的形式化模型。具体内容可以表示如下图:

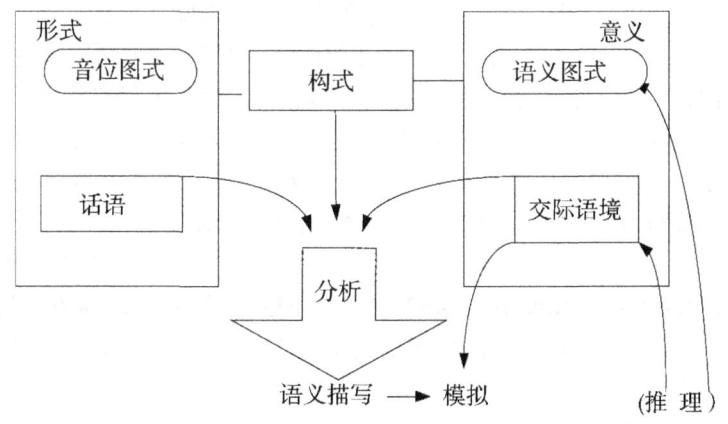

(以模拟为基础的话语理解模型)

上图告诉我们,一个话语理解模型主要有两部分:形式部分和意义部分。形式部分里有话语(discourse)和音位图式(phonological schema),话语就是听到的或所要理解的内容,音位图式是由话语各个部分的发音组成的音位单位(phonological unit),如/weɪt/、/mæn/等。意义部分包括交际语境(communicative context)和语义图式(semantic schema)。前者是指话语产生的场景等因素;后者是指话语表达的语义内容。位于形式和意义两部分中间的构式(construction),是用来连接一个话语的形式和意义的纽带,也就是说,一个话语使用一定的形式表达一定的意义是通过构式实现的。这样,构式里就既有形式信息又有意义内容,所以体验构式语法将构式看做是人们语言知识(linguistic knowledge)的主要源泉。具体来讲,从一些构式中可以直接得到有关该构式感觉和运动系统(perceptual and motor system)机制的知识;从一些构式(比如较复杂的短语或小句构式)中可以得到有关该构式参数化的表征,以及与其相关的不同意象(imagery)的结合方式的知识;从一些构式中还可以得到有关构式影响人们心智模拟方式的知识,比如,从一个被动构式中可以得到有关该构式调节行为模拟视角的知识等。

体验构式语法认为,对一个话语的理解,仅凭音位图式和语义图式之间的静态联系这些构式知识是不够的,还需要借助动态的推理所得到的语义信息。如上图所示,动态的推理在体验构式语法话语理解模型里包括两个过程:分析和模拟。分析和模拟与构式知识(constructional knowledge)相互作用(interact),达至对一个话语的完整理解。

分析过程(如上图中箭头方向所示)根据交际语境信息和在这个交际语境中接收到的话语(或者说是话语的音位图式)以及构式知识①来决定话语的图式构式②,通过图式构式提供的参数信息对该话语的语义做出具体描写(semantic specification),包括对相关构式引发的图式以及它们之间关系的详细描写。因此,分析过程是从构式视角对话语所表达的意义的形式化(construction formalism)或者说是参数化(parameterization)的描写。体验构式语法的分析过程有两步:一是寻找能够对具体话语做出分析的"候选"构式(candidate constructions),如一些图式性的或比较抽象的构式;二是将"候选"构式或图式性构式提供的结构信息统一(unify)到对具体话语的语义描写上。

分析过程得到的语义描写输入到心智模拟过程(如上图中箭头所示)。心智模拟过程结合交际语境信息,运用行为和感觉表征对具体的事件、行为、事物、关系和状态进行模拟。模拟过程做出的语义推理,不仅表明了该话语的语义图式信息,同时为听者对该话语做出与交际语境恰如其分的回应提供了基础。模拟过程的结果达致对话语的合理理解。

6.2.2　体验构式语法的以模拟为基础的话语理解模型的运用

以上我们介绍了体验构式语法的以模拟为基础的话语理解模型。为清楚起见,我们以英语"Mary kissed John."为例,检验和证实体验构式语法的话语理解模型的解释力和合理性。

---

① 构式知识包括一个构式的形式信息和意义内容,以及该构式的形式和意义之间的结合等。构式有指称构式(referring expression construction)和述谓构式(predicating expression construction)。前者如名词、代词以及像 a red ball/Harry's favorite picture of Paris 这样的短语构式,后者是指动词构式和像 Mary tossed me a drink. 这样的句子构式。

② 图式构式是相对于一些具体话语构式来讲比较抽象的构式。比如,相对于 desk 这个名词构式,指称构式(referring expression)是一个图式构式,其形式多种多样,意义是表示指称(referent)。而名词构式 desk 看做是指称构式的一个亚类(subcase),继承了指称构式的参数信息,形式上是一个音位结构/ desk /,意义是指称一个实体。

第六章 体验构式语法

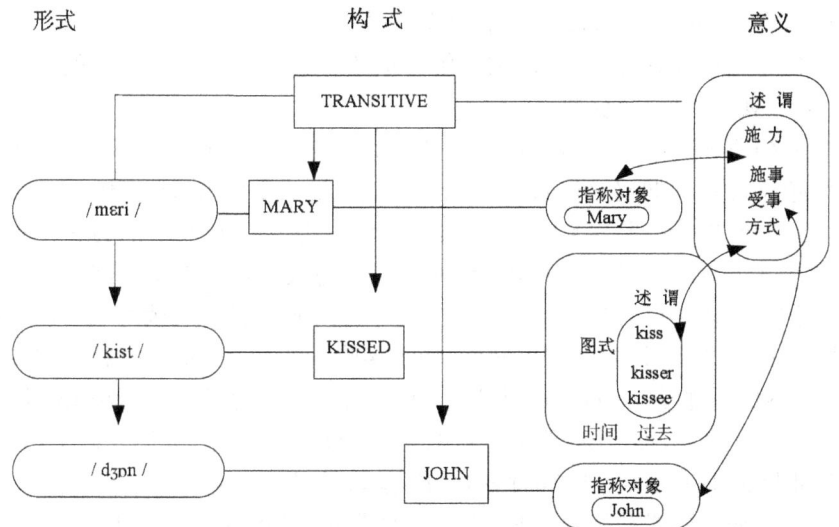

（上图中圆角的长方形代表图式；方角长方形代表构式；水平直线表示结合或约束限制关系（binding relation or is bound to）；形式域的上下箭头表示连续的音位单位；构式里的上下箭头表示最上面的构式是由下面的三个简单构式结合而成；意义域的双箭头表示推理过程中语义角色之间的结合。上图由三部分组成，左边的形式域、右边的意义域和中间的构式；形式域的成分和意义域的成分都是通过中间的构式联结在一起的。形式域包括三个音位构式及其线性序列。意义域包括一些图式和一些语义角色之间的结合或约束限制关系。）

按照体验构式语法的话语理解模型，在理解"Mary kissed John."这一话语的过程中，首先是音位辨识，即将所听到的一连串声音（sound）认定为一组音位图式。这里，听者听到的是"m-ɛ-r-ɪ……k-ɪ-s-t……dʒ-ɒ-n"（省略号表示连续不断地发出声音）连续发出的一串声音。根据形式图式（formal schema）信息①，"m-ɛ-r-ɪ……k-ɪ-s-t……dʒ-ɒ-n"这一连串声音分别被认定为

---

① 体验构式语法的形式图式信息包括：对一个音位结构的辨识，往往涉及到一个比较抽象的、图式性的（schematic）形式图式和一个具体的词汇形式图式。具体词汇形式图式是图式性形式图式的亚类（subcase）；具体词汇形式图式继承了图式性形式图式的图式角色（schematic role）。比如，这里的图式性的形式图式是一个词汇形式图式；具体的词汇形式图式是 /mɛrɪ/。听者将听到的一连串声音 m-ɛ-r-ɪ 辨认为 /mɛrɪ/ 图式，因为这一连串声音继承了词汇形式图式 /mɛrɪ/ 的音位角色（phonological role）。

/ meɪɪ /、/ kɪst /、/ dʒɒn /三个音位图式。

接着是构式分析,即发现用于解释话语"Mary kissed John."的一组构式,并对其做出形式化描写。

MARY 构式将形式域的音位图式/ meɪɪ /连接到(is bound to)意义域的指称对象图式上,意即音位图式/ meɪɪ /所表达的意义是用来指称实体 Mary。

JOHN 构式将形式域的音位图式/ dʒɒn /连接到意义域的另一个指称对象图式上,意即音位图式/ dʒɒn /所表达的意义是指称 John 这个实体。

构式 KISSED 将形式域的音位图式/ kɪst /连结到意义域的 kiss 图式述谓上。Kiss 图式引发一个由 kisser(施事接吻动作者)和 kissee(接受接吻动作者)参加的过程(process),同时限定该过程发生的背景时间(setting time)为"过去(past)",即 kiss 图式引发的是一个过去发生的事件。这里,构式 KISSED 提供了 kiss 图式和背景时间等参数信息。

最上面的构式是将"MARY"、"JOHN"和"KISSED"三个构式的形式和意义整合在一起所得到的一个复杂构式——及物构式(TRANSITIVE)。及物构式将形式域的三个连续的音位图式/ meɪɪ /-/ kɪst /-/ dʒɒn /连接到意义域"施力(force-application)"述谓图式上。施力述谓图式限制施事是力的发出者,受事是力的接受者或作用对象,施事往往是采用某种方式施力于受事。施力述谓图式的施事连接到(is bound to)指称对象 Mary 图式上,受事连接到指称对象 John 图式上。施力的方式连接到 kiss 图式上,施事 Mary 是 kisser,受事 John 是 kissee,因此及物构式"Mary kissed John."所表达的意义是一个由 Mary 为 kisser 和 John 为 kissee 的 kissed(亲吻)事件。及物构式"Mary kissed John."是一个由"MARY"、"JOHN"、"KISSED"和"TRANSITIVE"组成的一组构式。按照这一分析结果,我们可以决定用由"MARY"、"JOHN"、"KISSED"和"TRANSITIVE"组成的一组构式来分析话语"Mary kissed John."所表达的语义。这里,对及物构式(TRANSITIVE)的分析提供了施事、受事等参数信息。

第三步为心智模拟推理。以上对话语"Mary kissed John."的构式分析,作为输入信息,为心智模拟活动提供了指称、kiss 图式、背景时间、施事、受事等参数[①]信息。以上分析告诉我们,话语"Mary kissed John."的理解涉

[①] 体验构式语法对这些参数的形式和意义的描写就是参数化。事实上,对每一个参数的描写可以更加详细。比如对指称 Mary 的描写除了说明其施事语义功能外,还可以对其格(case)、数(number)、可及性(accessibility)和在句子中的位置等语法特征进行描写。

及到一个与 kiss(接吻)构式相关的场景。对这一场景的模拟,听者在理解话语"Mary kissed John."过程中,头脑里激活了一个有关"kiss"的执行图式(executing schema)①。从 Mary 准备同 John 接吻(包括心理和身体上的一些动作),两人执行接吻动作(两人唇部接触等动作),到两人接吻后的感受(包括心理和身体上的感觉),听者在大脑里模拟了整个 kiss 的感觉和运动系统。在模拟的基础上,听者推断,该话语是一个以构式 Mary 为施事,构式 John 为受事,构式 kissed 为方式的动作事件(即玛丽亲吻约翰),而且这一事件是发生在说话之前。同时,听者根据话语的语境信息(比如在玛丽和约翰的婚礼仪式上)做出恰当的回应,如道喜或祝贺等。

体验构式语法发现,通过对构式引发的心智模拟的详细描写,以模拟为基础的话语理解模型可以对一些话语的推理做出合理的解释。例如,

(1) Harry walked to the café.
(2) Harry walked into the café.

按照以模拟为基础的话语理解模型,构式 Harry walked to the café 引发的心智模拟活动可以描写为:

```
SIMULATION SPECIFICATION
        Source      CAFÉ. Away
SPG     Goal        CAFÉ
        Trajector   HARRY
FORCE      [Energy-source HARRY]
GROUND     [Time past]
CONTROLLER [Schema     WALK]
```

(Harry walked to the café 的心智模拟活动)

---

① 执行图式是指一部分由感觉和运动系统引起(motivate)的动态表征。执行图式可以用来模仿(model)序列事件、同时发生的事件和非同时(asynchronous)发生的事件。体验构式语法假设,用于执行和感觉某一动作的深层表征同样出现在对该动作的语言表达的理解中。比如,在执行和感觉"投掷"这一动作的表征中包括拿起投掷物、紧握投掷物、向前用力和朝某处掷去等细节。这一表征细节会出现在我们理解"投掷"这个话语的过程中。

构式 Harry walked into the café 引发的心智模拟活动可以描写为：

```
           SIMULATION SPECIFICATION
           Source       CAFÉ. Outside
    SPG    Goal         CAFÉ. Inside
           Trajector    HARRY
           Interior     CAFÉ. Inside
CONTAINER  Exterior     CAFÉ. Outside
           Container    CAFE
FORCE      [Energy-source HARRY]
GROUND     [Time past]
CONTROLLER [Schema     WALK]
```

（Harry walked into the café 的心智模拟活动）

比较上图可见，构式 Harry walked to the café 和 Harry walked into the café 都是使用"源点—路径—目的（source-path-goal or SPG）"意象图式表示一个移动事件（motion event），都可以看做是由移动者或射体（Harry）、移动（walked）和方向（to/into the café）组成的"有具体方向的移动构式（directed-motion construction）"。但是，根据二者引发的心智模拟，我们可以做出如下的推理：构式 Harry walked to the café 的心智模拟活动引发的是一个意象图式——SPG（源点—路径—目的图式）；构式 Harry walked into the café 的心智模拟活动引发的是两个意象图式——SPG（源点—路径—目的图式）和 CONTAINER（容器图式）。前者的源点在远离咖啡馆之外（即图中 away 的意思）；后者的源点是在咖啡馆外面某处。前者的目的是咖啡馆，动作的结果是射体不一定在咖啡馆里面；后者的目的是咖啡馆内部的某处，动作的结果是射体一定在咖啡馆里面。

根据构式引发的心智模拟，我们还可以对一些构式的歧义消解（disambiguation）做出合理的解释。试比较：

(3) a. The preacher drifted into the house.
　　b. The smoke drifted into the house.
(4) a. ? The preacher drifted into the house and filled it.
　　b. The smoke drifted into the house and filled it.
(5) a. ? The preacher drifted into the house because the window

　　　　had been left open.

　　b. The smoke drifted into the house because the window had been left open.

(3)中两构式的不同在于,一方面是射体在容器中的最终位置;一方面是介词 into 引发的容器构式的入口部位。根据两构式引发的意象图式,心智模拟推理得知,(3a)的射体"preacher(牧师)"的最终位置是在房子内部的某处;(3b)的射体"smoke(烟)"的最终位置是弥漫了整个房子内部。根据这一推理,(4b)是合适的而(4a)就显得有些离奇,因为我们可以说烟雾进入房子后弥漫了整个房子,而一般不说人进入房子后弥漫了整个房子。同样,根据两构式引发的意象图式,心智模拟可以做出这样的推理:人们进入房子的入口一般是门,或者说房子这样的容器为人们提供的入口一般是门;而烟进入房子的入口既可以是门也可以是窗子,因为烟可以轻而易举从房门或窗子进入房子内部。所以,(5a)的因果推理(因为房子的窗子打开了,所以牧师溜入了房子)就显得有些勉强;而(5b)则是非常合理的因果推理(因为房子的窗子打开了,所以烟雾进入了房子)。这里动词 drift 有歧义,既可以理解为"具体的溜或漂"也可以理解为"无目的地溜或漂"。我们常常是用"具体的溜"义模拟 The preacher drifted,用"无目的地漂"义模拟 The smoke drifted。根据这样的心智模拟,我们就可以对(5a)和(5b)中动词 drifted 的意义选择做出解释。

6.3　体验构式语法的主要思想和观点

6.3.1　动词的语义包括激活有关实施或感觉相关动作行为的运动系统知识

　　体验构式语法的一个重要假设是,动词的语义内容包括对具体的运动系统知识的激活。这样的运动系统知识是指使用身体某个部位(如手、脚等)体验实施的动作行为信息,或者用大脑感觉动词所表达的动作行为信息。

　　体验构式语法的以上假设得到了具体实验的验证。Bergen、Narayan 和 Feldman(2003)做了两类相关的行为实验。一类是"意象—动词"实验。让被试先看一张图片,接着屏幕上出现一个动词,要求被试用 yes 或 no 尽快回答"这个动词的语义是否和那张图片的内容相吻合(match)"。另一类是

"动词—动词"实验。让被试先看一个动词,紧接着屏幕上出现另一个动词①,要求被试用 yes 或 no 尽快说出"这两个动词的意义是否相近"。实验结果表明,意义差异较大且使用不同身体部位的动词的辨识与语义相近且使用相同部位的动词的辨识存在着明显差别。意义有差异但使用相同身体部位的动词的辨识无明显差异。

实验发现,当被试对意义吻合的"意象—动词"或对意义相近的"动词—动词"实验做出否定回答时,如果两动作行为使用相同的身体部位,被试花费的时间较长,如果两动作行为使用不同的身体部位,被试花费的时间明显较短。由于"意象—动词"实验的一部分不是用语言而是用图片表示的,可以说造成以上结果可能不完全是词汇的作用。由于"动词—动词"实验使用的完全是语言,因此,又可以说以上结果也不是完全由视觉刺激造成的。

总之,以上两类实验结果告诉我们,对一个运动动词(如"踢")语义的理解,除了理解其抽象意义外(accessing abstract structures),还应当包括理解使用某一身体部位实施的动作行为等心智感觉到的信息(modal information)。更为重要的是,这一实验结果意味着,动词的语义的确包括引发运动感觉信息的表征。对具体运动行为(motor actions)内容编码的词汇,如"踢(kick)、咀嚼(chew)"等,其语义对心智模拟的感觉—运动内容作出了贡献。以"踢"为例,"踢"的语义,编码的是使用脚来实施的一种运动行为。"踢"或英语"kick"这个动词的意义包括,在我们的心智活动中,激活的是使用脚实施的一种运动行为。依据一般的感觉、运动系统知识,我们的心智活动模拟使用脚实施这一运动行为的过程,从脚抬起到用力迅猛向前伸展等细节,从而获得了"踢"或英语"kick"的运动系统知识。

6.3.2 体验构式语法形式化是构式分析和心智模拟的重要界面

在语言理解过程中,体验构式语法形式化(embodied construction grammar formalism)是构式分析和心智模拟的重要界面。在体验构式语法框架里,构式分析根据话语(如一个句子和组成部分)的语法知识,包括传统的语法分析(syntactic parsing)和构式语法的形—义结合体(form-meaning pairing)知识,旨在对一个话语的静态语义信息做出详细的形式化描写和刻画,为心智模拟活动提供参数(parameters)信息。

---

① 这些动词有近义的,如 scream(尖叫)和 shriek(尖声喊叫);有非近义的(non-matching),但使用身体同一部位的动词,如 scream(尖叫)和 lick(舔)、dance(跳舞)和 limp(跛行);还有意义相去甚远,且又使用不同身体部位的动词,如 scream(尖叫)和 step(步行)、dance(跳舞)和 yell(叫嚷)。

如前所述,在对一个话语"Mary kissed John."理解的过程中,构式分析就是将听到的一连串声音分析为一组构式,如 MARY、KISSED、JOHN 和 TRANSITIVE 组成的一组构式。这些构式,一边直接同形式域的音位图式结合,得到具体的音位图式信息;一边直接同意义域的图式角色结合,使这些图式角色参数获得了具体的语义赋值。比如,MARY 构式一边同形式域的音位图式/ mɛrɪ /结合,具体化为一个由 4 个音素组成的,且出现在句首的音位结构;一边同意义域的指称图式结合,这个指称对象角色具体化为一个名叫 Mary 的实体。因为这一指称图式与施力图式的施事和 kiss 图式的"吻者"角色连接,施力图式限制表示指称意义的 Mary 必须是施力者或力的来源,kiss 图式限制表示指称意义的 Mary 必须是 kiss 图式的 kisser(吻者)。至此,这样的分析把构式 MARY 形式化为一个 kiss 图式的"吻者"、施力图式的施事、表示指称实体的参数。同样,我们可以按照这一分析步骤对 KISSED 和 JOHN 构式的参数信息做出分析。

这些构式分析得到的形式化参数信息输入到心智模拟活动中,激活了听者大脑中的有关执行图式。执行图式提供的一部分感觉和运动系统的动态表征信息出现在(be brought to bear)听者理解话语的过程中,换句话说,听者在理解话语的过程中模拟了执行图式提供的感觉和运动系统的动态表征。比如,一个实体施力于另一个实体致使后者移动,一个动作的施力者(力的来源)、施力方式、力的传递(force dynamic)、路径等。据此,听者结合相关的交际语境信息对话语表达的语义做出推理。在上例"Mary kissed John."的理解过程中,听者头脑里激活了一个有关 kiss 的执行图式。根据执行图式提供的感觉运动系统表征信息,听者有关的身体部位(如唇、手等部位)模拟 kiss 动作并体验了 kiss 动作的心智感受等。最后,听者结合交际语境信息,对"Mary kissed John."构式的语义做出推断:MARY 构式是一个有意愿实施 kiss 动作的实体;MARY 构式执行了 kiss 动作,为 kiss 动作的施力者或者施事;JOHN 构式是一个愿意接受 kiss 动作的实体,JOHN 构式接受了 kiss 动作,为 kiss 动作的受事。

总而言之,体验构式语法形式化是构式分析和心智模拟的重要界面,这一观点是指,在一个话语理解的过程中,构式分析是根据话语引发的音位图式信息和意义图式信息,对一个话语的形式和意义参数化,即将话语的形式和意义特征(比如 schema、construction、subcase 和 role 等)及限制(constraint or restriction)形式化为若干个参数;心智模拟是依据这些参数化所提供的感觉运动系统表征信息演练(rehearse)相关的指称或动作,进而结合交际语境信息推断出话语的语义内容。因此,体验构式语法认为,人们语言理解的能力就在于(reside in)以语言输入为基础激活内在的运动和感觉模拟系统。意义产生于模拟(meaning arises from simulation)。

6.3.3 体验构式语法的"体验观"

体验构式语法强调语法系统的"体验性"(the embodiment of grammatical system),认为"构式"是将图式性的形式表征和图式性的意义表征结合成对子(pairing)。一个语言表达式就是形式的图式性表征和意义的图式性表征的对子。这些表征既不是抽象的,又不是任意性的,而是和语言运用者的感觉和运动系统密切联系在一起的。

以英语简单构式 into 为例,into 是这样一个形式—意义对子,其形式的图式性表征为一个 /ɪntʊʷ/ 音位结构的词汇;其意义的图式性表征为一个 /into/ 空间关系的语义结构。比如,在"He went into the city."里,into 表示实体 He 从实体 the city 外部进入到其内部这样一个动态的空间关系。体验构式语法将 into 所表达的空间关系看做是几个意象图式(image schemas)①的结合,包括射体—界标图式、源点—路径—目的图式和容器图式。射体—界标图式表明在 into 所表示的空间关系里,实体射体(如上例中的 He)的位置以及移动的方向是相对于实体界标(如上例中的 city)来界定的。源点—路径—目的图式表明,into 所表示的空间关系是射体沿着某一路径从源点向目的地移动(如下图箭头所示)。容器图式是一个有内部外部边界(boundary)的封闭或半封闭区域。这三个意象图式结合在一起,into 表示(射体)从源点(界标的外部)沿着某一路径移动到目的地(界标内部)这样一个动态的空间关系。用简图表示为:

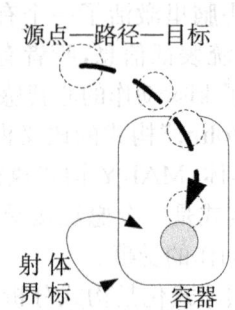

---

① 意象图式是指图式理想化(schematic idealizations),用以表征经常性的感觉运动经验模式,如源点—路径—目的意象图式、力传递(force-dynamic)意象图式、容器意象图式等。不同的意象图式有不同的意象图式角色(role),这些角色都是从单个的感觉经验中抽象出来的。例如,容器意象图式有内部、外部、边界、容器、所盛物和入口角色,源点—路径—目的意象图式包括源点、路径、目的和射体角色。每一个角色都可以由具体的实例(instantiations)来填充。

如图所示,语言运用者使用 into,或者说是将/ ɪntʊʷ/音位结构映射(map)到/into/语义结构上,是通过语言运用者的感觉运动系统表征(一组意象图式的结合)实现的。按照/into/表示的语义关系,语言运用者的感觉系统模拟射体从源点,沿路径,朝目标移动(如几个空心圆所示),直至进入容器(如实心圆所示)。

体验构式语法认为,构式还可以进一步看做是对能够模拟的感觉和运动表征的抽象(abstraction),或者说是对一般模拟特征的抽象。上图也可以看做是对 He went into the room. /They moved into a new house. /Tom fell into deep thought. 等语言表达式里 into 构式的感觉和运动表征的抽象,换句话说,上图能够对这些句子里的 into 所表达的语义做出合理的分析和解释。

另一方面,体验构式语法强调语言加工(language processing)或语言理解(language comprehension or understanding)的"体验性",聚焦于在线或动态语言理解过程中构式处理的方式。体验构式语法认为,意义是人类感觉、运动系统体验的图式性表征(schematic representation embodied in human perceptual and motor systems);我们理解一个构式的意义包括运用我们的感觉运动系统模拟与构式相关的图式性的概念表征。一个构式理解过程中被激活或模拟的概念表征是一组体验图式(embodied schema),即根据经常发生的感觉和运动经验抽象出来的认知结构。如上所述的英语 into 构式理解过程中模拟的射体—界标图式、源点—路径—目的图式和容器图式。我们可以说,是语言运用者的体验经验催生了一个构式的概念表征;体验经验在构式理解过程中被例示(instantiated),被具体化(specified),引发了来自体验经验的这些概念表征。

一些体验构式语法的理论研究者提出,感觉运动系统在语言产出(production)和理解(comprehension)过程中起着主要作用(central function)。对一个语言表达式的理解包括,通过激活感觉、想象或实施描写的运动行为所牵涉到的神经结构的某一部分,在大脑里模拟或想象所描写的场景。近来的实验(Pulvermuller et al. 2001)也证实了以上假设。当被试使用表示用手、腿或口来执行的动作的动词(如 grab, kick, chew)完成一项词汇选择任务(lexical decision task)时,负责手、腿或口活动的大脑运动皮层(motor cortex)常常被激活。比如,让被试看一张用脚踢球的图片,然后要求他从 grab, kick, chew 三个动词中选择一个来描写图片上的动作。在被试选择 kick(踢)的过程中,负责 kick 活动的"腿"的神经结构的一些部分(如小腿、脚尖等)被激活,被试在大脑里模拟或想象用脚踢球的动作过程。还有,Richardson et al.(2003)实验发现,包含视觉语义成分(visual semantic components)的句子能够导致视觉处理的选择干扰。当对一个表示向上运动的句子"The ant climbed."进行加工处理时,被试要花费较长时间对其视野的上部进行范畴化,或者说是在头脑里模拟或想象蚂蚁攀爬的场景。当对一个表示向下运动的句子"The ant fell."进行加工处理时,被试要花费较长时间对其视野下半部进行范畴化,或者说是在头脑里模拟或想象蚂蚁(从某处)落下的场景。这一实验表明:语言像记忆一样,会引发视觉感知的视觉意象(visual imagery)[①]。

第二种实验用来验证语言理解过程中感觉运动系统表征被激活的程度。要求被试听或读一个句子后做一个动作。当被试听或读到的句子(比如 The man kicked the ball.)所表示的动作(比如"踢")和要完成的动作(比如"挥手")不一致时,被试要花较长时间来执行这个动作,因为被试执行的这个动作的运动表征被激活的程度很低。而当被试听或读到的句子(比如 The man kicked the ball.)所表示的动作(比如"踢")和要完成的动作(比如"踢")一致时,被试执行这个动作需要的时间则较短,因为被试执行的动作被激活的程度较高。这一实验表明:在语言加工处理过程中,人们使用控制运动的神经结构产生运动意象[②]。

6.4 对体验构式语法的认识

Nancy Chang 等人的体验构式语法主要关注的是,构式知识对语言理解(language understanding)的促进作用。对一个话语的理解,从广义上讲,不但包括搞清楚言者意欲表达的意义,还包括根据推理做出适当的反应,比如对问题做出回答或根据命令、要求采取适当的行动等。这些过程仅有音位知识和概念知识之间的静态联系(static association)是不够的,体验构式语法把话语的概念理解看做是从内部对体验图式和心智模拟的激活。这一

---

① "视觉"是指,光刺激作用于视觉器官而产生的主观映象。眼、头部的主动协调运动以及眼球的不随意运动是视觉映象形成的必要条件。

② Langacker(1987:112)指出:我进一步认为,运动意象对于恰当地描写语义结构和音位结构尤为重要。正如听觉意象是我们形成 trumpet(小号)概念的一个方面——从语义百科观来看也是该词词义的一部分——因此,与动词走、踢、扔相对应的运动意象也突出地影响着我们对于这些行为的概念形成,因此这些意象也包含在动词 walk(走)、kick(踢)、throw(扔)的意义之中。

点是体验构式语法有别于其他构式语法思想的地方(Bergen & Chang 2005),也是其理论创新之处。但是,体验构式语法作为一种从构式角度研究语言理解的模型,还没有一个明确的理论框架,被戏称为"刚刚会飞的小鸟(fledgling)"(Östman, Jan-Ola and Mirjam Fried 2005)。

在对体验构式语法研究的过程中,我们感到,对一般语言运用者而言,不难形成共识:心智模拟在话语理解中确实起着非常重要的作用,特别是对一些运动动词的理解尤为明显;体验构式语法的思想是对 Lakoff 的神经语言理论(Neural Language Theory)的重大发展。不久前看到这样一则消息:一位电台主持人对一位向他提意见的听众说:"这位听众,请你以一种'团成一个团'的姿势,然后,慢慢地、以比较圆润的方式,离开这座让你讨厌的城市。"(《成都商报》2009 年 12 月 26 日)什么是"以一种'团成一个团'的姿势,然后,慢慢地、以比较圆润的方式,离开这座让你讨厌的城市"呢?只有通过我们的心智模拟活动,才能理解主持人的意思是让这位提意见的听众"滚"出这座城市。

在研究体验构式语法的过程中,我们考虑能否将构式看做是语言运用者对感觉运动系统表征的语法化(grammaticalization),即将人们的感觉运动系统模拟的概念表征语法化为一定的语法结构形式。这或许也是体验构式语法研究的一个进路。

第七章
流变构式语法

流变构式语法(Fluid Construction Grammars or FCG)是布鲁塞尔 VUB 人工智能实验室和法国巴黎索尼计算科学实验室的一些研究人员新近提出的一种构式语法思想。本章简要介绍了流变构式语法的发展和产生的动因,分析了流变构式语法的基本思想和观点,最后是我们对该构式语法思想学习的粗浅体会。

7.1 流变构式语法概览

流变构式语法研究起始于 2001 年前后。主要研究人员来自 Luc Steels 率领的两个研究小组,一个是来自布鲁塞尔 VUB 人工智能实验室的 Joachim De Beule、Joris Bleys 和 Pieter Wellens 等,另一个是来自法国巴黎索尼计算科学实验室的 Martin Loetzsch、Wouter Van den Broeck 和 Remi van Trijp 等。

流变构式语法是在认知语言学的构式语法、计算语言学和形式语言学理论的基础上建立起来的一种有关分析和诠释(parsing and interpretation)以及产出和概念化(production and conceptualization)的构式语法形式化模型。该模型旨在探讨构式语法理论在开放性的"着陆"[①]语言中的运用。这一框架借鉴早期人工智能研究的过程语义学(procedural semantics)和蒙太古语法(Montague Grammar),将话语的意义看做是为实现某一交际目的

[①] "着陆"是英文 grounded 的汉译。根据我们的理解,ground 在认知语法里是指话语事件(speech event),包括事件的参加者以及事件发生的背景(settings)(Langacker 1987:126)。所以,这里"着陆语言"是指有话语事件基础的语言,也可以说是被植入话语事件成分的语言。ground 也有译为"接地"、"入场"、"情景植入"。

的限制程序(constrain program)。比如,辨识某一环境里的实体和检验事件描写的真假等。在这一框架里,言者的概念化是一个编程过程,即将范畴感觉、类同映射(analogical mapping)等基本认知操作编入限制程序。听者的诠释包括听者为了实现交际目的对分析(parse)语言输入得到的限制程序的理解和解释。概念化和诠释都是使用机器人根据感觉和运动系统(perceptuo-motor system)建立的情景模型。

流变构式语法借鉴认知语法特别是 Goldberg 等人的构式语法思想,提出了5个语言学假设(linguistic assumptions):

(i) 流变构式语法是以使用为基础(usage-based)。言者和听者的语法清单(inventories)是模板(templates)或者说是一组规则。这些模板既可以是具体的,仅适用某一个案实例;又可以是非常抽象的,涵盖林林总总的话语现象。因此,习语性和普通规则就没有明确的分界了,一个新句子的建构和诠释都是通过相关的模板实现的。

(ii) 语法和词库都是象征单位。象征单位是意义和形式的结合(association)。流变构式语法的模板都是象征单位。模板有一个语义极(semantic pole)和一个句法极(syntactic pole)。模板的操作是双向性的(bi-directional),既可以用于一个语言表达式的产出和概念化,又可以用于一个语言表达式的分析和诠释。这是流变构式语法的独到之处,因为生成语法和一些构式语法的形式化都是单向的(uni-directional)(参看本书"体验构式语法"一章)。

(iii) 语法和词库是一个连续统。语法和词库都可以看做是模板,是不同层面的概括和抽象;而且结构形式上语法和词库也没有什么大的区别。在句法极,词库大部分都是词项(lexical items);语法是一些像数、格等对句子有约束力的语法范畴。在语义极,词库是一些具体的谓词论元结构(concrete predicate-argument structure);语法是一些语义范畴(semantic categories)。

(iv) 图式化(schematization)是通过变项(variables)和范畴化实现的。模板就是句法结构和语义结构的结合,换句话说,一个模板的两极都是特征结构集(set of feature structures)。模板是图式性的,或者说是比较抽象的。在模板里,语义结构和句法结构的一些部分被省去;用变项取代了单位(units)和值(values);引入句法和语义范畴来限制(constrain)两极的值。这些范畴都是按照句法和语义范畴化规则建立起来的。

(v) 组合和聚合(syntagmatic and paradigmatic compositionality)。"组合"是指,模板可以是在句子的产出和分析(parse)过程中联结而成的(模板在产出过程中是和不同的意义匹配,在分析过程中是和不同的句法结构形式匹配);也可以是整合(integrate)起来的(使用层级模板(hierarchical templates)把一些部分整合成一个大的整体)。"聚合"是指,有时几个模板是叠加的(overlayed);而每一个模板对句子都有约束。模板的组合和聚合在流变构式语法里都是通过融合(unify)和合并(merge)算子实现的(下详)。

除以上5个语言学假设外,流变构式语法同时提出了3个必要条件:

(i) 所有的清单项目都有固化度(degree of entrenchment)。流变构式语法主张,言者和听者可以根据一定的交际目的创造出新的模板。不是所有的模板都被语言社团普遍接受,或者说不是所有的模板都在语言社团里固化下来了。因此,流变构式语法根据语法和词库在语言游戏①中的反馈信息(成功或失败),给出了每一个项的固化度值(a score that reflects the degree of entrenchment)。

(ii) 句法和语义范畴是开放性的。通常情况下,语言的形式化都建立有具体的句法范畴(词性、句法特征等)和语义范畴(施事、受事等语义角色)。流变构式语法主要兴趣在这些范畴是怎样产生的,所以其形式化是完全开放性的。流变构式语法的形式化研究在实验中建立了上千个新的范畴,正如William Croft的激进构式语法所说的,语法范畴不是普遍性的,是不断演变的。可能是基于句法和语义范畴的开放性和演变性,流变构式语法研究者将其理论模型称之为"流变的(fluid)",意即open-ended and able to cope with change。换句话说,这一构式语法是永远开放的语法模型,是能够处理纷繁复杂的语言演变的语法模型。

(iii) 多施事者视角(the multi-agent perspective)。在传统的生成语言学里,唯一考虑的是理想的说话人和听话人的语法和词库。相对来讲,流变构式语法要研究语法是怎样在一个语言社团里发展起来的,需要一个多施事者视角。每一个施事者的语法清单可能是不同的,我们尤其需要了解施事者是怎样通过协调自己的语法清单进而实现成功交际的。

作为一个形式化模型,流变构式语法提出了3个重要的理论假设:

---

① 流变构式语法的语言游戏实验是这样的:首先给人工施事者(artificial agents)配备了能够对一些认知加工活动(比如引入一个新的句法范畴、计算两事件之间的雷同(analogy)等)建模的组件(components),然后观察当这些施事者在某一情景下的语言游戏中使用这些组件所发生的语言现象。实验者认为,不用到纷繁复杂的自然语言现实中去,就可以将研究重心聚焦于语言运用的某些方面,这样就可以对一些语言现象背后的诱发因素(causing factors)进行非常精确的调查研究。

（i）形式化模型意在用于固定情景的对话（situated dialogue）。语言清单会在每次交谈活动（every interaction）中都会有所改变（change）。清单中的每一个成分（比如范畴和构式）都会随时有所变化，结果就一定是要么增添新的成分，要么将这些成分换掉，以应对各种各样的变化。

（ii）语言清单的使用想必是非常灵活的。即使不合语法的话语，听者在分析的过程中也应尽可能重构（reconstruct）具有一定合理性的意义。如果是语言清单有缺失（missing），言者在产出过程中应当尽可能建构部分话语（partial utterance），来表达一定的意义。我们的目的不是合不合语法，而是要交际成功。

（iii）形式化模型应当能够证实；规约化（conventionalization）大多不是完整的、固定不变的。语言里会有一些构式仅被语言社团的一部分人接受，其他人不接受。词汇化和语法化为了表达新的意义会逐渐改变某些词汇的用法。

这三个假设的理论创新意义在于，充分论证了语法清单在语言交际过程中的可变性（changeability）和灵活性（flexibility）；同时表明该项研究建立的构式语法模型是以使用为基础的语法模型，是一个流动的、变化着的语法模型。

7.2 流变构式语法发展的动因（motivation）

流变构式语法是在理解语言的创造基础（the creative basis of language）的过程中发展起来的。按照流变构式语法的思想（Steels 2003，2004，2005；Steels，Beule and Neubauer 2005；Steels and Beule 2006），语言创造（language creativity）不仅是要运用现行的语言规则，而且还常常根据需要对这些规则进行扩展或延伸，有时还要创造出一些全新的规则。因此，我们需要了解一些新的语言现象（比如新的概念和概念化、新的词汇、新的句法和语义范畴、新的语法构式等）是怎样在一个语言社团里兴起和传播开来的。出于这一动因，流变构式语法要求，首先使用多施事者仿拟（multi-agent simulation）来对语言规约性在一个社团的传播使用进行调研。施事者在概念化处理（产出）和诠释处理（分析）过程中既是言者又是听者。他们必须有能力储存一个规则清单（an inventory of rules），并能将这些规则运用到概念化和诠释处理中去。通过既采用别人使用过的清单又在必要时能够创造新的构式，他们自己的清单得到扩大或延伸。其次，施事者必须是有话可说（must have something to talk about），拥有具体的交际内容。流变构式语法的研究兴趣是着陆语言（grounded language），即机器人通过自己的感觉和运动系统感觉和体验到的有关真实世界的语言，如有关现实世界里人、物（objects）或事件的语言。第三，施事者必须是出于某一动机（must be motivated）或交际目的去谈论或了解某件事情。为此，流变构式语法研究做了这样的实验。一个施事者组成的语言社团，开始时它们的概念和语言信息库都是空的，然后建立起一个适合于某一语言游戏的交际系统。施事者力图用最小的认知努力实现交际成功的最大化。

7.3 流变构式语法的主要思想

7.3.1 意义（meaning）

一个话语的意义信息是由其语义结构和句法结构组织起来的。话语的语义结构是对话语意义的分解（decomposition），包括具体话语意义的再范畴化（re-categorization）。比如，将一个put-事件再范畴化为由施事者、受事者和方位参加者（location）组成的"致使—移动—方位"结构。话语的句法结构是对话语形式（form）的分解，包括对附加的（additional）句法结构的范畴化，如像数和性这样的句法特征、词序限制等的范畴化。

流变构式语法采用过程语义学方法（procedural semantics approach），将一个话语表达的意义看做是言者要实施的一个项目（program）。在这个过程中，概念化是对项目的计划（planning）；而对话语意义的诠释就是对项目的实施（execution）。例如，英语 the box 表达的意义就是一个项目计划。听者对 the box 意义的诠释就是将一个有关 box 的意象图式运用到感觉意象的过程中，并令其在某一场景中的一个事物上着陆（anchor），换句话说，就是运用意象图式将 the box 表达的意义感觉为一个定指的事物。这样对世界的感觉和范畴化，语言起到了非常积极的作用，所以就可能有诸多不同的语言来实施一个项目。流变构式语法选择的是以限制为基础的网络系统，发明了一种新的限制项目语言——增值充实语言（incremental recruitment language，IRL），来完成限制网络的计划、信息打包（chunking）等。还以 the box 为例，其限制网络可以描写为：

1. (equal-to-context ?[1] s)
2. (filter-set-prototype ?r ?s ?p)
3. (prototype ?p [box])
4. (select-element ?o ?r ?d)
5. (determiner ?d [single-unique])

这是一个由 5 个限制成分组成的网络。1 是一个现实语境中的成分集合,将其限制在 s 上;2 是用原型变项 p 对这个集合进行过滤;在 3 里将原型变项限制在[box]上;4 是根据限定语 d 从变项 r 中选择变项 o;在 5 里将限定性成分 d 限制在[单个的—独特的]这一特征上,意思是说变项 r 是单个的事物。根据这一网络可以获得 the box 的语义信息:一种原型为[box]的、单个的事物。以上分析可以图示为:

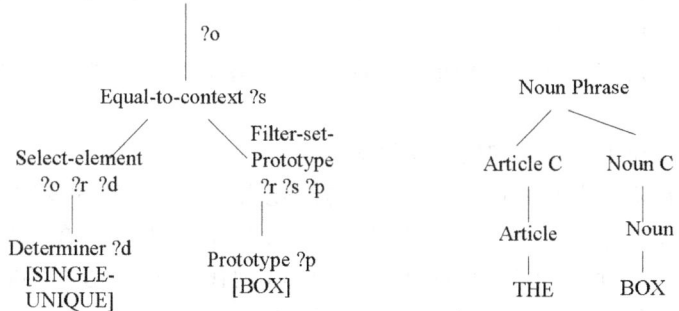

(上面左图为 the box 的语义结构限制网络的分解;
右图为相关的句法结构)

可见,限制网络有很大的解释力,既可以用于"诠释"过程,即通过语言可以提供像原型、限定语、范畴和关系这样的语义内容,还需要发现其他变项的值(values);又可以用于概念化过程,虽然知道了其他变项的值,但目的是发现语义内容。在概念化过程中,必要时限制网络可以对整个语义信息进行延伸。比如,引入一个新的原型,令语言运用者不断建造自己的本体知识(ontologies)。

7.3.2 句法结构和语义结构

语言处理包括建构句子的句法结构和语义结构特征。流变构式语法认

---
[1] "?"表示变项(variable)。下同。

为,句法结构和语义结构是在同一时刻(at the same time)建构起来的。(参看上图)句子结构由若干单位(units)组成。"单位"大致相当于词、词素或组成部分(constituents)。这些单位都带有有关单位信息的、无序的(unordered)槽(slots),用"( )"表示。每一个槽通常都蕴含着一组成分;这些成分也是无序的。它们可能是原子型的(最小的),或者是述谓表达式,或者是一些前面标有"?"的变项(variable)(见上图)。

一个单位的句法结构槽主要包括:

(i) 形式,指对句法结构形式"序列(string)"的描述,如词根、前缀、单位序列或词序关系等。一个句子里,单位成分的出现有先有后。有些成分比如主语常常是先出现;而像宾语这样的成分常常是后出现。一个词素里,前缀出现在词根之前;后缀出现在词根之后,等等。

(ii) 句法范畴化(syn-cat),指将一个单位的变项的句法功能范畴化为像数或性等这样的句法范畴。

(iii) 句法次单位(syn-subunits),指一个单位句法结构上的次单位的集合。

一个单位的语义结构槽主要包括:

(i) 语义范畴化(sem-cat)。语义范畴化指对一个单位的变项的语义角色的范畴化。比如,一个单位成分涉及的变项为 Tom。在"Tom reads widely."里,Tom 的语义角色范畴化为 read 动作的施事;在"I like Tom."里,Tom 的语义角色范畴化为 like 动作的受事。

(ii) 意义。意义指一个单位所表达的意义,是话语语义的一部分。

(iii) 语义次单位。语义次单位指这个单位的次单位的集合。比如,上例中 read 动作的施事这个语义结构单位。Tom 是 read 动作施事的一个次单位;the students 也可以是 read 动作施事的一个次单位(The students read widely.);Zhang San/Li Si 等都可以是 read 动作施事的次单位。这些可以充任次单位的成分就构成了 read 动作施事这个单位的次单位的集合。

(iv) 语境(context)。语境包括意义中所出现的变项。这些变项是"外向性的(external)",即与其他单位的意义里出现的变项有关。

上图中 the box 的语义结构可以列表如下:
((unit-1
　　(SEM-SUBUNITS (unit-3)))
(unit-3
　　(CONTEXT ((LINK ?S)))
　　(MEANING ((EXTERNAL-CONTEXT ?s)))

```
        (SEM-SUBUNITS (unit-4 unit-5)))
(unit-4
        (CONTEXT ((LINK ?O ?r)))
        (MEANING ((SELECT-ELEMENT ?o ?r ?d)))
        (SEM-SUBUNITS (unit-6)))
(unit-5
        (CONTEXT ((LINK ?r ?s)))
        (MEANING ((FILTER-SET-PROTOTYPE ?r ?s ?p)))
        (SEM-SUBUNITS (unit-7)))
(unit-6
        (CONTEXT ((LINK ?d)))
        (MEANING ((DETERMINER ?d [SINGEL-UNIQUE]))))
(unit-7
        (CONTEXT ((LINK ?p)))
        (MEANING ((PROTOTYPE ?p [BOX])))))
```

流变构式语法是一个完全开放的形式化模型,所有的语言范畴(句法范畴和语义范畴)都是开放的,意即像名词、动词、形容词等这些词汇范畴和像数、性这些句法特征(syntactic features)范畴都是开放的;像施事、受事这些语义角色范畴也是开放的。句法范畴和语义范畴特征的值都是一些谓词的联合(a conjunction of predicates),每一个谓词都可能有若干论元。一些新的范畴随时都会被引入,用做谓词。流变构式语法以陈述的方式,使用 precedes(前者)或 meets(满足)这样的谓词,描写话语结构形式成分之间的线性联系,也包括重音和韵律等(下详)。

7.3.3 规则(rules)

语言运用者的语言清单(language inventory)可以图式化为不同类型的规则,如下图所示,包括语义规则(sem-rules)、句法规则(syn-rules)、词汇规则(lex-rules)和构式规则(con-rules)。一个规则有两个极,左极为语义结构(semantic structure),右极为句法结构(syntactic structure)。左极主要包括对语义结构的限制规则;右极主要包括句法结构的限制规则。这些不同类型的规则将一个句子结构(sentence structure)的语义和句法部分联结在一起,或者是将其扩展为句子结构的语义和句法内容。句法结构通过解释/重新解释与话语本身相联系;语义结构通过概念化和诠释过程与世界模型(world model)相联系。

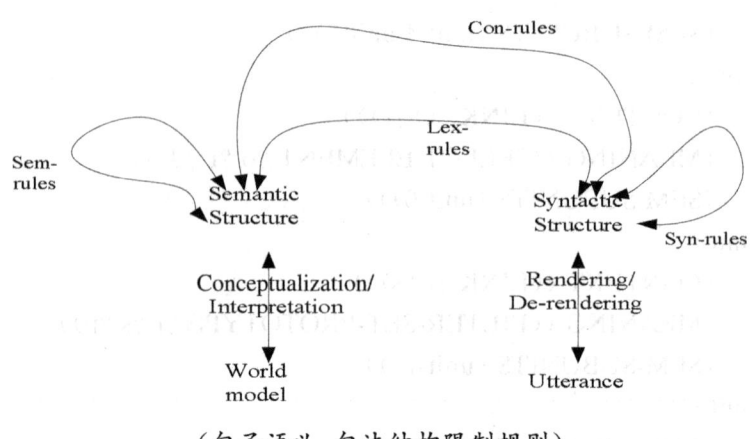

（句子语义、句法结构限制规则）

上图中,sem-rules 指语义规则;lex-rules 指词汇规则;syn-rules 指句法规则;con-rules 指构式规则。流变构式语法的"规则"（也叫模板(template)）主要表示对意义—形式映射(meaning-form mapping)的限制(constraints),或者说是对语义结构和句法结构映射的限制。每一个规则都有一个"得分(a score)",记录该规则的成功实施。一般来说,其他情况都相同的话,语言运用者喜欢使用得分高的规则,因为这些规则成功的几率比较大。规则分为次规则集合,用来限制规则使用的词序和建造较大规模的语法。次规则集合包括句法范畴化规则、语义范畴化规则、词汇规则(lex-rules)和构式规则(con-rules)。

句法范畴化规则是对一个句法结构的句法范畴化,具体包括词素规则(morphological rules)和短语结构规则(phrase structure rules)。词素规则将一个词分解为词根和词缀,然后再对其句法范畴化,指明其性(gender)和词性等。比如,英语"Jill slides the block to Jack."里的词素 slides,按照词素规则,可以句法范畴化为 verb, person (3d, syntactic), number (singular, syntactic)。短语结构规则用来连接句子的句法特征(如词序)和附加的句法范畴化(如主语、直接宾语等)信息。

语义范畴化规则是对一个语义结构的语义范畴化。比如,将一个具体的谓词（如 slide）的论元结构映射到更加抽象的语义框架（如 CAUSE-MOVE frame）里。

除了句法范畴化规则和语义范畴化规则外,还有词汇规则和构式规则。词汇规则将一个词项映射为一组对词项意义的描述。词汇规则可以进一步分为词根规则(lexical stem rules)和词汇范畴规则(lexical category rules)。

词根规则将一个词的词根映射为一个谓词集(a set of predicates)。比如,词根 slide 作为一个词项,其意义可以描写为 slide(?ev, ?truth), slide-1(?ev, ?lbj1), slide-2(?ev, ?obj2), slide-3(?ev, obj3)。词汇范畴规则是将自然的句法范畴(如名词的数、有生命实体的性和动词的时态等)映射为附加意义(additional meanings)。比如,根据词汇范畴规则,一个指称某一单数实体 x 的名词句法范畴映射为这样的附加意义:meaning: status(?x, single-object)。另一类是构式规则。该规则将句法结构成分(句法范畴单位)映射为语义结构成分(语义范畴单位或有可能增添的附加意义)。比如,根据构式规则,英语"Jill slides the block to Jack."的句法结构成分与语义结构成分之间的映射,可以描写为句法结构 Subject + Verb + Oblique + Object 和语义结构 CAUSE-MOVE + cause + goal + theme 之间的映射。如下图所示:

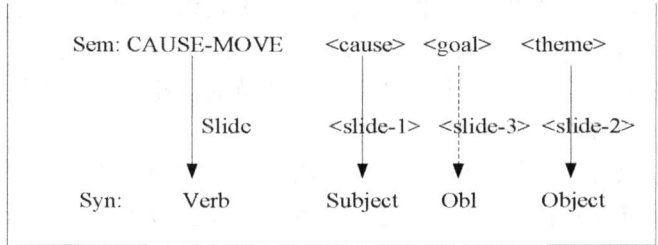

流变构式语法认为,所有的规则都是双向性的(bi-directional)。"双向性"是指,限制形式—意义映射的规则(rules)都必须既适用于产出(production),又适用于分析(parsing)。"产出"即生产出表达一定意义的话语,这些意义是通过概念化处理从世界模型中派生出来的。"分析"即话语意义的重新构建(reconstruction),根据世界模型将这个意义映射回到现实中去。"双向性"要求将构式看做是限制(constraints),将语言处理看做是限制增殖(constraint propagation)。

流变构式语法认为,"产出"是从意义到形式(from meaning to form);"分析"是从形式到意义(from form to meaning)。规则的双向使用有两个次功能:匹配(match)和合并(merge)。"匹配"相当于逻辑编程的标准融合(unification)。"合并"相当于融合语法(unification grammar)的标准融合,不但约束或限制(bind)变项,而且还将合并结构的所有成分都添加到合并后的结构(the merged structure)上。

"匹配"从产出方向讲,是将规则左极(left pole)和业已建立的结构(the structure already built)匹配。如果规则匹配成功,就会对变项或变项之间的等值信息产生一套限制,因为要建立的句法结构同样含有一些变项。从分析方向讲,匹配是将规则右极(right pole)和句子结构(sentence structure)匹配。如果匹配成功,就会产出一组对变项与变项之间的等值信息的限制,因为将要构建的句子结构也包含有一些变项。

规则双向使用的另一个次功能是"合并"。"合并"从产出方向讲,是将规则的右极和句子结构合并,即右极的某一实例(instance)首先与句子结构匹配,可能产生一些附加限制;接着是右极其他实例与句子结构的融合(union)。从分析方向讲,合并是规则左极和句子结构的合并,意指左极的某一实例首先和句子结构匹配,会产生一些附加限制,然后是左极其他实例与句子结构的融合。

7.3.4 层级性(hierarchy)

在流变构式语法里,一个构式通常被看做是语义结构和句法结构的结合。语义结构包括各种各样的单位和这些单位的语义范畴化。和语义结构一样,句法结构也是由单位和这些单位句法范畴化组成。我们从句法和语义两方面谈层级性。

句法层级性。在句法里,层级性是指一些小的句法单位或成分与结合而成的大的句法单位或成分之间的层级结构关系。以英语 the big block 为例,其层级结构可以图式为:

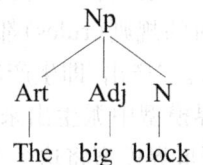

这里,The 是一个冠词;big 是一个形容词;block 是一个名词。这三个单位结合为一个名词短语(NP)——The big block(一片大木块)。这样的一个名词短语还可以作为一个单位,构成"The blue box next to the big block(大木块旁边的蓝色盒子)"这样的更大的句法单位。这里,The blue box next to the big block、the big block、big block、the 等单位之间是层级性的。按照构式语法的说法,the、big 和 block 是词汇构式;the big block 是一个名词短语构式;the blue box next to the big block 也是一个名词短语构式。但是,它们属于不同层级的构式。具体来讲,the 属于冠词构式,blue 和 big 属于形容词构式,box 和 block 属于名词构式;the big block 属于 Art-Adj-Noun 构式;the blue box next to the big block 属于 NP-Prep-NP 构式。这些不同层级的构式表现为不同的类型(type)和次类型(subtype)。不同类型的构式有不同的句法限制。以 Art-Adj-Noun 名词短语构式为例，冠词 Art 出现在形容词 Adj 之前；形容词 Adj 出现在名词 Noun 之前；冠词（a，an）与名词要保持语法一致（agreement）。所以，语法不但要表明组成大单位的小单位的类型，还要表明大单位的性质特征。

流变构式语法是一种构式的形式化模型。要对不同层级的构式形式化，首先要对构式句法限制运用之前和运用之后的句法结构做出形式化描写。在使用构式句法限制之前，名词短语 the big block 的句法结构可以形式化为：

```
((top
    (syn-subunits (determiner modifier head))
    (form ((precedes determiner modifier)
           (precedes modifier head))))
 (determiner
    (syn-cat ((lex-cat article) (number singular)))
    (form ((stem determiner "the"))))
 (modifier
    (syn-cat ((lex-cat adjective)))
    (form ((stem modifier "big"))))
 (head
    (syn-cat ((lex-cat noun) (number singular)))
    (form ((stem head "block")))))
```

这些不同的单位和词根都是来自词库。它们之间的前置限制都是来自话语。我们运用 Art-Adj-Noun 构式的句法限制，将 the big block 的句法结构形式化为：

```
((top
    (syn-subunits (np-unit)))
 (np-unit
    (syn-subunits (determiner modifier head))
    (form ((precedes determiner modifier)
           (precedes modifier head)))
    (syn-cat ((lex-cat NP) (number singular))))
 (determiner
    (syn-cat ((lex-cat article) (number singular)))
    (form ((stem determiner "the"))))
 (modifier
```

```
            (syn-cat ((lex-cat adjective)))
            (form ((stem modifier "big"))))
         (head
            (syn-cat ((lex-cat noun) (number singular)))
            (form ((stem head "block")))))
```

这里,运用 Art-Adj-Noun 构式的句法限制,在 top unit 和其他单位之间插入了一个新的 np-unit(名词短语)。这个名词短语包括限定语(determiner)、修饰语(modifier)和中心语(head)三个次单位。构式的句法限制还对这三个单位在话语中的词序做出了限制,如上图中谓词 precedes 所示。

接着,我们来分析这里的构式。按照以上所谈流变构式语法的思想,构式有一个语义极(位于左边)和一个句法极(位于右边)。构式规则的使用先是匹配,后是合并。在分析过程(parsing)中,构式规则的句法极应当和句法结构匹配,然后语义极和语义结构匹配,从而得到话语的语义结构。在产出过程(production)中,构式规则的语义极应当和语义结构匹配,然后句法极与句法结构合并。

我们先来谈分析过程。流变构式语法提出了一个新的观点:对层级性的处理就是建构一个新的单位,并将其视为匹配和合并的副产品(a side effect)。假定 the big block 的句法极是这样:

```
(((?top
        (syn-subunits ( = =①?determiner ?modifier ?head))
        (form ( = = (precedes ?determiner ?modifier)
                    (precedes ?modifier ?head))))
    (?determiner
        (syn-cat ( = = (lex-cat article) (number singular))))
    (?modifier
        (syn-cat ( = = (lex-cat adjective))))
    (?head
        (syn-cat ( = = (lex-cat noun) (number singular)))))
```

这一句法极与上面所描写的运用构式句法限制之前的句法结构相匹配,在分析过程中可以用来检验是否有一个名词短语出现,但并不能创造一

---

① "= ="表示"引入"。

个名词短语单位。流变构式语法假设,一个新的单位是由 J-算子①创造的。在匹配过程中,标有 J-算子的单位可以忽略。当匹配成功后,新的单位被引入,受到 J-算子第一个论元的约束。第二个论元应当受到匹配过程的约束,表征母单位(parent unit),即新单位所依附的单位。新单位包括有以普通方式所表明的附加槽信息(additional slot specifications),匹配所产生的其他变项约束仍在起作用。例如:

(((?top
　　(syn-subunits (= = ?determiner ?modifier ?head))
　　(form (= = (precedes ?determiner ?modifier)
　　　　　　　(precedes ?modifier ?head))))
(?determiner
　　(syn-cat (= = 1 (lex-cat article) (number ?number))))
(?modifier
　　(syn-cat (= = 1 (lex-cat adjective))))
(?head
　　(syn-cat (= = 1 (lex-cat noun) (number ?number)))))
((J ?new-unit ?top)
　　(syn-cat (np (number ?number)))))

除了创造新的单位和添加其特征(数)外,整个结构也发生了变化。具体来讲,J-算子表明,新的单位是其母单位的一个次单位,母单位将与第二个论元(最上面的?top)相同名称所标明的特征值全部移植到了新单位上。同时,原来母单位形式槽的前置关系也自动移植到了新单位里。这样,我们利用 J-算子就获得了上面使用构式限制规则后的句法结构。这一分析可以图示为:

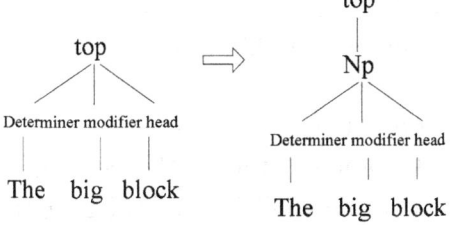

---

① "J"是发明此算子的 Joachim De Beule 名字的第一个字母。J-算子是一个两元算子(binary operator),通常写作(J ?new-unit ?parent)。一个规则的右极和左极的任何单位都可以用 J-算子来替换。

下面我们来谈语义层级性。流变构式语法认为,一个构式并不仅仅是把每个组成部分的意义联结在一起,而且还增添了附加意义,包括怎样通过组成部分的意义获得话语的意义。流变构式语法借用蒙太古语义学(Montague-style semantics),构式组成部分引入的是谓词(predicate),构式引入第二个语义算子,表明这些谓词的使用方法。例如,假设一个语义算子find-referent-1(发现—指称—1),在the big block构式中,该算子使用[the]这样的量词、[big]这样的特征和[block]这样的事物原型,发现当前语境里的一种事物。该算子通过过滤得到与原型相匹配的所有事物,进一步过滤发现最大的那个事物,最后从剩余的个体中找出定指的那个事物。详细情况如下:

构式the big block最上层的初始结构可以描写为:
((top
　　(meaning ((find-referent-1 obj det1 prop1 prototype)
　　　　　　(quantifier det1 [the])
　　　　　　(property prop1 [big])
　　　　　　(prototype prototype1 [block])))))

查阅词库可以发现每一部分的意义。
((top
　　(sem-subunits (determiner modifier head))
　　(meaning ((find-referent-1 obj det1 prop1 prototype1))))
(determiner
　　(referent det1)
　　(meaning ((quantifier det1 [the]))))
(modifier
　　(referent prop1)
　　(meaning ((property prop1 [big]))))
(head
　　(referent prototype1)
　　(meaning ((prototype prototype1 [block])))))

现在,语义算子find-referent-1遇到的挑战是,怎样使用构式发现仍没覆盖的那部分意义,构建合适的新的单位呢?流变构式语法认为,还需要使用J-算子。在匹配过程中可以不考虑J-单位,但是匹配完成之后,创造了一个新单位,J-单位槽就应当添加上。新单位与母单位连接起来,规则对母单位槽的具体限制自然移动到新单位里。使用J-算子,构式Art-Adj-Noun的

语义极可以描写为
(((?top
        (sem-subunits (= = ?determiner ?modifier ?head))
        (meaning (= =(find-referent-1?obj?det1?prop1?prototype1))))
    (?determiner (referent ?det1))
    (?modifier (referent ?prop1))
    (?head (referent ?prototype1))
    ((J ?new-unit ?top) (referent ?obj)))

将这一语义极应用到语义结构，便可得到
((top
        (sem-subunits (np-unit)))
    (np-unit
        (referent obj)
        (sem-subunits (determiner modifier head))
        (meaning ((find-referent-1 obj det1 prop1 prototype1))))
    (determiner
        (referent det1)
        (meaning ((quantifier det1 [the]))))
    (modifier
        (referent prop1)
        (meaning ((property prop1 [big]))))
    (head
        (referent prototype1)
        (meaning ((prototype prototype1 [block])))))

以上我们介绍了流变构式语法引入 J-算子，搭建起一个语法构式的语义结构和句法结构的层级性。"层级性"是流变构式语法的一个非常重要的创新点。

7.3.5 构式的操作

词汇构式给词根和词的构成部分的意义提供了框架意义（frame meaning）和配价（valence）信息。语法是对框架意义、配价信息等的限制和约束，并且还使用 J-算子搭建了语义结构和句法结构的层级性。以"Mary puts the milk in the refrigerator."为例，在使用构式之前，不同的单位把词汇聚集在一起，组成作主语的名词短语，作直接宾语的名词短语，还有一个"介词

+名词"构成的介词短语。每一个单位还要把这些变项限制在它们的指称（referent）上。在语义方面，由不同的语义角色组成的语义框架"致使—移动—方位"建立了右极所有变项的约束关系。在句法方面，构式使用 meets-谓词规定了词序限制和动词的配价以及组成部分的具体类别（如名词短语、动词短语等）。

使用构式时，像"Mary puts the milk in the refrigerator."这样的 SVOL 构式的操作是双向的。在产出过程中，当业已建立的语义结构与语义极融合时，构式被激活。接着，由于句法极的某些成分缺失（missing），句法结构得以扩展。句法极的限制（如配价）可能会阻止使用构式。在分析过程中，当业已建立的句法结构与句法极融合时，构式被激活。接着，由于语义极某些成分的缺失，语义极得以扩展。构式的语义限制也会阻止构式的使用。

在流变构式语法里，语法构式有两个作用。

（一）表示变项之间的等值信息，言者可以凭此决定是否需要有一个新的构式。构式的这一作用大大简化了语义诠释的复杂性。以英语"Jill slides blocks to Jack."为例，假定在没有语法构式的情况下，听者要理解这句话的意义必须考虑句中每一个词项的意义。Jill 这个词表示一个实体（object），这是一个变项（variable），这个实体称之为 Jill，是一个单数实体（不是复数实体）。slides 这个词项表示一个有三个参加者（三个变项）的事件。blocks 表示一组实体，这些实体被称之为 block，也是一个变项。Jack 这个词和 Jill 一样，为另一个变项实体。

把以上对这些成分的描述同听者凭借视景分析（visual scene analysis）建构的世界模型（world model）中的事实（facts）相匹配（to match），我们会非常清楚地发现这样一组限制（constraints）：一个名字叫 Jill 的实体和一个单数实体这两个变项限制在（be bounded to）同一个实体上；动词 slide 里表示引发 slide 动作的实体和名字叫 Jill 的单数实体这两个变项限制在同一个实体上；动词 slide 里表示移动的实体和称之为 block 的复数实体这两个变项限制在同一个实体上；slide 里表示目的的实体和称之为 Jack 的单数实体这两个变项限制在同一个实体上。

流变构式语法认为，如果两个变项被认为是限制在同一个实体上，这两个变项携带的信息是等值的（equality）。具体来讲，动词 slide 里，表示引发 slide 动作的实体和名叫 Jill 的实体等值；表示移动的实体和称之为 block 的复数实体等值；表示目的的实体和称之为 Jack 的单数实体等值。掌握了这些等值信息，然后再去理解句子的意义，变项的数量减少了，世界模型中实体的总数少了,相关的事实被简化,不那么复杂了。

那么,语法构式在这里起到了什么作用呢?在"Jill slides blocks to Jack."这句话里,Jill 是个名词,在句子中作主语;出现在动词 slides 前,与动词在人称和数上一致。这些语法构式信息表明 Jill 就是动词 slides 所表示的动作的施事,即表示引发 slide 动作的实体等于名叫 Jill 的实体,或两变项信息值相等。名词 blocks 出现在动词 slides 后,为其直接宾语,表明 blocks 就是动词 slides 所表示动作的受事。动词 slides 表示"使……滑动",blocks 接受了这一动作,就成了滑动的实体,因此表示移动的实体就是 blocks,两变项信息等值。名词 Jack 出现在动词 slides 的直接宾语 blocks 之后,前面置有表示路径的介词 to,在句中充当介词 to 的宾语,为旁格成分(oblique)。这些语法构式信息表明 Jack 就是动词 slides 所表示的动作的目标(goal),即表示目标的实体等于 Jack,两变项信息等值。这里,语法构式根据信息等值实现了句法结构信息和语义结构信息的匹配。

(二)语法构式的第二个作用是,增添附加意义(adding additional meaning)。语法构式能够引入附加的谓词论元成分或引发谓词论元成分的变化,从而增添了额外的或附加的意义。这样,语法构式就能够对"一个句子的意义大于其组成部分意义之和"的构式语法信条做出合理的解释。比如,同一个动词 give 用在构式"Tom gave Mary a book."里表示,这是一个 CAUSE-RECEIVE 构式,暗含接受者 Mary 得到了一本书;用在构式"Tom gave a book to May."里表示,这是一个 CAUSE-MOVE 构式,暗含 Tom 意欲(intend)送给 May 一本书,并不直接表明 May 得到了一本书。二者之间意义上的差别不是来自 give 的词库知识,而是语法构式所添加的。更为明显的是,"Tom sneezed the napkin off the table."是一个 CAUSE-MOVE 构式。动词 sneeze 的词库知识仅表明 somebody sneezes(某人打喷嚏),而当动词 sneeze 进入 CAUSE-MOVE 构式时获得了"通过打喷嚏的方式致使某物移动"的意义。这一附加意义无疑是语法构式增添给动词 sneeze 的;同时语法构式还给动词 sneeze 引入了接受者(the napkin)和目标(the table)两个新的论元成分。

由于语法构式有增添意义的作用,所以"语法构式是一个构式清单(an inventory of constructions)"这一观点增加了语言的表达能力,因为同一个词(构式)可以用在许多不同的构式里,而且听者能够根据构式推断出其意义。另外,语法构式能够让听者根据构式所提供的语义框架推断出一些不认识的词的意义。比如,"Jill frooples a box to Jack."这是一个"CAUSE-MOVE"构式,可以推出 froople 的意思是"传递",虽然这是一个杜撰的词。

　　还有,一个构式可以和另一个构式结合构成新的构式。原则上这样的结合可以无休止地结合下去,构建出无穷多的构式。所构建出的这些构式的具体化(习语性)程度是不同的,有像"John reads a book."这样比较具体的构式,有像"Subject + Predicate + Object"这样的比较抽象的构式。比较具体的构式继承了(inherit)比较抽象的构式,从而形成一个庞大的构式网络。这样的构式网络增加了构式的表达力量。一个语言运用者所使用的构式清单是不断变化的。语言中的构式是对语言运用模式(patterns of usage)的规约化(conventionalization)。一些新的运用模式不断涌现;一些旧的运用模式可能会因不合时尚而渐渐淡出,甚至退出运用舞台。

　　这一经验研究成果与Tomasello等人的实验发现完全吻合。Tomasello et al.(1999:161)的实验证明:语言习得是以构式的方式(in a constructivist manner)进行的。儿童的语言能力(linguistic competence)都是逐渐获得的,一开始习得的是一些由具体的词汇或词素构成的语言结构形式,然后按照各种各样的语言范畴化、图式和构式(construction)构建起比较抽象的、能产的结构形式。

7.3.6　流变性(fluidity)

　　流变构式语法的流变性,主要是指符号着陆(symbol grounding)要求语言运用者不断将其对世界的范畴化和概念化方式与这些概念化的表达方式联结起来。语法形式化(grammar formalism)应当对极大的流变性(extreme fluidity)提供强大的支撑。这样的流变性有两个含意:一方面,通常无法保证不同的语言运用者享有相同的语言清单(language inventories),因此每个语言运用者都必须时刻掌握围绕某一语言社团流动、变化着的(floating around)那些规约性的表达方式,并且能够从中选择可能进行成功交际的表达方式。这样的话,就要使词库和语法里的所有规则都有能力反映有望成功的交际活动。另一方面,语言运用者每次交际活动之后必须随时准备更新(update)自己的语言清单,因为他们要构建新的表达形式来传递从来没有表达过的意义,或是因为他们掌握了一些新的形—义映射规则,也可能是因为他们要提高自己规则的涵盖力使之与语言社团中其他的交际行为相匹配。这样的话,就要根据交际的成功与失败来不断更新每一个规则的涵盖力。

7.4 对 Steels 等人的流变构式语法的认识

通过以上简介，不难看出，流变构式语法是通过研究构式语法（construction grammar）在语言着陆（language grounding）①中的作用建立起来的一种计算形式化（computational formalism）模型。目前形式化构式语法模型和计算构式语法模型还未成熟，但也取得了些成就，如 Kay and Fillmore（1999）使用特征结构描写句法和语义结构（参看本书第二章）；Bergen & N. C. Chang（2003）运用统一格式语法（unification-style grammar）对句法和语义配对限制的描写（参看本书第六章），还有 Bryant（2004）建立了一个分析系统，使用构式构建语义结构，语义结构能够反馈到心智模型模块里（mental simulation module）。与这些形式化模型和计算模型相比，流变构式语法在一些技术细节上有些不同的计算方法。明显的有两点：双向性（bidirectionality）和流变性（fluidity）。根据我们个人的理解，该模型有以下几点值得我们重视。

（i）流变构式语法研究重心在于探讨，为什么言者能够建构有关世界的话语、听者能够理解话语的意义？流变构式语法认为，言者建构话语是一个产出过程；听者理解话语意义是一个分析过程。言者和听者储存有一个规则清单（an inventory of rules），并有能力将这些规则运用到产出和分析过程中。

（ii）语法构式规则的使用都是双向的，即对意义—形式映射的所有规则既适合用于产出过程又适合用于分析过程。流变构式语法在认知语言学的构式语法、计算语言学和形式语言学理论的基础上建立了一个有关分析和产出的构式语法形式化模型。

（iii）语法构式的流变性。流变构式语法特别强调语法构式的"流动"和"变化"，即在语言运用过程中流动着一套语法构式规则。语言运用者可以利用这套规则对语法构式的形式和意义之间的映射做出合理的诠释，实现成功的交际。如果遇到新的语法构式，现有的规则可以进一步延伸

---

① 语言着陆或"符号着陆（symbol grounding）"是人工智能领域的热门话题之一，主要研究人们通过感知（sensing）和范畴化将自然语言或符号与现实世界联系起来的方式。研究认为，不但符号可以根据有现实世界基础的感知范畴系统性地同现实世界联系起来；人们自己也可以通过学习和相互协作建立概念范畴，实现范畴的象征化。

(expand),对新的语法构式的句法结构和语义结构特征做出描写和刻画,建构新的规则,创造出新的构式。

(iv) 流变构式语法坚持以使用为基础、以世界模型为基础。流变构式语法主张,意义是在世界模型(world model)中发现的事实的次集(a subset of facts),包括这些事实在交际中的使用方式。概念化就是选择为实现交际目的所表达的意义。诠释(interpretation)就是将这些意义映射回到世界模型,再到现实世界(real world)中。这一思想可以简单表示为下图:

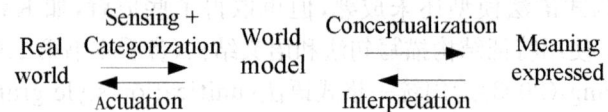

(v) 流变构式语法认为,构式是通过搭建语义极和句法极的层级性结构,使用一定的语义算子,创造出的一个新的单位。这一观点和认识,较好地解释了 Goldberg 构式语法所谈到的构式为什么能够赋予动词新的语义功能,可以说是在 Goldberg 构式语法基础上的一个新的进展。

(vi) 流变构式语法是运用构式语法理论研究语言的起源和演变。该模型主要是在机器人模拟实验中建立起来的。该模型在自然语言中的运用还有很大的探讨空间。

(vii) 流变构式语法将语言交际看做是:言者给句子选择一个话题和一些变项,并对其进行描写。听者对句子进行分析,并对其进行重构(reconstruction),以便把话题与语境中的其他事件或实体能够区分开来,最后将其与自己的世界模型相匹配。如果话题是独一无二的,交际就成功,否则交际就失败。

第八章
自主/依存联结——一种新的构式语法分析模型

"自主(autonomy)"和"依存(dependence)"是认知语法理论的创始者Langacker(1987)在语法配价关系研究中提出的两个重要概念。自主结构(autonomous structure)是指,可以独立出现的、自身的语义明示(manifestation)不预设(presuppose)另一结构的(Langacker 1987：488)或者说是不需要进一步概念化的音位结构或语义结构(Taylor 2002：226)。如音位结构里,相对辅音来说,元音是自主结构;语义结构里,名词性概念是相对自主的成分。依存结构(dependent structure)是指其自身的语义明示预设①另一结构的音位结构或语义结构的存在,或者说是需要其他结构的支撑(support)(Langacker 2008：199)。比如,音位结构里,辅音依附于元音,前者为依存结构;语义结构里,动词是依存结构,因为动词自身的语义明示预设动作的施事和/或受事等其他成分的存在,或者说是需要动作施事等的支撑。自主成分与依存成分之间的内在联系,在认知语法(Langacker 1987：298-306,356)里被定义为"自主/依存关系":A 和 D 为自主/依存关系,如果在一个配价关系(valence relation)中,A 是对 D 凸显的一个图式性的次结构(salient schematic substructure)所做出的阐释(elaboration)。根据自主/依存关系,我们可以把一个自主成分和一个依存成分联结起来。认知语法认为,自主/依存联结(A/D-alignment)是在自主/依存关系的基础上,通过语义凸显和对应关系把自主成分和依存成分联结为一个相对自主的合成结构(composite structure)。合成结构的语义继承了其组成部分的语义凸显。自主/依存

---

① 大部分概念都不是自足的,其语义明示都预设其他概念的存在,不提及预设的概念,没有预设概念的支撑,就无法对这些概念做出界定。比如,"指关节"这一概念预设另一概念"手指"的存在。如果不借助"手指"这一概念,我们就无法定义什么是"指关节"。进一步来讲,"手指"预设"手"的存在;"手"预设"胳膊"这一概念的存在。这些概念形成一个复杂性层级(hierarchy of complexity),一个层级的概念预设下一个层级的概念。

联结是语言设计的一种普遍特征(a general feature of language design)(Langacker 2008:199),能够对一些语言表达式的语义概念化特征做出合理的解释。

我们在深入研讨认知语法语法配价关系理论的基础上建立了自主/依存联结分析模型(牛保义 2008a),如下图所示:

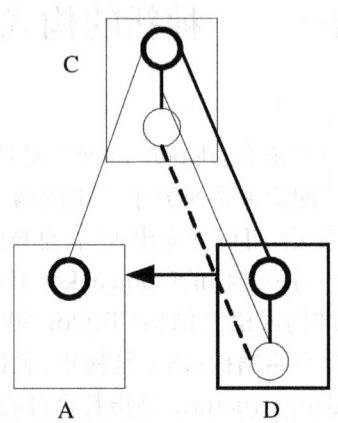

(参考 Langacker (1987:326))

上图方框 A 为概念自主成分;D 为概念依存成分;C 为由 A 和 D 联结而成的合成结构。A 里的粗体小圆代表自主成分凸显的次结构;D 里的粗体小圆代表依存成分凸显的图式性次结构,白体小圆代表非凸显的次结构;箭头代表阐释关系;用来连接两小圆的粗体竖线代表凸显的关系;粗体斜线表示凸显的对应关系,虚斜线表示非凸显的对应关系。上图读作,A 和 D 为自主/依存关系;这种关系是通过 A 的语义凸显和 D 凸显的图式性次结构之间的阐释或对应关系建立起来的。A 和 D 联结得到合成结构 C。这样的合成结构的语义继承了组成部分 D 的语义凸显,即把 A 看做是(D 所表示的)一种关系中的一个论元。

自主/依存联结分析模型是基于一个语法构式的组构成分的内部结构及其联结特征来解释一个语法构式的语法配价关系。我们运用此模型分析了英语轭式搭配(zeugma)(牛保义 2008b)、汉语"把字句"(牛保义 2008c)以及英汉语工具主语句(牛保义 2008d)等语言现象的句法结构和语义特征,并对这些语言现象的生成机制和动因做出了比较合理的解释。在对这些语言现象分析和解释的过程中,我们发现该模型简单易行、通俗易懂、合情合理,具有较强的解释力。同时,我们发现该模型还存在着一些值得改进的地方:自主成分和依存成分的语义凸显有无具体限制或存在着什么规律? 自主成分的语义凸显是怎样对依存成分凸显的次结构做出阐释的？自主/依存联结与传统的配价理论以及现行的构式语法等认知语言学理论相比有什么创新的地方？这些问题都值得深入探讨，以使自主/依存联结分析模型更加合理、更加完善。

为了寻求以上问题的答案，本章在对一些核心概念理论考量的基础上，对原分析模型做出了较大的修正，试图建立一个新的自主/依存联结分析模型。具体包括以下三个部分：对一些核心概念的诠释；新自主/依存联结分析模型的建构及其应用举偶；新分析模型的理论意义。

8.1 核心概念的理论考量

如上图所示，一个自主/依存联结分析模型的操作流程大致如下：

凸显→阐释→对应→组构

一个自主/依存联结过程，先有依存、自主成分的语义凸显；接着是自主成分凸显的次结构对依存成分语义凸显的阐释；进而建立两成分语义凸显之间的对应关系；最后是组构，即根据对应关系将两成分联结为一个相对独立的合成结构。正如认知语法研究所指出的，凸显、阐释、对应和组构是描写语言中的构式的最基本的要素（Langacker 2008：183）。下面，我们对这些基本要素逐一予以诠释。

8.1.1 凸显（profile）

8.1.1.1 凸显的定义

"凸显"是认知语言学领域里 profile 一词的汉译，认知语法研究中尤为常见。认知语言学在谈到 profile 和 base（基础）①时，将前者定义为"词语象征的概念（concept）"（Croft & Cruse 2004：15）。在认知语法里，profile 既可以用做名词，又可以用做动词。名词 profile 是指："一个语义结构所标示（designate）的概念实体（entity）；是基础（base）里的一个次结构（substructure）；可以作为客观场景中的焦点（focal point）；具有很高的显著度（degree

---

① Base 是指由凸显的概念预设的知识或概念结构（Croft & Cruse 2004：15）。比如，英语 finger 一词象征的概念是"手指"；"手指（finger）"的概念预设"手（hand）"，所以 hand 就是 finger 语义凸显的 base。

of prominence)。"(Langacker 1987：491)名词 profile 常译为"凸显",也有人译为"侧面"。动词 profile 主要表示一种这样的动作——使……成为客观场景的焦点或将……置于显著位置。认知语法研究认为：所有的语言表达形式都凸显一定的实体或事态。小句凸显一种情形(situation)或事件；动词凸显一个过程(process)或关系(relation)；介词凸显一种关系；名词凸显一个实体；等等(Taylor 2002：194)。在一个构式里,每一个组成部分都有自己的凸显；构式作为一个整体有构式的凸显。构式的凸显是主要的；部分的凸显是次要的。构式的凸显是由其组成部分的语义凸显决定的(Langacker 1987)。

在对凸显做出定义的基础上,学者们,尤其是研究认知语法者,根据凸显的内容,提出了一些富有见地的认识：Langacker(1987：188)将凸显等同于注意(attention)①。一个名词的语义凸显通常是将注意力聚焦在相关实体的某一部分上,或者说是将相关实体的某一部分置于显著位置,提高其显著度。比如：名词"斜边"的语义凸显是将注意力聚焦在一个直角三角形的直角相对的那条直线上,或者说是将这条直线置于显著的位置。一个动词的语义凸显通常是将注意力聚焦在由若干实体组成的过程或关系上,也可以说是将一个由若干实体组成的过程或关系置于显著的位置。比如,动词 love(热爱)的语义凸显是将注意力聚焦在射体(施事 love 动作者)和界标(接受 love 动作者)的相互联系(interconnection)上,提高了射体和界标两实体的凸显度。

凸显是一种在线识解(on-line construal)。Langacker(2005)指出,凸显不是指具体的概念内容,是对概念内容(conceptual content)②的在线识解。比如,husband(丈夫)和 wife(妻子)这两个词。它们引发的是同一概念内容,即由男人和女人组成的一种婚姻关系,如图(a)所示,M 代表男人,F 代表女人,双横线表示婚姻关系。Husband 的语义,凸显的是由男人和女人组成的一种婚姻中关系中的实体男人(male),即对男人这一实体的识解,如

---

① "注意"是一种认知心理现象,表现为对心智神经网络模型中的概念结构激活的程度。"注意"强调的是人们的认知能力,但是一些感知世界中的、想象的、虚构的(fictive)现象的自然特征也会引起人们的注意,因为这些特征提高了这些现象在人们注意中的突显(salience)。

② "概念内容"实际上是凸显的基础(base)或背景知识,一般与百科知识(encyclopedic knowledge)有密切关系。所以,从这个意义上说,"凸显"是一种以百科知识为背景的识解方式。

图(b)里粗体圆圈所示。wife 的语义凸显是对这一种婚姻关系中的实体女人(female)的识解,如图(c)里粗体圆圈所示。

再来看一个非常有趣的例子,动词 choose(选择)和名词 choice(所选择的人或物)的语义凸显。两词引发的概念内容相同,即一个由射体(施事"选择"动作者)和界标(接受"选择"动作者)组成的过程或关系。动词 choose 的语义,凸显的是由两个实体(射体和界标)表达的一种时间性过程/关系,识解的是一种过程/关系。名词 choice 的语义,凸显的是同一过程/关系中的一个实体界标,识解的是一个实体。这里,名词 choice 的语义凸显可以看做是一种"凸显移动(profile shift)"①,即名词 choice 的语义凸显可以看做是将动词 choose 凸显的关系/过程移动到界标上(参见 Croft & Cruse 2004:47)。这样的凸显移动就是一种在线识解。

凸显可以看做是一种选择手段。通常情况下,一个句子凸显的是一个事件或一种情形(situation);不同的句子有不同的凸显选择,或者说是选择了不同的凸显对象。

(1) Mary dried her hair with a blower.
(2) The blower dried Mary's hair.
(3) Mary's hair dried.

第一句凸显的是一个从 Mary 到 blower 再到 hair 的整个行为链(an action chain),如图(a)粗体部分所示。第二句凸显的是行为链的后面一段,如图(b)粗体部分所示。第三句凸显的是行为链的最后一段,如图(c)粗体部分所示。

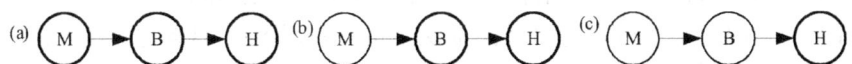

所以可以说,凸显选择(profiling selection)就是将意欲凸显的对象置于显著地位,提高其显著度。进一步观察发现,在提高一些成分的显著度的同时,凸显可以将另一些成分置于暗处予以遮蔽,或者是将其切除掉,如(2)的射

---

① "凸显转移"是指这样一种能力,言者将一个词汇通常象征的概念转移到一定场景中的语义凸显(Croft & Cruse 2004:48)。比如,黑胡椒牛排买单。"黑胡椒牛排"通常象征一种菜肴,在这一场景中其语义转移到凸显"(享用这一菜肴的)顾客"上。

体 Mary、(3)的射体 Mary 和界标 blower 都可以看做是被切除掉了。

凸显可以看做是一种范畴化(categorization)。认知语法研究发现,光杆名词(bare noun)凸显的是一类实体(a type of entity),一个范畴;而表示指称(referring)的名词短语凸显的是光杆名词凸显的实体范畴的一个具体的实例(instance),一个次范畴。因此,指称名词的语义凸显就是一种范畴化,即将某一实体范畴化为光杆名词凸显的范畴的一个次范畴(Taylor 2002:194)。比如,光杆名词 tree 凸显的是一类实体;而名词短语 that tree 凸显的是光杆名词 tree 凸显的实体范畴的一个具体的实例。同样,光杆名词"斜边"凸显的是一类实体;而"那条斜边"凸显的是一个具体的、特指的直角三角形的斜边。事实上,光杆名词 tree 和"斜边"的语义凸显也可以看做是高一个层级的名词 plant(植物)和"直角三角形"的一个次范畴,也是一种范畴化。

凸显可以看做是一种意向(intention)。一个语言表达式的语义凸显,通常是以语言使用(use)为基础的;是由使用者的交际目的或意图驱动的(intention-driven)。仍以(1)-(3)为例,这三个句子引发的概念内容是同一个行为链。为什么(1)到(3)会有不同的语义凸显呢? 我们认为,这些不同的凸显选择是为了顺应(adapt)使用者的不同的交际目的或意图。(1)的交际目的或意图是说明某人用某工具做了某事;(2)的交际目的或意图是说明用某工具做了某事;(3)的交际目的或意图是说明客体(theme)的状态变化。凸显的意向性决定一个语言表达式(像(1)-(3)这样的句子)在特定语境中使用的特殊意义。

8.1.1.2 凸显的功能

(一)凸显可以用来区分不同的语法范畴(grammatical classes)(Langacker 1987,2005)。一个语言表达式的语法范畴不是由相关的概念内容决定的,而是由这个表达式的语义凸显决定的(classify)。具体来讲,凸显"事物(thing)"的为名词;凸显一个有边界的事物的为可数名词,凸显一个无边界的事物的为不可数名词。凸显一个过程或关系的为谓词性成分,凸显一个时间性(temporal)过程/关系的为动词,凸显一个非时间关系的为形容词、介词或副词。

(二)凸显可以提供一种语义限制。我们认为,凸显不但可以区分不同的语法范畴,而且还可以对出现在一个构式中的构成成分的语义做出限制。比如,love 的语义凸显限制其射体必须是一个有能力施事 loving 动作的实体,其界标必须是能够接受 loving 这一动作的实体。我们常说 We love our motherland，而不说* The stone loves our motherland，或* We write water（因为 water 无法接受"写"这一动作，water 不是"写"出来的）。Taylor（2002：234）发现，凸显所提供的语义限制有程度上的不同。一个关系凸显（relational profile）通常对其界标的语义特征提出的限制比对其射体提出的限制要详细、严格得多。譬如，介词 on 的语义凸显严格要求其界标必须是一个支撑平面（supporting surface），可以说 on the desk/water，不大说* on the cup/triangle 等；而对其射体的语义限制相对比较松散，可以说 the cup/triangle/book/pen/water on the desk 等。

（三）凸显可以提供一个阐释位（elaboration site or e-site）。在一个构式的组成成分联结的过程中，依存成分的语义凸显是一个图式性的次结构（schematic substructure），需要自主成分语义凸显的阐释，换句话说，就是为自主成分的语义凸显提供了一个阐释位（参见下节）（Langacker 1987；牛保义 2008a）。比如，在 on the desk 这一构式里，依存成分 on 凸显一种非时间性关系，这一关系中的实体"界标"处于显著位置，而且是图式性的有待阐释的实体，为自主成分 the desk 的语义凸显提供了一个阐释位。

Langacker（1987：304）发现，凸显所提供的"阐释位"不仅仅是关系凸显中的依存成分，也可以是任何一种实体。比如，在 corn kernel 这一构式中，依存成分 kernel 是一个名词成分，提供的阐释位是一个基础（base）里的非凸显的物质名词所表示的实体①（an unprofiled mass in its base）（参见 Langacker 1987：Fig.8.6）。有时，作为阐释位的次结构并非总是次结构本身，也可以是穷尽了整个依存述谓（参见 Langacker 1987：Fig.8.2）。

（四）凸显可以对一个抽象的图式性次结构做出具体的阐释。在一个构式的组成成分联结的过程中，自主成分凸显的次结构（substructure）是一个具体的、内容翔实的实体（specific entity）。这样的实体能够对依存成分凸显的图式性次结构做出具体的阐释，即将其阐释为一个具体的实例（a specific instance）。在上面提到的构式 on the desk 里，自主成分 the desk 凸显的次结构——一个有桌子腿支撑的平面②——对依存成分 on 凸显的图式性次结构界标做出了具体的阐释，即将这一"界标"阐释为有 the desk 特征的

---

① 在 corn kernel 中，[KERNEL]是依存成分，因为非凸显的物质名词 corn 仅是图式性的，而 corn 隐含的个体却是非常具体的(Langacker 1987：304)。
② 这里，自主成分 the desk 是一个语义非常丰富的概念，比如，the desk 是一件家什、一件办公家具、一件由腿和面组成的物品，等等。当 the desk 与不同的成分联结时，不是这些语义内容都凸显出来，而是其中的一部分被凸显出来。

实体。结果,the desk 就成了 on 凸显的界标了,the desk 的语义凸显和 on 的语义凸显所标示的是同一个实体。

(五)凸显是建立对应关系的方式或手段,包括组成成分之间和组成成分与合成结构之间的对应关系。如(三)和(四)所述,在一个构式组成成分联结的过程中,依存成分凸显的是一个抽象的图式性次结构;自主成分凸显的是一个具体的实体。依存成分凸显的图式性次结构提供了一个阐释位,自主成分凸显的实体对依存成分提供的阐释位做出了具体详细的阐释。通过自主成分的语义凸显对依存成分语义凸显的阐释,二者之间建立起一种对应关系(corresponding relationship)。在上面提到的构式 on the desk 里,自主成分 the desk 凸显的次结构与依存成分 on 凸显的次结构界标之间的对应关系就是通过前者的语义凸显对后者的语义凸显的阐释建立起来的。

总括以上对凸显的认识,我们尝试提出两个原则:凸显的普遍性原则和凸显的选择原则。

凸显的普遍性原则。一个语法构式,不管是简单的词汇还是复杂的句子,都凸显一定的实体或事态。

凸显的选择原则。凸显是选择性的。一个语法构式表达的事态是纷繁复杂的,不可能对所有的事态内容都巨细无遗地一一凸显出来,只能是选择某一(些)部分或侧面予以凸显。这一原则包括两个次则:

(i)限定性分句中通常应当明示的成分(expressed)必须予以凸显。比如,英语被动句中的受事成分通常必须予以凸显;双宾句中的主语、直接和间接宾语也必须予以凸显。

(ii)凸显是意向驱动(intention-driven)。人们往往是根据交际目的或意图的需要,选择某一(些)部分或侧面予以凸显。

8.1.2 阐释(elaboration)

"阐释"是一种认知识解活动。这样的认知识解活动,首先表现为一种具体化或特性化(characterization)(Langacker 2008:198)。按照认知语法的思想,自主/依存联结分析模型中的"阐释"是指,依存成分 D 凸显一个图式性的次结构(如下图中的粗体小方框),相当于提供了一个阐释位(e-site),如下图箭头所示。自主成分 A 的语义凸显对依存成分 D 凸显的图式性的次结构作出了具体的阐释。这样的"阐释"是将依存成分凸显的图式性的次结构特性化或具体化(specify)为自主成分的语义凸显所标示的这样一个实体。比如动词"买"与名词"书"联结的过程中,依存成分"买"凸显了一个次结构"界标(landmark)",即买的物品。这一次结构是图式性的、抽象的,需要对其做出具体、详细的阐释，所以认知语法认为依存成分"买"凸显了一个次结构界标，相当于提供了一个阐释位（elaboration site），如下图中的箭头所示。

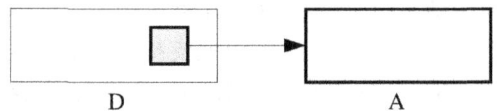

同时，自主成分"书"也是凸显了一个次结构，即有封面、内容等的、可以购买的实体（thing）。这一次结构非常具体、详细，可以将"买"凸显的次结构界标特性化或具体化为"有封面、内容等的、可以购买的这样一种特性的物品"。

其次，阐释等同于实例化（instantiation）。像 animal（动物）和 dog（狗），传统语言学将二者的语义解释为上、下义关系，只是就词义关系而论。认知语法研究从音位和象征单位之间的关系考虑，将二者的语义解释为图式（schema）—实例（instance）关系。Animal 作为一个象征单位，所凸显的语义信息是图式性的；dog 作为一个象征单位所凸显的语义信息是具体的一种 animal，或者说是 animal 的一个实例。因此，按照认知语法的解释，animal 的语义凸显是图式，dog 的语义凸显是对该图式信息的实例化，即 dog 被阐释为 animal 这个图式的一个具体实例（a specific instance）。因此，Langacker（1987：489）将"阐释"直接定义为"对图式的实例化（to instantiate a schema）"。这样的实例化又可以看做是一种范畴化关系（categorizing relationship）(Langacker 2005：169)。Animal 的语义凸显表示一个类（type）范畴，dog 是 animal 的一个次类（subtype）；dog 的语义凸显对 animal 做出具体详细的阐释，也就是将自己阐释为 animal 这个范畴的一个次范畴。

在动词"买"与名词"书"联结的过程中，自主成分"书"的语义凸显可以看做是将依存成分"买"的语义凸显阐释为"买"的次结构界标的一个实例、一个次范畴。因此，"阐释"实际上就是通过自主成分和依存成分的语义凸显将二者等同起来，即自主成分等同于依存成分的一个实例或次范畴。因此，Langacker（2008：199）认为，依存成分图式性地将自主成分看做是其自身固有的一部分。

以上分析可见，"阐释"作为自主/依存联结过程中的一种识解活动，就是语言运用者将依存成分凸显的图式性的次结构阐释为具有自主成分的语义凸显所标示的实体；将自主成分实例化为依存成分的一个实例。通过阐释，自主成分与依存成分之间建立了对应关系（corresponding relationship），二者联结为合成结构。比如，构式 on the desk 联结的过程中，依存成分 on 凸显一个图式性的次结构界标,自主成分 the desk 凸显一个具体的次结构,即"由桌子腿支撑的平面"的实体。自主成分 the desk 的语义凸显将依存成分 on 凸显的次结构界标阐释为一个具体的"由桌子腿支撑的平面"的实体。这一阐释的结果,自主成分 the desk 的语义凸显和依存成分 on 的语义凸显指的是同一个实体——由桌子腿支撑的平面的实体,二者之间建立起一种对应关系。但是,如果自主成分的语义凸显不能够对依存成分凸显的图式性次结构做出阐释,二者就不能联结为一个合成结构。比如通常不说 green ideas,因为自主成分 ideas 的语义凸显——没有颜色特征的实体——不能对依存成分 green 凸显的次结构射体——有颜色的实体——做出阐释。

还有一点需要指出的是:自主/依存联结中的"阐释",即自主成分的语义凸显对依存成分语义凸显的阐释,不一定都是单向的,也可以说是双向的。在像 on the desk 这样的介词短语里,我们不但可以说名词 desk 对介词 on 凸显的次结构做出了阐释,还可以说介词 on 对名词 desk 凸显的次结构做出了阐释,因为 on the desk 比名词 desk 所表征的概念更加具体、详细。根据我们的百科知识,desk 这样的名词表征具体的实体(physical entity)与其他这样的实体(比如"the book on the desk"里的 the book)形成一种空间关系(spatial relationships)。介词 on 的语义凸显是对 the book 和 the desk 形成的空间关系的具体阐释。不过必须承认,名词 desk 对介词 on 的阐释是典型的;介词 on 对名词 desk 的阐释关系是边缘性的。因此,认知语法提出,"每一个组成部分通常都可以看做是能够对另一个组成部分的语义凸显做出阐释;一个语法构式里的组成部分是相互依存的(each component structure is dependent on the other)"(Langacker 2008:201)。

以上认识概括来讲:自主成分必须能够对依存成分的语义凸显做出阐释,二者才能联结为合成结构;相反,不能够对依存成分的语义凸显做出阐释的自主成分是不能进入合成结构的。此可称之为自主/依存联结的"阐释原则"。

8.1.3 对应(correspondence)

"对应"通常是指,在相关实体之间(between conceived entities)建立对应关系的能力,是一种认知处理或加工活动。我们可以在两个泾渭分明的实体之间建立对应关系。比如,宴会主人在安排客人入座时建立的"座位"(如上座)和"客人"(如主、宾)之间的对应关系。有时,我们还可以在同一实体的不同表征(representations)或发生在同一实体身上的不同事件(occurrences)之间建立对应关系。比如,汽车司机在公路上行驶看路线图(road map)时,建立的路线图上的方向与行驶的道路方向之间的对应关系;偶遇多年未见朋友时建立的前次见到的(朋友)与本次见到的(朋友)之间的对应关系。因此,广义上的"对应"实际上就是实体或实体之间的"比较(comparison)",发现它们的同一性(identity)或相似度(degree of similarity)。

这一认识落实到语法研究里,按照认知语法的观点,"对应"是建立一个复杂结构组成成分之间的象征关系(symbolizing relation)、范畴化关系(categorizing relation)和横组合(syntagmatic combination)关系的基础(Langacker 1987:90-96)。下面我们分开来谈。

(一)对应是建立象征关系的基础。认知语法认为,一个语法构式包括语义结构(a structure in semantic space)和音位结构(a structure in phonological space)两部分;二者之间为象征关系,即音位结构象征着语义结构。按照我们的认识,一个语法构式的语义结构与其音位结构之间的象征关系是通过比较语义结构和音位结构之间的同一性和相似度建立起来的。我们首先来看一个比较典型的例子。英语象声词 clang 表示一种"铿锵声"(语义结构),而且这种"铿锵声"就是 clang 的音位结构[clang]。比较 clang 的音位结构和语义结构的同一性或相似度可见,二者高度同一、相似,整体对应。在此基础上,象声词 clang 的音位结构[clang]象征着"铿锵声"这一语义结构。这样的象征关系称之为"自我象征化(self-symbolization)"(Langacker 1987:78),是在音位结构与语义结构"整体对应(global correspondence)"的基础上建立起来的。

在一个比较复杂的语法构式里,整体对应可以分解为若干个局部对应(local correspondence)。以英语 pins 为例,比较其音位结构和语义结构的同一性或相似度可见,pins 是一个音位结构[pins]和语义结构[PINS]对应的构式。这一整体对应可以分解为4对局部对应关系:

[PIN]与[pin]的对应;
[PL]与[z]的对应;
合成结构[PIN-PL]与[pin-z]的对应;
语义结构[PIN]与[PL]的整合(integration)与音位结构[pin]与[z]的整合之间的对应。

在这些一个个局部对应的基础上,分别建立起了
[PIN]与[pin]的象征关系(用"/"表示)——[[PIN]/[pin]]
[PL]与[z]的象征关系——[[PL]/[z]]
合成结构[PIN-PL]与[pin-z]的象征关系——[[PIN-PL]/[pin-z]]

语义结构[PIN]与[PL]的整合(integration)与音位结构[pin]与[z]的整合之间的象征关系——[[[PIN] + [PL]]/[[pin] + [z]]]。

可见,一个构式的组成是通过整体对应关系和组成部分对应关系之间的相互作用实现的。

(二)对应是建立范畴化关系的基础。大量的对应次结构(corresponding substructures)的对比可以对一个图式和其实例进行总体上的比较,做出范畴化判断(categorizing judgment)。范畴化判断代表的是一种图式性关系(schematic relationship)。以英语 snake(蛇)和 rattlesnake(响尾蛇)为例,从形状上看,rattlesnake 比 snake 具体得多。Rattlesnake 的头部大致呈三角形,尾部带有响环;而 snake 的头部和尾部并不都具有这些特征。除头部和尾部外,二者的躯体(body)没有很大区别,也就是说 rattlesnake 的躯体相比 snake 没有更多具体的特征。在对这些众多对应次结构(头部、尾部和躯体)对比的基础上,我们可以对 rattlesnake 和 snake 做出总体上的比较,snake 的语义凸显是一个图式,rattlesnake 的语义凸显是这个图式的一个实例;进而,二者可以看做是一个范畴单位[[SNAKE]→[RATTLESNAKE]],意即 rattlesnake 是 snake 的一个次范畴。我们将这种在对应次结构比较基础上建立的范畴化关系称之为"范畴化对应(categorizing correspondences)"。范畴化对应的操作路径大致为:对应次结构→图式—实例→范畴化判断。

将范畴化对应操作运用到语法构式里,以英语 pins 和"复数名词(a plural noun)"为例。名词 pins 是这样一个象征单位:[[PIN/pin]-[PL/z]];复数名词是这样一个象征单位:[[THING/...]①-[PL/z]]。来看它们的对应次结构,pins 的词根[PIN/pin]要比复数名词的词根[THING/...]具体得多,[PIN]指一种具体的事物,[THING]泛指事物,[pin]是一个具体的音位结构,[...]是泛指的音位结构。另一个对应次结构,pins 的后缀[PL/z]与复数名词的后缀[PL/z]完全相同,其中[PL]为后缀的语义结构,[z]为后缀的音位结构。在这些次结构对比的基础上,我们可以对 pins 和"复数名词"做出总体上的比较,"复数名词"的语义凸显是个图式,pins 的语义凸显是这个图式的实例。有意思的是,其中"复数名词"的后缀与 pins 的后缀的语义凸显属于全图式性(full schematicity),即图式与实例高度同一,绝对相似;相比之下,"复数名词"的词根与 pins 的词根的语义凸显属于部分图式性(partial

---

① 这里[THING]表示名词的语义内容,即名词表示一种事物。[...]表示不确定的名词的音位结构,因为不同的名词有不同的音位结构。

schematicity)。进而,我们可以做出这样一个范畴化判断:[[[THING/...]-[PL/z]]→[[PIN/pin]-[PL/z]]],意即 pins 的语义凸显是"复数名词"的语义凸显的一个次范畴。

以上分析的范畴化对应主要涉及的是图式—实例关系或范畴—次范畴关系,所以这样的对应又可以看做是一种竖直对应(vertical correspondence)。

(三)对应是建立横组合关系的基础。"横组合"是指,两个以上语义结构、音位结构或象征结构线性地整合在一起,组成一个复杂的合成结构。与(二)的"竖直对应"相比,这样的对应可以看做是一种"水平对应(horizontal correspondence)"。水平对应是通过语义重合实现的。正如认知语法所指出的,两个以上音位或语义结构要组合在一起,它们必须有一个重合点(some point of overlap)。它们的次结构必须是对应的,即用来标示同一个实体。正是基于它们的次结构之间的对应关系,两结构才能整合为一个复杂的合成结构。以英语 in the room 为例,在 in 和 the room 组合的过程中,in 凸显一个次结构界标,这个"界标"是一个标示 in 方位关系的实体,通俗来说,就是表明"什么东西"的里面。The room 凸显的次结构是一个实体,是一个内部具有一定空间的实体。显然,in 凸显的界标标示的"方位关系"与 the room 凸显的实体标示的"内部空间"重合,或者说是刚好对应。二者标示同一个实体,所以可以进行线性组合。

以上讨论可见,在一个语法构式里,"对应"是建立象征关系、范畴化关系和横组合关系的基础。这些关系的建立使一些音位/语义结构联结为合成结构,使一些小的象征单位联结起来组成复杂程度不同的大的象征单位——构式。这一认识可以抽象为一个原则,即对应原则。

对应原则。一个语法构式组成成分的联结是通过组成部分的内部结构之间的对应关系实现的。

8.1.4 组构

人们的认知活动通常是层级性的(hierarchical),认知处理或加工包括不同层级的组织活动。一个层级的成分组织起来,构成一个复杂的合成结构。在下一个层级,这一复杂结构可以用做构成成分与其他成分组织起来,构成一个更为复杂的合成结构。这样不断继续下去,可以得到下下一个层级的更更为复杂的合成结构……(Langacker 1987)。这一认知规律投射到语法构式组成成分的联结过程中,一个语法构式组成成分的联结也是层级性的。不同程度的复杂语法构式是由不同层级的组成成分组织起来的。这样的组织活动叫"组构"。认知语法研究认为,组构是指一些成分不断联结起来组成更为复杂的合成结构的顺序(order)。组构是多样性的(variability)。一个语法构式组成成分的组构顺序不是单一的,而是灵活的,可以有不同的组构顺序(Langacker 1987)。正如索绪尔(2001:121-126)所说的:"在组合体内,任何一个单位通过与其前的或其后的或同时与其前后的单位对立,获得价值。"组合体内的单位之间相互依赖,同时又都对组合体整体作出贡献。"整体依赖部分,部分依赖整体。部分与整体的组合关系与部分之间的组合关系同等重要,原因即在于此。"

以英语"Tom opened the door."为例。我们可以有(a)、(b)和(c)三种组构顺序,如下图所示。图(a)表明:先有动词open和the door的联结,组成一个合成结构[OPEN DOOR]①;然后,open the door与Tom联结,组成合成结构[TOM OPEN DOOR]。另一种组构顺序为:先有动词open和Tom联结,组成合成结构[TOM OPEN];然后,合成结构[TOM OPEN]与the door联结,组成合成结构[TOM OPEN DOOR],如图(b)所示。第三种组构顺序如图(c)所示:动词open同时与the door和Tom联结,组成合成结构[TOM OPEN DOOR]②。

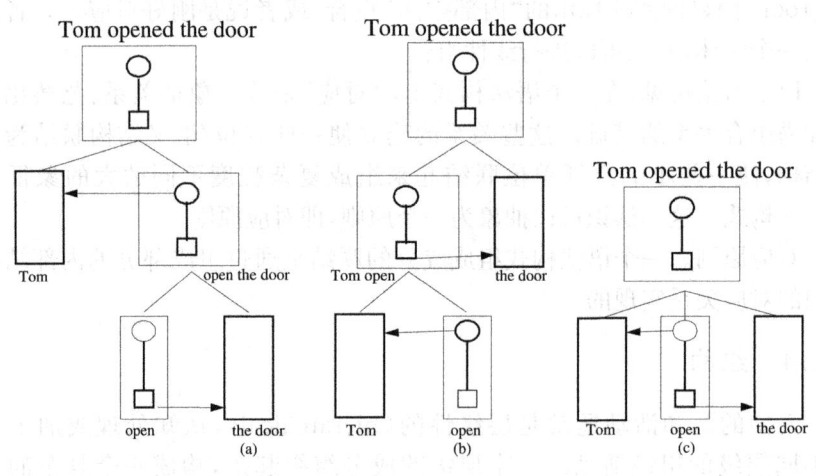

---

① 自主/依存分析模型按照认知语法的习惯做法,语义结构用大写字母表示;音位/句法结构用小写字母表示;合成结构是一个语义结构,所以也用大写字母表示。除此之外,冠词、时态标记等在合成结构里一律忽略不计。下同。
② 至于以上三种组构顺序的具体操作,我们将在下文详细说明。

但是,我们发现,有时一个语法构式组成成分的组构顺序也会有一定的限制,如下文例(5)中的依存成分 baked 与自主成分 Mary 和 a cake 的联结(下详)。

以上分析可见,自主/依存联结中的"组构"是层级性的;日常交际活动中使用的语言表达式都可以看做是由较为简单的组构成分组合成为比较复杂的合成结构。

8.2 新自主/依存联结分析模型

8.2.1 新自主/依存联结分析模型的建构

自主/依存联结分析模型秉承认知语法的语法构式观——构式是象征结构的汇集(an assembly of symbolic structures)(Langacker 2003)。一个象征结构,简单来讲,就是语义结构和音位结构的配对(pairing)①;构式就是由若干这样的音位结构和语义结构结合的对子汇集起来的复杂的象征结构。

根据以上对自主/依存联结过程中的凸显、阐释、对应和组构的理论考量,我们将原来的自主/依存联结分析模型(牛保义 2008a)修改为:

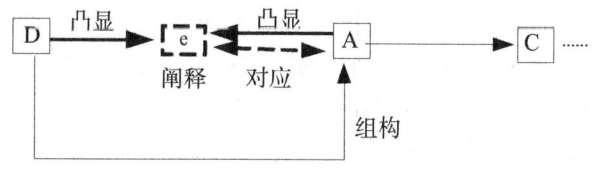

(新自主/依存联结分析模型)

首先,依存成分 D 的语义凸显(如向右的粗体箭头所示)的次结构,提供了一个阐释位,用 e 表示。这一次结构为抽象的、图式性的,用虚线方框表示。自主成分 A 语义凸显的次结构对依存成分 D 凸显的次结构做出了具体的阐释,如向左的粗体箭头所示。由于自主成分 A 的语义凸显对依存成分 D 的语义凸显的阐释,自主成分 A 与依存成分 D 凸显的次结构建立对应关系(如

---

① Langacker 这里将一个象征结构看做是语义结构和音位结构的配对。所谓"配对",我们认为主要是指语义结构和音位结构的象征关系(symbolic relation)。语义结构和对应的音位结构之间的象征关系是指,一定的音位结构象征着一定的语义结构。

虚线的双箭头所示),或者说自主成分 A 被识解为依存成分 D 的一个部分。因此,依存成分 D 可以与自主成分 A 组构起来(如图中下面的弧线箭头所示),整合成合成结构[DA],如图中 C 所示。这一合成结构的语义继承了组成部分的语义凸显。C 后面的省略号表示,这样的合成结构还可以与其他成分联结,整合成更为复杂的合成结构。

上图还有两点需要说明:

(一)依存成分 D 凸显的次结构可能不只一个,有时可以同时凸显两个(如动词 love)或多个次结构(如动词 give),这些次结构可以同时得到多个自主成分的阐释。

(二)自主成分与依存成分的联结是有限制的,只有那些能够对依存成分语义凸显的次结构做出具体阐释的自主成分,才能与依存成分联结,整合生成合成结构;否则,二者是不能联结的(参见 8.1.2)。

这一修改后的自主/依存联结分析模型可以对 8.1.4 中所说的"Tom opened the door."的组成成分之间的联结做出详细的解释。以图(a)为例,动词 open 和 the door 的联结,首先是依存成分 open 凸显一个次结构界标,提供了一个阐释位。自主成分 the door 凸显的次结构"能够被开启的实体",对 open 凸显的次结构界标做出了具体的阐释,即将其阐释为一个具体的"能够被开启的实体"。这样,因为 the door 与 open 凸显的次结构界标处于对应关系,the door 与 open 的界标对应,二者整合构成合成结构[OPEN DOOR]。这一合成结构作为一个依存成分,凸显一个次结构射体,提供一个阐释位。自主成分 Tom 语义凸显的次结构是一个"有能力实施开启门动作的实体"。这一次结构将合成结构[OPEN DOOR]凸显的次结构射体阐释为一个具体的"有能力实施开启门动作的实体",二者处于对应关系,Tom 成为合成结构[OPEN DOOR]凸显的射体。二者整合生成新的合成结构[TOM OPEN DOOR]。这一合成结构的语义继承了依存成分 open 的语义凸显,将 Tom 识解为 open 的施事论元,the door 识解为 open 的受事论元,三者为"施事+动作+受事"关系。仿此,我们还可以对图(b)和图(c)做出解释,囿于篇幅,不再赘述。

8.2.2 新自主/依存联结分析模型的应用

应用 1,我们来看一个英语双宾句的例子。在英语"Tom gave Mary a book."里,依存成分 gave 凸显一个次结构射体,提供了一个阐释位。自主成分 Tom 的语义凸显一个次结构"有能力实施'给予'动作的实体"。这一次结构将依存成分凸显的次结构射体阐释为一个具体的"有能力实施'给予'动作的实体"。自主成分 Tom 与依存成分 gave 的次结构射体处于对应关系,二者整合生成合成结构[TOM GIVE]。接着,合成结构[TOM GIVE]凸显两个次结构界标,提供了两个阐释位。自主成分 a book 的语义,凸显一个"可以被给予的实体"。这一次结构将合成结构[TOM GIVE]凸显的次结构界标阐释为一个具体的"可以被给予的实体";[TOM GIVE]凸显的界标与自主成分 a book 的语义凸显处于对应关系。此外,自主成分 Mary 的语义,凸显一个"有能力接受某一物品的实体"。这一次结构将合成结构[TOM GIVE]凸显的另一个次结构界标阐释为一个具体的"有能力接受物品的实体";[TOM GIVE]凸显的另一个界标与自主成分 Mary 处于对应关系。三者整合为合成结构[TOM GIVE MARY BOOK]。这一合成结构的语义继承了依存成分 gave 的语义凸显,将 Tom 识解为施事论元、book 为受事论元、Mary 为与事论元,三者为"施事+动作+与事+受事"关系。

按照以上分析,为什么我们不说"*Tom gave the house a book."呢?回答是:因为自主成分 the house 的语义凸显的次结构——一个"可以供人们居住的实体",是一个没有能力接受给予物品的实体,不能够(像上例中自主成分 Mary 那样)对依存成分 give 凸显的次结构界标做出合理的阐释。自主成分 the house 与依存成分 give 凸显的次结构界标无法建立对应关系,通俗来讲,the house 不能用在这样的双宾句里充当动词 gave 的与事。所以,按照自主/依存联结分析模型,一个不能够对依存成分的语义凸显做出阐释的自主成分是不能进入整合的。

还有一个非常重要的问题。我们先来看下面的例句:

(4) Tom baked a cake.
(5) Tom baked Mary a cake.

比较(4)和(5)中的动词 baked,(4)中的 baked 表示"烤",(5)中的 baked 除了表示"烤"义外,还蕴含有"给予"义。同一个 baked,为什么(5)中的 baked 蕴含有"给予"义呢? 按照我们的分析模型,在(4)里,依存成分 baked 的语义凸显一个次结构界标,这一次结构被自主成分 cake 的语义凸显阐释。百科知识告诉我们,自主成分 cake 凸显的是"一个可以被烤制的实体",这一次结构将动词 baked 的次结构界标阐释为一个具体的"可以被烤制的实体"。自主成分 cake 与 baked 的次结构界标为对应关系,二者整合为合成结构[BAKE CAKE]。这一合成结构的语义继承了依存成分 baked 的语义凸显,将 cake 看做是 baked 的受事论元。不难看出,动词 baked 的"烤"义是通过自主成分 cake 的阐释明示出来的。

再来看(5)中的 baked，作为一个依存成分，baked 凸显了两个次结构界标。其中一个次结构界标被名词 cake 的语义凸显阐释，如上所述，得到合成结构［BAKE CAKE］；另一个次结构界标被名词 Mary 的语义凸显阐释。按照百科知识，自主成分 Mary 的语义凸显不可能是"一个可以被烤制的实体"，而是"一个有能力接受烤制物品的实体"。这一语义凸显将依存成分 baked 凸显的另一个次结构界标阐释为一个具体的"有能力接受烤制物品的实体"，二者之间处于对应关系。按常理，有了接受物品的实体，就应当有"给予"的动作；接受物品的实体预设一个"给予"的动作。因此，我们认为，动词 baked 的"给予"义是通过自主成分 Mary 的阐释明示出来的；如果没有 Mary 的语义凸显对动词 baked 的阐释，baked 也就不会有"给予"义。

(4)与(5)的比较表明：动词 baked 的语义是由自主成分的语义凸显明示出来的；自主成分的语义凸显为动词的语义明示（manifestation of the meaning of the verb）提供了有理、有力的支撑。但是，在(4)和(5)里，依存成分 baked 凸显的次结构射体，被自主成分 Tom 的语义凸显阐释为一个具体的"有能力实施 baked 动作的实体"。同一个射体 Tom 发出的动作 baked，一个表示"烤"义，一个表示"烤"和"给予"义，动词 baked 的语义变化似乎可以说与射体 Tom 的语义凸显没有直接的关系。但是，我们还不能说对 baked 凸显的射体做出阐释的自主成分对动词的语义明示没有影响。试比较：

(6) The preacher drifted into the house.
(7) The smoke drifted into the house.

这两个句子里，依存成分 drifted 凸显的次结构射体在(6)里被自主成分 The preacher（牧师）的语义凸显阐释，自主成分 the preacher 的语义凸显（一个能够实施 drifted 动作的实体）将 drifted 的射体阐释为一个具体的"能够实施 drifted 动作的实体"。在(7)里，依存成分 drifted 凸显的次结构射体被自主成分 The smoke（烟雾）的语义凸显阐释，自主成分 The smoke 的语义凸显（一个会执行 drifted 动作的实体）将 drifted 的射体阐释为一个具体的"有能力执行 drifted 动作的实体"。显然，The preacher 实施的 drifted 动作和 The smoke 执行的 drifted 动作肯定是不同的。前者可能是从门口急速进入；后者可能是从房子的门、窗等飘入。

相比之下，对 baked 凸显的射体做出阐释的自主成分 Tom 对动词

baked 的语义明示的影响较小,对 baked 凸显的界标做出阐释的自主成分 cake 和 Mary 对动词 baked 的语义明示的影响较大。概括来说,对依存成分凸显的界标做出阐释的自主成分对依存成分语义明示的影响较大;而对依存成分凸显的射体做出阐释的自主成分对依存成分语义明示的影响较小。这一认识可能有一定的普遍意义。

应用2,我们来看一个汉语兼语式的例子。在汉语兼语式"我叫他来"里,有两个依存成分"叫"和"来"。依存成分"叫"凸显一个次结构界标和一个次结构射体,自主成分"我"的语义凸显一个"有能力实施'叫'动作的实体",将依存成分"叫"凸显的次结构射体阐释为一个具体的"有能力实施'叫'动作的实体"。同时,自主成分"他"的语义凸显一个"可以接受'叫'动作的实体",将依存成分"叫"凸显的次结构界标阐释为一个具体的"可以接受'叫'动作的实体"。自主成分"我"的语义凸显与依存成分"叫"凸显的射体对应,自主成分"他"的语义凸显与依存成分"叫"凸显的界标处于对应关系,三者整合为合成结构[我叫他]。

与"叫"不同,依存成分"来"的语义凸显只有一个次结构射体。自主成分"他"的语义凸显一个"有能力实施'来'动作的实体",将依存成分"来"凸显的次结构射体阐释为一个具体的"有能力实施'来'动作的实体"。自主成分"他"的语义凸显与依存成分"来"凸显的射体对应,二者整合为合成结构[他来]。

现在的关键问题是,合成结构[我叫他]与合成结构[他来]是怎样联结在一起的呢?认知语法认为,一个语言表达式组成部分之间的联结(alignment)是通过组成部分的内部结构之间的对应关系实现的。这样的对应关系显示为两概念成分之间的重合(overlap between two conceptions),允准两成分整合成一个连贯的情景(a coherent scene)(Langacker 1987:278)。如上所述,动词"叫"和名词性成分"他"的联结,"叫"凸显的次结构界标(能够接受"叫"动作的实体)和"他"凸显的次结构"可以接受'叫'动作的实体"两概念重合,允准"叫"与"他"整合为一个"叫他"场景。有趣的是,"他"凸显的次结构还可以是"有能力接受'来'动作的实体",又对动词"来"凸显的次结构射体做出了具体的阐释,两概念重合,允准"他"与"来"整合为一个"他来"场景。因为"叫他"场景中的界标与"他来"场景中的射体两概念重合,允准"叫他"与"他来"连贯成一个"叫他来"场景。如下图所示:

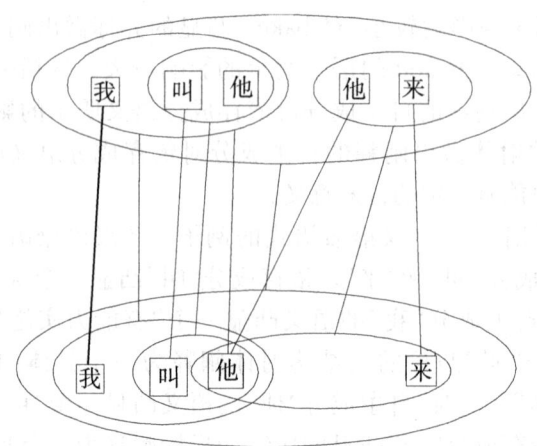

英语里也有一些类似的情况,如 He is a lie is a lie is a lie. 等。

以上英语双宾句的自主/依存联结分析表明:动词的语义是通过自主成分语义凸显的阐释明示出来的,同一动词,不同的自主成分语义凸显的阐释,明示出来的语义是不同的。以上汉语兼语式的自主/依存联结分析表明:音位极的句法重合(syntactic overlapping)和语义极的概念重合是自主成分与依存成分联结的基础;音位极的句法重合象征着语义极的概念重合。

8.3 新自主/依存联结分析模型研究的理论意义

索绪尔(1959:114)指出,语言符号是存在于一个系统之中的,是以其他语言符号的存在为条件的,所以应该在这样的条件下观察语言符号。语言是一个含有相互依赖的要素组成的系统,在这里每一个要素的价值只能来自其他同时出现的要素。自主/依存联结分析模型继承了索绪尔的语言的"系统观"思想,将一个语法构式看做是由相互依赖、相互作用的部分组成的系统。

自主/依存联结分析模型是对语言运用者大脑里的语言知识(linguistic knowledge)或者说心智语法(mental grammar)的表征(representation);是对这一语言知识或心智语法的运作(operation)的具体描写。其理论意义主要表现在以下几个方面:

(一)一个语法构式的语义继承了其组成部分的语义凸显。Lakoff(1987)对英语 there-构式的研究提出,语法构式是整体性的(holistic),其意义不是根据它们组成部分的意义,按照一般规则计算(compute)出来的;而是根据它们的组成部分的意义推知的,是有理据的。Goldberg(1995,

2006)对构式的论元结构研究将构式定义为一个形式和意义结合的对子 $<F_i, S_i>$,认为构式有构式义(constructional meaning),构式的意义不能从这个构式的组成部分或其他先前已有的构式中完全推知。按照这些观点,构式的意义独立于出现在构式中的动词和其他成分的意义。这样的话,很难解释为什么可以说"He sneezed the napkin off the table",而不说"*He sneezed the stone off the table."按照自主/依存联结分析模型,这是因为 the napkin(餐巾)的语义凸显能够对 sneezed(打喷嚏)凸显的次结构界标(受事)做出阐释,即打喷嚏能致使其移动;the stone(石头)则不能够对 sneezed(打喷嚏)凸显的次结构界标(受事)做出阐释,即打喷嚏不能致使 the stone 移动。因此,一个语法构式的语义是在同其组成部分的语义相互作用中产生出来的。在一定意义上,语法构式的语义是由组成部分的语义决定的,至少可以说对组成部分的语义建构具有重要的贡献。

(二)Goldberg(1995,2006)的构式语法思想认为,动词的一些语义是由动词进入的构式所赋予的。自主/依存联结分析模型研究发现,一个动词的语义预设施事、受事等语义角色的存在。动词的语义是由其预设的施事、受事等成分明示出来的。相比之下,受事对动词的语义明示影响较大;而施事和其他语义角色对动词的语义明示的影响次之(参看 2.2)。自主/依存联结分析认为,一个语法构式中,依存成分的语义明示预设自主成分的存在;离开自主成分对依存成分的阐释,我们就无法理解依存成分的意义,也就无法理解一个语法构式的意义。

(三)我们认为,Langacker 的认知语法关注的主要是一个语法构式内部成分之间的相互作用和影响,没有充分考虑语法构式的外部因素,大多属于静态的研究。面对这一问题,自主/依存联结分析模型强调了依存或自主成分语义凸显的意向性(参考 8.1.1),比如,在"He is reading."和"He is reading Shakespeare."里,依存成分 read 的语义凸显完全是由言者的交际目的或意图这一意向因素决定的。新自主/依存联结分析模型在 Langacker 的认知语法的构成研究里注入了动态的因素。

(四)传统的配价研究主要关注受动词支配的名词和支配名词的动词的一些句法和语义性质。自主/依存联结研究是在认知语法语法构式思想框架内,通过语义凸显和对应关系,探讨动词、形容词、副词、介词与名词等成分之间,短语与短语/句子之间,句子与句子之间的概念组合(conceptual grouping)。传统的配价研究注重对语言表达式的句法和语义层面的详细描写;自主/依存联结分析注重对语言表达式的句法和语义的象征关系的解释。因此,我们认为,自主/依存联结研究能够对传统的配价研究做出认知上的解释。

后　　记

  如果从 Charles J. Fillmore 等人于 1988 年发表在 *Language*(《语言》)上的"Regularity and Idiomaticity in Grammatical Constructions: The Case of *Let Alone*"这篇论文算起,构式语法研究刚满二十周岁,正值"风华正茂"之时。从本书的粗略述介中不难看出,构式语法是在对主流语言学批判和继承的过程中发展起来的一种新型的认知语言学理论,其发展历程大致经历了这样三个阶段:第一阶段为 20 世纪 80 年代,一些语言学家通过对英语习语构式的句法、语义和语用特征的综合分析、对英语 There-构式的句法条件和语义条件的对应关系的探讨、对语法构式的自主/依存联结的研究等,将"语法构式(grammatical construction)"的思想引入刚刚兴起的语言学研究热点——认知语言学领域;第二阶段为 20 世纪 90 年代,Adele E. Goldberg 于 1995 年在芝加哥大学出版社出版了她的专著 *Constructions: A Construction Grammar Approach to Argument Structure*,通过对英语双及物构式等基本句型构式的研究初步构建了构式语法的理论体系;除此之外,还有 K. Lambrecht 教授 1994 年在剑桥大学出版社出版的 *Information Structure and Sentence Form: A Theory of Topic, Focus, and the Mental Representation of Discourse Referents*(可参见牛保义(1999)的评述)等。这些研究标志着构式语法逐步成为认知语言学研究的一个主要分支;第三阶段为 21 世纪初的这 10 年,构式语法的形式化研究、激进构式语法、体验构式语法、流变构式语法和动态构式语法(dynamic construction grammar)的兴起,表明构式语法研究目前正呈现出五彩缤纷、绚丽多姿的繁荣景象。

  经过 20 多年的研究,构式语法研究在构式的定义、构式的形式与意义的象征关系、语言表达式的构式义(constructional meaning)以及构式义的生成和诠释机制研究等方面取得了重要的阶段性成果,具有非常广阔的发展前景。Östman(2005)预言,构式语法的研究范围将会由词和句子逐渐扩展到语篇,对一些语篇模式(discourse patterns)进行构式分析,探讨语篇的规约性和可接受性。除此之外,我们认为,随着构式语法的神经理论研究、心智模拟研究、语言习得研究、构式的交际(communication)功能研究等多方位、多视角的探讨,构式语法研究将会在理论体系建构上有一些重大的突破,会对现行的理论体系做出更加科学的高度概括和抽象。另一方面,随着其理论体系的发展和完善,构式语法理论将会在机器翻译、语言教学和社会交往(social interaction)等实际应用方面有一些新的增长点。

根据我们对构式语法理论的初步研讨,我们认为,构式语法是以构式为基础(**construction-based**),从认知角度(**from the perspective of cognition**),研究语言表达形式的形义象征关系的一种认知语言学理论,旨在揭示语言的使用规律所反映的普通的认知规律和特征。

构式语法把构式看做是语言运用的基本单位(primary unit),将储存在言者头脑里的语法知识的本质,表征(represent)为形式和意义的结合体或对子(pair)。构式语法研究旨在探讨语言的形式和意义或功能之间的象征关系,认为一定的语言表达形式,不管是抽象的(schematic)还是具体的(specific),都承载着一定的意义,意义总是附丽在一定的形式之上的。

构式语法研究是一种认知视角(a cognitive approach),将语言的基本句型看做是对人类最基本经验场景的编码,认为语言表达式的意义是通过语言运用者的感觉运动系统体验出来的,是通过心智模拟活动实现的。构式语法研究的目的是发现语言使用中折射出来的认知规律和特征,为认知科学研究、认知心理学研究、人工智能研究和神经科学研究等学科的研究成果提供有力的支撑。

最后需要说明的是,囿于编者本人认识和理解水平有限,理论基础浅薄,对构式语法理论的介绍和评述会有一些不够合理的,甚至可能是错谬的地方,请学界同仁和广大读者不吝指正。

编者
2009 年 12 月
于河南大学静心斋

参考文献

Anderson, Stephen R. 1971. On the Role of Deep Structure in Semantic Interpretation. *Foundations of Language*, 6: 197 – 219.
Akmajian, Adrian. 1984. Sentence Types and the Form-function Fit. *Natural Language and Linguistic Theory*, 2: 1 – 23.
Bailey, David R. 1997. When Push Comes to Shove: A Computational Model of the Role of Moto Control in the Acquisition of Action Verbs. Ph. D. thesis, University of California at Berkeley.
Barsalou, L. W. 1999. Perceptual Symbol Systems. *Behavioral and Brain Sciences*, 22: 577 – 609.
Bergen, Benjamin K. & Nancy C. Chang. 2003. Embodied Construction Grammar in Simulation-based Language Understanding. Technical Report 02 – 004. International Computer Science Institute, Berkeley.
Bergen, Narayan S. & Feldman, J. 2003. Embodied Verbal Semantics: Evidence from an Image-verb Matching Task. *Proceedings of the Twenty-Fifth Annual Conference of the Cognitive Science Society*, 25. Mahwah, NJ: Erlbaum.
Bergen, Benjamin K. & Nancy C. Chang. 2005. Embodied Construction Grammar in Simulation-based Language Understanding. In Östman & Fried (eds.) *Construction Grammars*. Amsterdam: John Benjamins Publishing Company.
Bergen, Benjamin K., Nancy C. Chang & Shweta Narayan. 2005. Simulated Action in an Embodied Construction Grammar. In *Construction Grammars: Cognitive and Cross-language Dimensions*. John Benjamins.
Beule, J. D. and Luc Steels. 2005. Hierarchy in Fluid Construction Grammars. In Furbach U. (ed.) *Proceedings of KI-2005*, 1 – 15. Berlin: Springer Verlag.

Birner, Betty J. and Gregory Ward. 1998. *Information Status and Noncanonical Word Order in English*. Amsterdam: John Benjamins.

Bloomfield, Leonard. 1931/1984. *Language*. Chicago: The University of Chicago Press.

Bolinger, Dwight L. 1968. Entailment and the Meaning of Structures. *Glossa*, 2: 119–127.

Bryant, J. 2004. Scalable Construction-Based Parsing and Semantic Analysis. In *Proceedings of the Second International Workshop on Scalable Natural Language Understanding*. Boston.

Bussmann, Hadumod. 2000. *Routledge Dictionary of Language and Linguistics*. (Translated and edited by Gregory P. Trauth and Kerstin Kazzazi). Beijing: Foreign Language Teaching and Research Press.

Chang, Nancy. 2004. Constructing Grammar: A Computational Model of the Acquisition of Early Constructions. Ph. D. thesis, UC Berkeley.

Chang, Nancy & T. V. Maia. 2001. Learning Grammatical Constructions. *Cognitive Science*, 23. Mahwah: Erlbaum.

Chang, Nancy, Jerome Feldman, Robert Porzel & Keith Sanders. 2002. Scaling Cognitive Linguistics: Formalisms for Language Understanding. *Proceedings of the 1st International Workshop on Scalable Natural Language Understanding*, 19–26.

Chang, Nancy, Daniel Gildea & Srini Narayanan. 1998. A Dynamic Model of Aspectual Composition. *Proceedings of the Twentieth Annual Meeting of the Cognitive Science Society*, 226–231.

Chomsky, N. 1957/2002. *Syntactic Structures*. The Hague: Mouton/Walter de Gruyter GmbH & Co. KG, 10785 Berlin.

Chomsky, N. 1965. *Aspects of the Theory of Syntax*. Cambridge: MIT Press.

Chomsky, N. 1982. *Lectures on Government and Binding, The Pisa Lectures by Noam Chomsky*. Holland: Foris Publications.

Chomsky, N. 1982. *Some Concepts and Consequences of the Theory of Government and Binding*. Cambridge: MIT Press.

Chomsky, N. 1991. Some Notes on Economy of Derivation and Representation. In Robert Friedin (eds.) *Principles and Parameters in Comparative Grammar*. Cambridge: MIT Press.

Chomsky, N. 1993. A Minimalist Program for Linguistic Theory. In *The View from Building 20* (ed.) Kenneth Hale and Samuel jay Keyser, 1–52. Cambridge, Mass.: MIT Press.

Chomsky, N. 1995. *The Minimalist Program*. Cambridge: MIT Press.

Chomsky, N. 2000. *New Horizons in the Study of Language and Mind*. Cambridge: CUP.

Crystal, D. (沈家煊译). 2000.《现代语言学词典》.北京:商务印书馆.

Croft, W. 1990. *Typology and Universals*. Cambridge: Cambridge University Press.

Croft, W. 2001. *Radical Construction Grammar*. Oxford: Oxford University Press.

Croft, W. 2005. Logical and Typological Arguments for Radical Construction Grammar. In Jan-Ola Östman and Mirjam Fried (eds.) *Construction Grammars*. Amsterdam: John Benjamins Publishing Company.

Croft, W. and D. Alan Cruse. 2004. *Cognitive Linguistics*. Cambridge: Cambridge University Press.

de Saussure, F. 1916. *Course de Linguistique Generale*. Paris: Payot.

de Saussure, F. 1959. *Course in General Linguistics*. Trans. W. Baskin. New York, London: Mograw-Hill Paperbacks.

Evans, V. & M. Green. 2006. *Cognitive Linguistics: An Introduction*. Edinburgh: Edinburgh University Press.

Fauconnier, Gilles. 1997. *Mapping in Thought and Language*. Cambridge: Cambridge University Press.

Fillmore, Charles J. 1975. An Alternative to Checklist Theories of Meaning. *Proceedings of the First Annual Meeting of the Berkeley Linguistics Society* (ed.) Cathy Cogen et al., 123–31. Berkeley: Berkeley Linguistics Society.

Fillmore, Charles J. 1977. Scenes-and-frames Semantics. *Linguistic Structures Processing (Fundamental Studies in Computer Science 5)* (ed.) Antonio Zampolli, 55–81. Amsterdam: North-Holland.

Fillmore, Charles J. 1977. The Case for Case Reopened. In P. Cole, (ed.) *Syntax and Semantics*, 8: *Grammatical Relations*, 59–81. New York: Academic Press.

Fillmore, Charles J. 1982. Frame Semantics. Linguistics in the Morning Call. (ed.) *The Linguistic Society of Korea*, 111 – 37. Seoul: Hanshin.
Fillmore, Charles J. 1985. Frames and the Semantics of Understanding. *Quaderni di semantica*, 6: 222 – 54.
Fillmore, Charles J. 1986. Varieties of Conditional Sentences. *Eastern States Conference on Linguistics*, 3: 163 – 82.
Fillmore, Charles J., Kay and M. O'Connor. 1988. Regularity and Idiomaticity in Grammatical Construction: The Case of LET ALONE. *Language*, 64: 501 – 38.
Fillmore, Charles J. 1988a. The Mechanisms of "Construction Grammar." *BLS*, 14: 35 – 55.
Fried, Mirjam and Hans C. Boas. 2005. *Grammatical Constructions*. Amsterdam: John Benjamins Publishing Company.
Fried, Mirjam & Jan-Ola Östman. 2004. *Construction Grammar in a Cross-language Perspective*. Amsterdam & Philadelphia, PA: John Benjamins.
Goldberg, Adele E. 1991. It Can't Go Up the Chimney Down; Paths and the English Resultative. *BLS*, 17: 368 – 378.
Goldberg, Adele E. 1995. *Constructions: A Construction Grammar Approach to Argument Structure*. Chicago: The University of Chicago Press.
Goldberg, Adele E. 2003. Constructions: A New Theoretical Approach to Language. *Journal of Foreign Languages*, 3.
Goldberg, Adele E. 2005. Argument Realization: The Role of Constructions, Lexical Semantics and Discourse Factors. In Östman and Fried (ed.) *Construction Grammars*. Amsterdam: John Benjamins Publishing Company.
Goldberg, Adele E. 2006. *Constructions at Work*. Oxford: Oxford University Press.
Grice, H. P. 1975. Logic and Conversation. In Cole and Morgan (eds.) *Syntax and Semantics*, 3: Speech Acts. New York: Academic Press.
Halliday, Michael. 1985. *An Introduction to Functional Grammar*. London: Arnold.

Haiman, John. 1980. The Iconicity of Grammar: Isomorphism and Motivation. *Language*, 54: 565–89.

Hockett, Charles F. 1945. Two Models of Grammatical Description. *Word*, 10: 2/3.(范继淹译,《语言学资料》1963 年第 6 期).

Holmes, Jasper W. & Richard Hudson. 2005. Constructions in Word Grammar. In Jan-Ola Östman and Mirjam Fried (eds.) *Construction Grammars*. Amsterdam/ Philadelphia: John Benjamins Publishing Company.

Hudason, R. 1971. *English Complex Sentences: An Introduction to Systemtic Grammar*. Amsterdam: North Holland.

Hudson, R. 1976. *Arguments for a Non-transformational Grammar*. Chicago: Chicago University Press.

Hudson, R. 1984. *Word Grammar*. Oxford: Blackwell.

Hudson, R. 1990. *English Word Grammar*. Oxford: Blackwell.

Hudson, R. 2001. Encyclopedia of English Grammar and Word Grammar. File://H: Word Grammar. Htm.

Hudson, R. 2001. Critics in Word Grammar. *UCL Working Papers in Linguistics*, 13: 293–4.

Hudson, R. 2006. Word Grammar and Construction Grammar. http://www.phon.ucl.ac.uk/home/dick/texts/wg&cg.pdf.

Hudson,R. 2007. *Language Networks: the New Word Grammar*. Oxford University Press.

Iwata, S. 2005. The Role of Verb Meaning in Locative Alternations. In M. Fried (ed.) *Grammatical Constructions: Back to the Roots*. John Benjamins.

Jackendoff, Ray. 1990. *Semantic Structures*. Cambridge: MA: MIT Press.

Jackendoff, Ray. 1997. Twistin' the Night Away. *Language*, 73: 534–59.

Kay, M. 1979/1983. Functional Grammar. *Proceedings of the Fifth Annual Meeting of the Berkeley Linguistics Society*, 142–58.

Kay, P. 1995. Construction Grammar. In J. Verschueren et al. (eds.) *Handbook of Pragmatics*. Amsterdam: John Benjamins Publishing Company.

Kay, P. 2004. Pragmatics Aspects of Grammatical Constructions. In Laurence R. Horn and Gregory Ward (eds.) *The Handbook of Pragmatics*. Oxford: Blackwell Publishing Ltd.

Kay, P. and Fillmore, C. 1999. Grammatical Constructions and Linguistic Generalizations: The *What's X Doing Y?* Construction. *Language*, 75: 1 – 33.

Lakoff, G. 1987. *Women, Fire and Dangerous Things: What Categories Reveal about the Mind*. Chicago: Chicago University Press.

Lakoff, G. & M. Johnson. 1999. *Philosophy in the Flesh — The Embodied Mind and Its Challenge to Western Thought*. New York: Basic Books.

Lambrecht, Knud. 1994. *Information Structure and Sentence Form: A Theory of Topic, Focus, and the Mental Representation of Discourse Referents*. Cambridge: Cambridge University Press.

Langacker, Ronal W. 1986. An Introduction to Cognitive Grammar. *Cognitive Science*, 10: 1 – 40.

Langacker, Ronald W. 1987/1991. *Foundations of Cognitive Grammar*, Vol. I/II: *Theoretical Prerequisites*. Stanford, Cal.: Stanford University Press.

Langacker, Ronal W. 2003. Constructions in Cognitive Grammar. *English Linguistics*, 20: 41 – 83.

Langacker, Ronal. W. 2004. Metonymy in Grammar. *Journal of Foreign Languages*, 6.

Langacker, Ronal. W. 2005. Integration, Grammaticization, and Constructional Meaning. In M. Fried (ed.) *Grammatical Constructions: Back to the Roots*. John Benjamins.

Langacker, Ronal. W. 2008. Sequential and Summary Scanning: A Reply. *Cognitive Linguistics*, V. 19 – 4.

May, R. 1985. *Logical Form*. Cambridge, MA: MIT Press.

Michaelis, Laura A. and Knud Lambrecht. 1996. Toward a Construction-based Theory of Language Functions: the Case of Nominal Extraposition. *Language*, 72: 215 – 47.

Nunberg, Geoffrey, Ivan A. Sag and Thomas Wasow. 1994. Idioms. *Language*, 70: 491 – 538.

Östman, Jan-Ola. 2005. Construction Discourse: A Prolegomenoun. In

Östman, Jan Ola and Mirjam Fried (eds.) *Construction Grammars: Cognitive Grounding and Theoretical Extensions*. John Benjamins B. V.

Pollard, Carl & Ivan Sag. 1994. *Head-Driven Phrase Structure Grammar*. Chicago: University of Chicago Press.

Prince Ellen F. 1978. A Comparison of WH-clefts and It-clefts in Discourse. *Language*, 54: 883–906.

Pulvermuller, F. Haerle, M. & Hummel, F. 2001. Walking or Talking?: Behavioral and Neurophysiological Correlates of Action Verb Processing. *Brain and Language*, 78: 143–168.

Östman, Jan-Ola and Mirjam Fried. 2005. *Construction Grammars*. Amsterdam: John Benjamins.

Radford, A. 1988. *Transformational Grammar: A First Course*. Cambridge: Cambridge University Press.

Regier, Tery. 1996. *The Human Semantic Potential*. Cambridge, MA: MIT Press.

Richardson, D. C., Spivey, M. J. McRae, K., & Barsalou, L. W. 2003. Spatial Representations Activated during Real-time Comprehension of Verbs. *Cognitive Science*, 27: 767–780.

Shibatani, Masayoshi. 1985. Passive and Related Constructions: a Prototype Analysis. *Language*, 61: 821–848.

Siewierska, Anna. 1985. *The Passive: A Comparative Linguistic Analysis*. London: Croom Helm.

Steels, L. 2003. Evolving Grounded Communication for Robots. *Trends in Cognitive Science*, 7: 308–312.

Steels, L. 2004. Constructivist Development of Grounded Construction Grammars. In D. Scott, W. Daelemans and M. Walker (eds.) *Proceedings of the Annual Meeting of the Association for Computational Linguistics Conference*. Barcelona: ACL, 9–16.

Steels, L. 2005. The Role of Construction Grammar in Language Grounding. *AI Journal*, 164: 1–40.

Steels, L., Joachim De Beule and Nicolas Neubauer. 2005. Linking in Fluid Construction Grammars. In Transactions Royal Flemish Academy for Science and Art. *Proceedings of BNAIC-05*, 11–18.

Steels, L. and J. De Beule. 2006. Unify and Merge in FCG. In Vogt, P. et al. (eds.) *Proceedings of EELC III*. *Lecture Notes in Computer Science*. Springer-Verlag, Berlin.

Talmy, Leonard. 2000. *Toward a Cognitive Semantics*. Cambridge, MA: MIT Press.

Taylor, John. 2002. *Cognitive Grammar*. Oxford: Oxford University Press.

Thompson, Chad. 1994. Passive and Inverse Constructions. In T. Givón (ed.) *Voice and Inversion*. Amsterdam: John Benjamins.

Wierzbicka, Anna. 1980. *Lingua Mentalis: The Semantics of Natural Language*. New York: Academic Press.

曹　宏,2005,论中动句的语义表达特点。《中国语文》(3)。
陈满华,2009,关于构式语法理论的几个问题。《外语教学与研究》(5)。
陈　平,2006,引进·结合·创新。《当代语言学》(2)。
邓云华、石毓智,2007,论构式语法理论的进步与局限。《外语教学与研究》(5)。
董燕萍、梁君英,2002,走进构式语法。《现代外语》(2)。
郭　桥、资建民,2004,大学逻辑导论。北京:人民出版社。
胡壮麟,1994,英汉疑问语气系统的多层次和多元功能解释。《外国语》(1)。
李曙华,2006,当代科学的规范转换。《哲学研究》(11)。
陆俭明,2004,词语句法、语义的多功能性。《外国语》(4)。
陆俭明,2008,构式语法理论的价值与局限。《语言文字学》(6)。
牛保义,1999,主题提升理论评介。《当代语言学》(2)。
牛保义,2003,William Croft 的《激进构式语法》述介。《外语教学与研究》(4)。
牛保义,2005,英语作格句的词汇语用研究。《外语与外语教学》(6)。
牛保义,2006,《构式语法的跨语言研究》述评。《当代语言学》(4)。
牛保义,2008,《认知语言学经典文献选读》。开封:河南大学出版社。
牛保义,2008a,自主依存联结——认知语法的一种分析模型。《外语与外语教学》(1)。
牛保义,2008b,自主/依存联结:英语轭式搭配的认知研究。《四川外语学院学报》(1)。
牛保义,2008c,英汉语工具主语句的象征关系研究。《外语教学》(1)。

牛保义,2008d,"把"字句语义建构的动因研究。《现代外语》(2)。
潘文国,2008,《共性·个性·视角——英汉对比的理论与方法研究》(英汉对比与翻译研究之一)。上海:上海外语教育出版社。
沈家煊,2000,说"偷"和"抢"。《语言教学与研究》(1)。
沈家煊,2004,语法研究的目标——预测还是解释?《中国语文》(6)。
沈家煊,2006,"王冕七岁死了父亲"的生成方式——兼说汉语糅合造句。《中国语文》(4)。
沈家煊,2008,为外教社认知语言学丛书所作的总序。(见束定芳,2008,《认知语义学》)。上海:上海外语教育出版社。
索绪尔,(张绍杰译)2001,1900-1911 索绪尔第三度讲授普通语言学教程。长沙:湖南教育出版社。
陶明忠、马玉蕾,2008,框架语义学——格语法的第三个阶段。《当代语言学》(1)。
石定栩,2002,乔姆斯基的形式句法。北京:北京语言文化大学出版社。
石定栩,2007,生成转换语法的理论基础。《外国语》2007(4)。
王黎,2005,关于构式和词语的多功能性。《外国语》(4)。
徐盛桓,2007,相邻关系视角下的双及物句再研究。《外语教学与研究》(4)。
徐盛桓,2007,为学务本,本立道生。《中国外语》(5)。
徐通锵,2005,汉语结构的基本原理——字本位和语言研究。青岛:中国海洋大学出版社。
熊学亮,2008,复合结构增效现象浅析。《外语教学与研究》(5)。
熊学亮,2009,增效构式与非增效构式——从 Goldberg 的两个定义说起。《外语教学与研究》(5)。
严辰松,2006,构式语法论要。《解放军外国语学院学报》(4)。
杨成凯,1996,汉语语法理论研究。沈阳:辽宁教育出版社。
姚小平,2003,研究索绪尔。《外语教学与研究》(5)。
张伯江,2000,把字句的句式意义。《语言研究》(1)。
张敏,1998,认知语言学与汉语名词短语。北京:中国社会科学出版社。
章振邦,1983,新编英语语法教程。上海:上海外语教育出版社。